Wandergenuss Allgäu

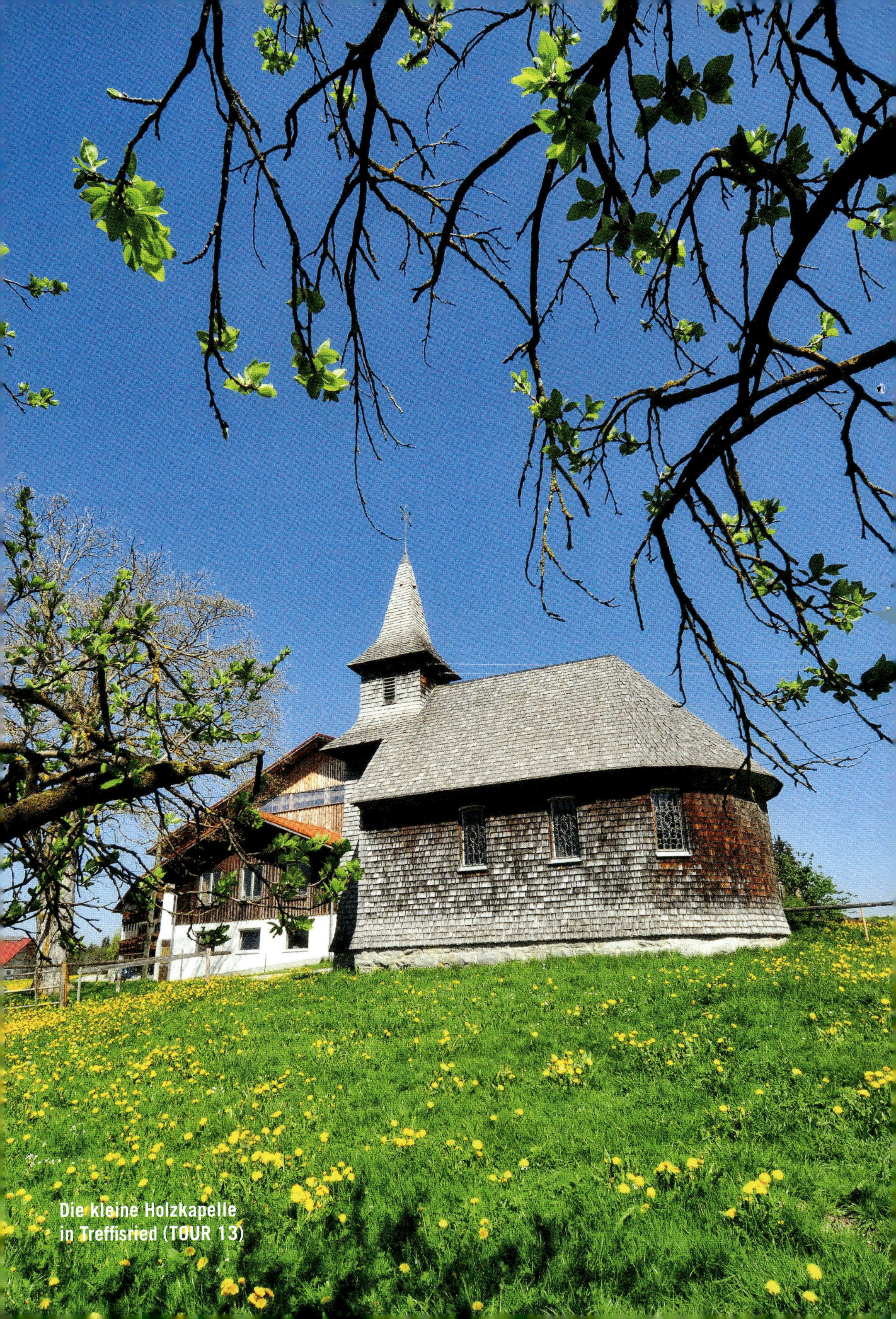

Die kleine Holzkapelle
in Treffisried (TOUR 13)

Bernhard Irlinger

Wandergenuss ALLGÄU

40 spannende Natur- und Kulturerlebnisse auf aussichtsreichen Wegen

BRUCKMANN

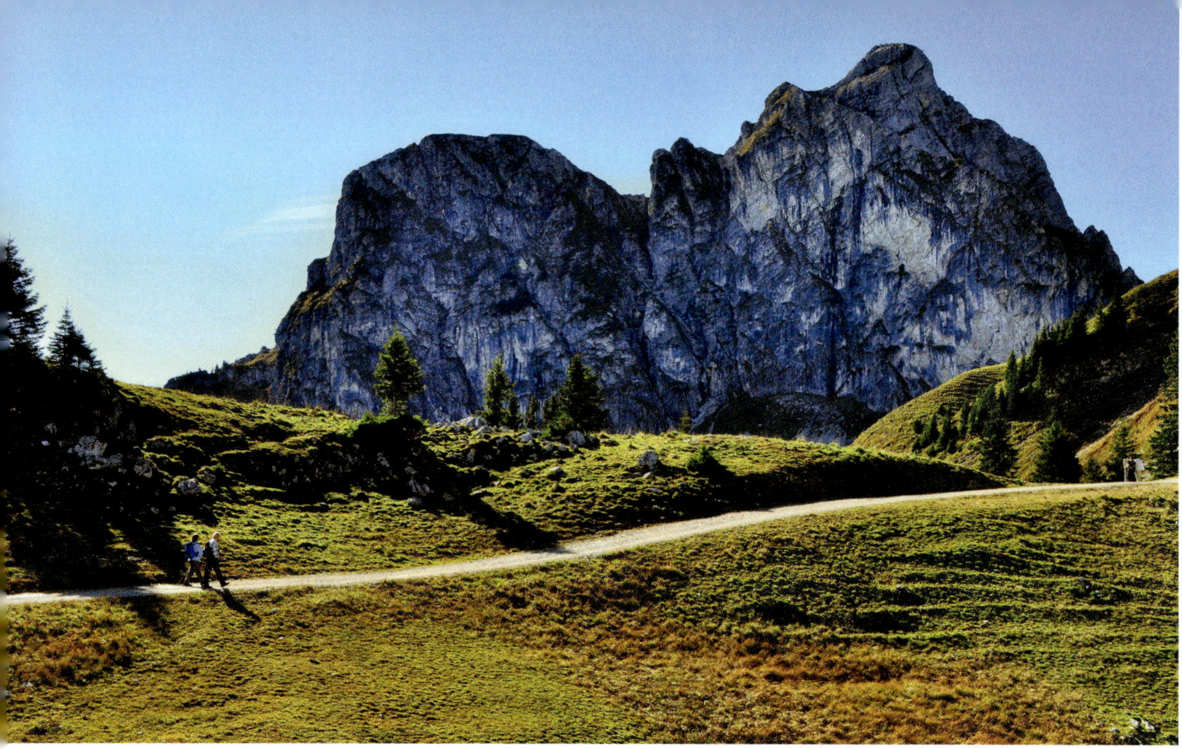

Der Aggenstein überragt den Weg zum Breitenstein (TOUR 10).

Inhalt

Im Frühling erblühen die Allgäuer Wiesen.

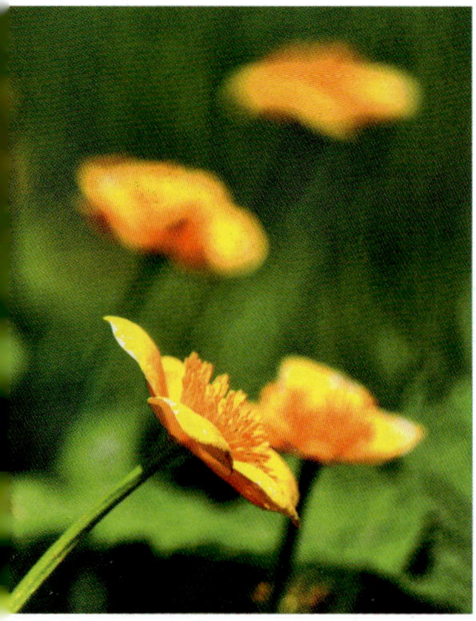

TOUREN IM OSTALLGÄU

Die Wallfahrtskirche auf dem Gipfel des Auerberges (TOUR 1)

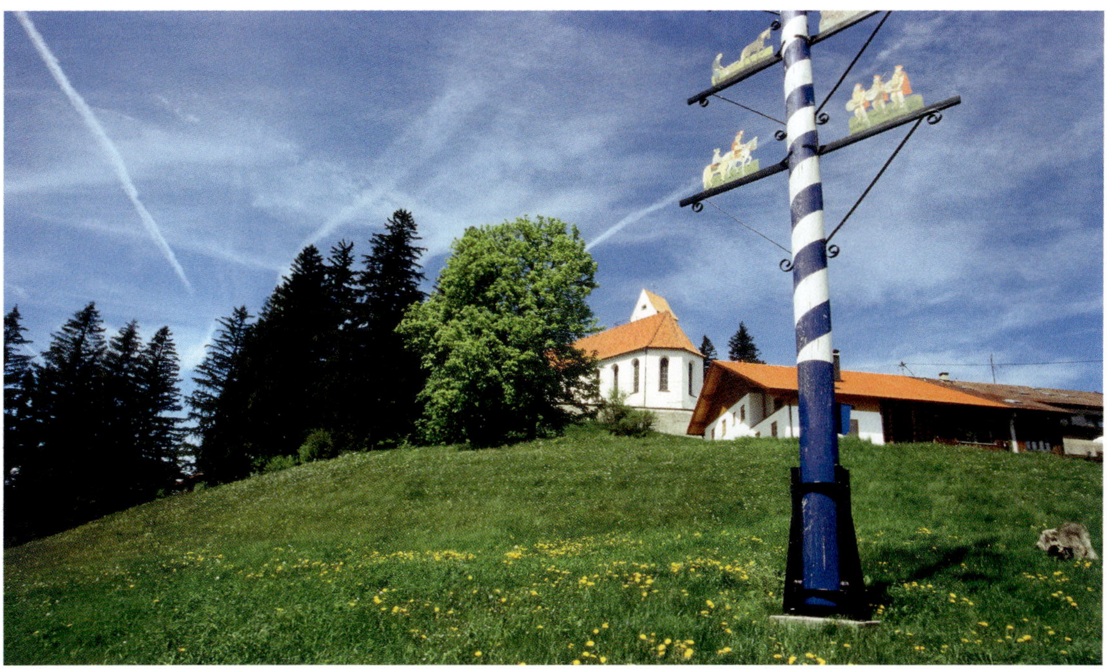

TOUREN IM TANNHEIMER TAL

Blick vom Tegelberg zum Säuling und zu den Tannheimer Bergen (TOUR 4)

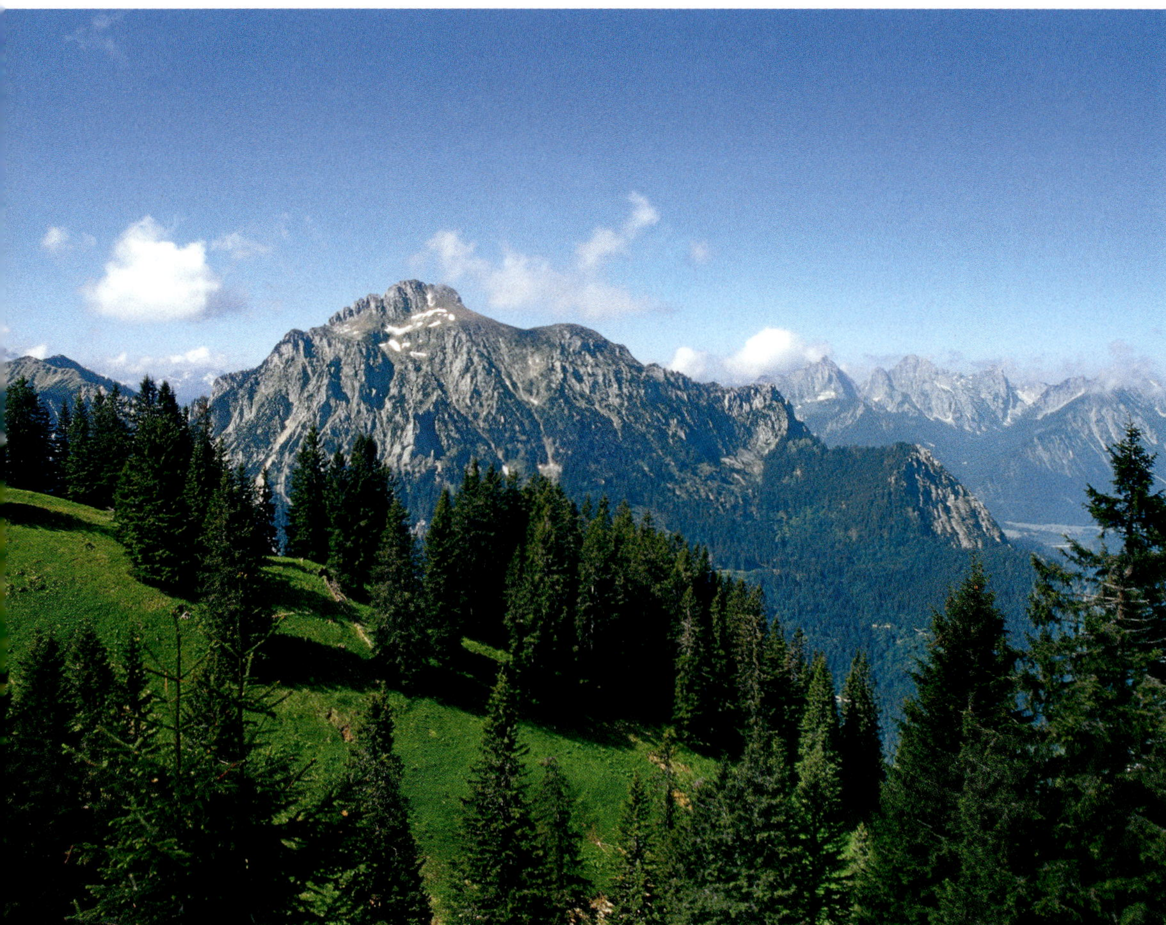

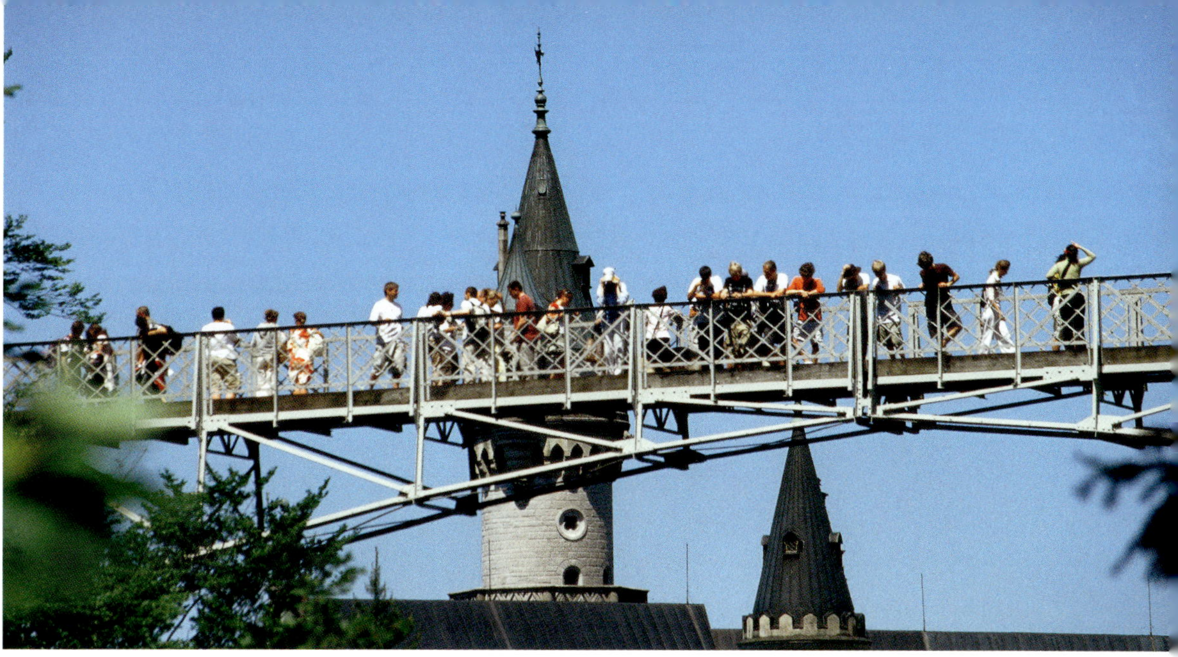

Der atemberaubende Mariensteg bei Schloss Neuschwanstein (TOUREN 4 und 5)

TOUREN IM OBERALLGÄU UND KLEINWALSERTAL

Die Allgäuer Kirchen überraschen mit so manchen Kunstschätzen.

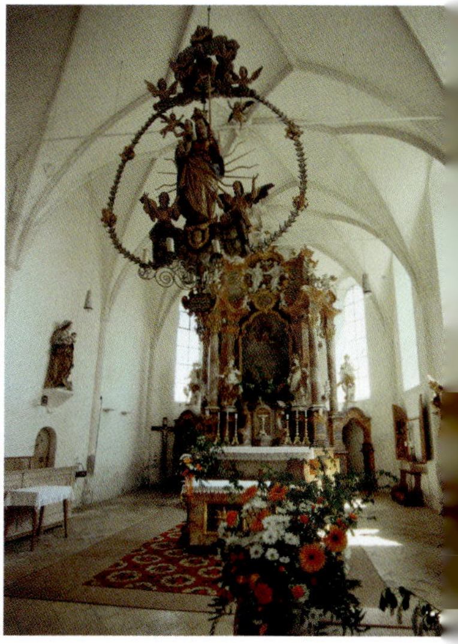

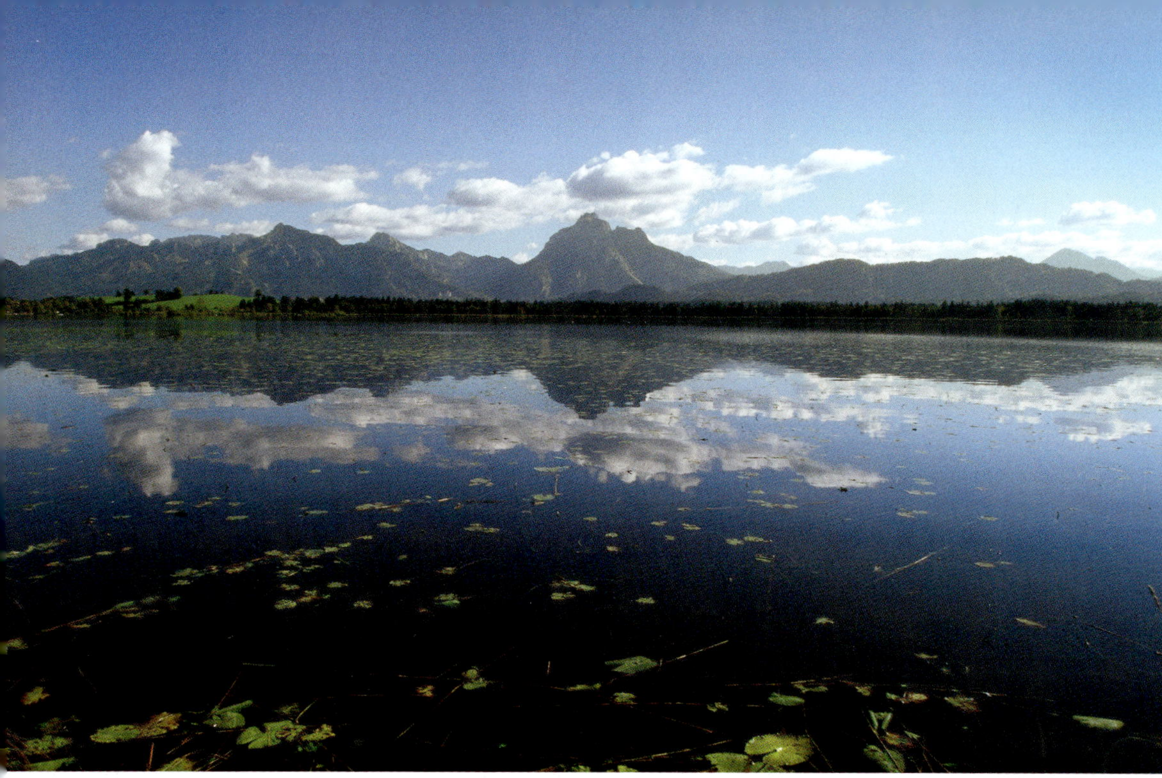

Im Hopfensee spiegeln sich die Ostallgäuer Berge (TOUR 7).

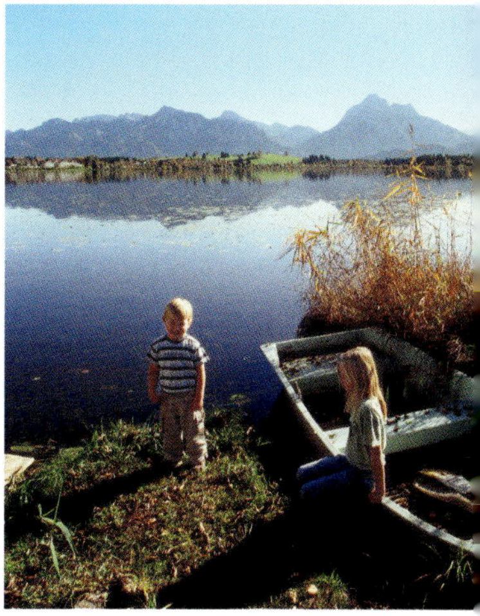

Der Hopfensee ist ein herrlicher Kinderspielplatz (TOUR 7).

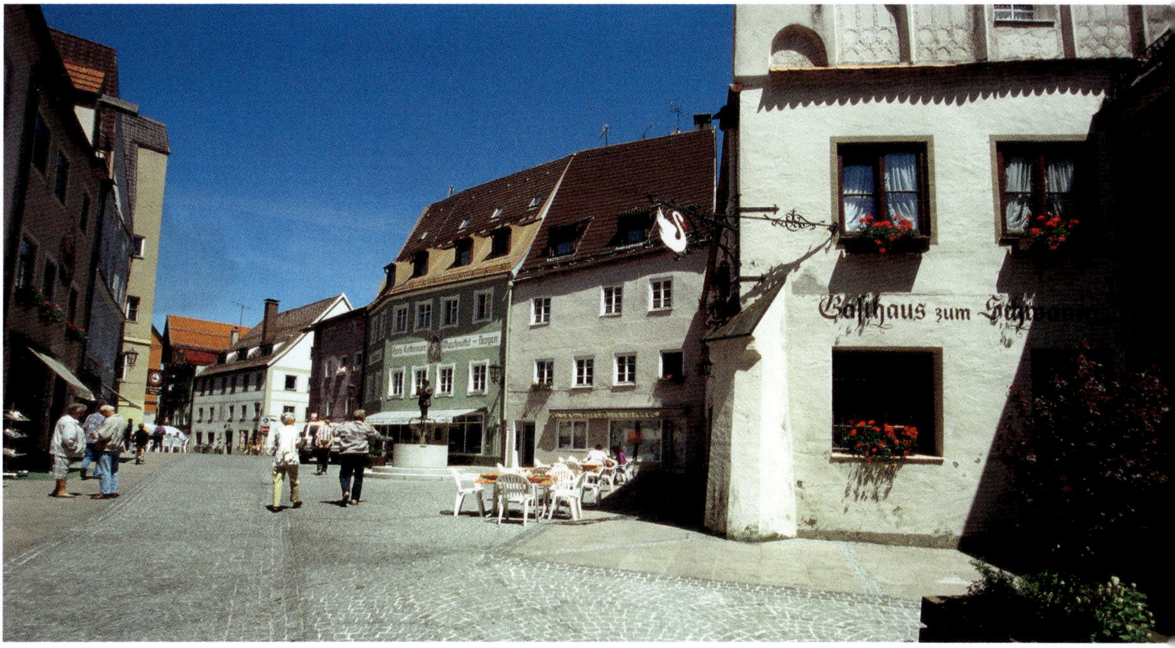

In der romantischen Altstadt von Füssen (TOUR 6)

Genussvolle Touren vor den Bergen und in den Bergen

An der Grenze von Deutschland und Österreich liegt im Einzugsgebiet von Bodensee, Iller und Lech eine der beliebtesten und abwechslungsreichsten Ferienregionen im gesamten Alpenbereich: das Allgäu. Alljährlich pilgern Millionen von Touristen zum weltberühmten Schloss Neuschwanstein, das vielen als Inbegriff bayerischer Romantik gilt. Doch die südlichste Region Deutschlands hat abseits dieses Touristenmagneten noch viel mehr zu bieten. Die gebirgige Landschaft verwöhnt den Naturliebhaber mit einer Vielzahl unterschiedlicher Attraktionen. Die für den Wanderer attraktivsten Gebiete des Allgäus, das mit seinen unklaren Grenzen weit ins Alpenvorland ausgreift, findet man in den beiden Gebirgslandkreisen Oberallgäu und Ostallgäu. Zusätzlich sind im Führer Touren im zu Tirol gehörigen Tannheimer Tal aufgenommen, das vom Allgäu aus gut zu erreichen ist. Das Kleinwalsertal, das zum österreichischen Bundesland

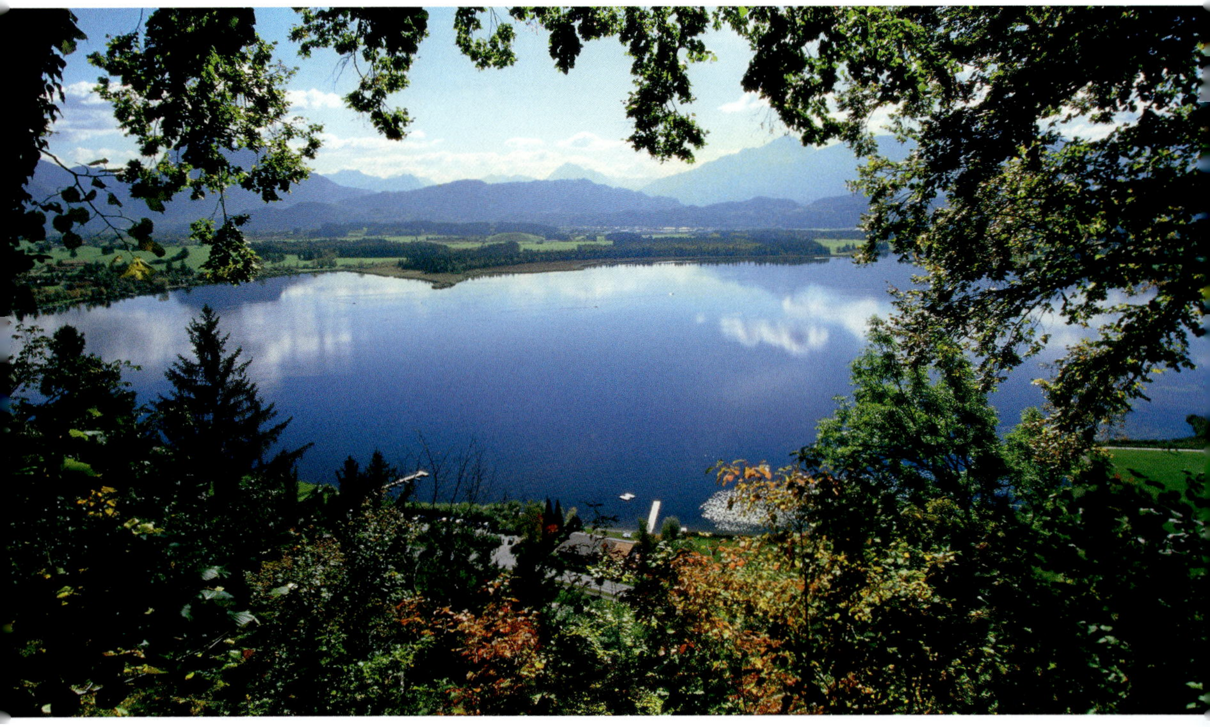

Vom Burgberg geht der Blick hinab auf den malerischen Hopfensee (Tour 7).

Vorarlberg gehört und ebenfalls mit Touren vertreten ist, ist nur vom Allgäu aus zu erreichen.
Kurze oder lange, stille oder viel begangene und leichte oder schwierige Wege führen uns in diesem Gebiet zu den unterschiedlichen Naturschönheiten. Das grüne, sanft gewellte Alpenvorland lockt mit malerisch gelegenen Seen und dem herrlichen Blick zu den stets nahen Bergen. Versteckt sprudeln hier Wildbäche durch kleine Schluchten und malerische Burgruinen wachen über dem sattgrünen Bauernland. Sommerwarme Seen, auf denen sich der Himmel und die Berge spiegeln, verführen Groß und Klein zu erfrischenden und aussichtsreichen Badepausen.
Ein breiter Saum von Randbergen, der sich zwischen dem Alpenvorland und dem Hochgebirge von Ost nach West streckt, bildet für den Wanderer eine Art Übergangszone. Hier sind die Berge noch nicht so hoch und steil und bieten so manchen Weg, der noch nicht allzu anspruchsvoll ist und trotzdem sowohl wilde Schluchten und Wasserfälle als auch aussichtsreiche Gipfel erschließt. In diesem Bereich finden auch die weniger geübten Wanderer ihre Ziele.

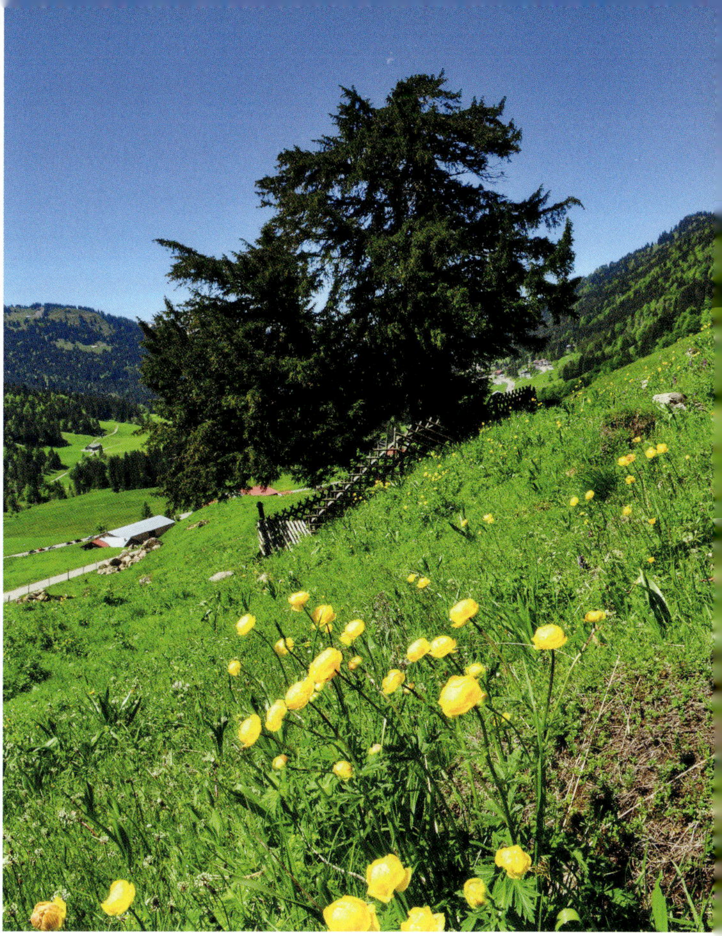

Die Eibe von Balderschwang ist einer der ältesten Bäume in Europa (Tour 32).

Eine meist ernstere Welt bietet das Hochgebirge. Im Osten locken die Ammergauer Alpen und die Tannheimer Berge, während die Allgäuer Hochalpen das gesamte zentrale Tourengebiet bedecken. Schmale Wege bringen uns hier zu einsamen Bergseen, abgelegenen Wasserfällen und beeindruckenden Schluchten. Steile Flanken sind zu queren und teils lange und steile Anstiege zu bewältigen, ehe man das tröstliche Bild eines blauen Bergsees in einer lebensfeindlichen Umgebung genießen oder über die üppig blühenden Hochwiesen der berühmten Allgäuer Blumenberge wandern kann. Doch einige Seilbahnen erleichtern den Vorstoß ins Hochgebirge, das so auch dem Normalwanderer zugänglich wird.
Tief eingeschnittene Täler öffnen für den Normalwanderer immer wieder einfache Wege am Fuß der eindrucksvoll wilden Hochgebirgswelt. Hier lassen sich mit weniger Mühe Wasserfälle, Klammen und Bergseen erwandern.
So bietet diese Region für jedes Alter und jedes Können eine breite Tourenpalette für mehr als einen Bergsommer.

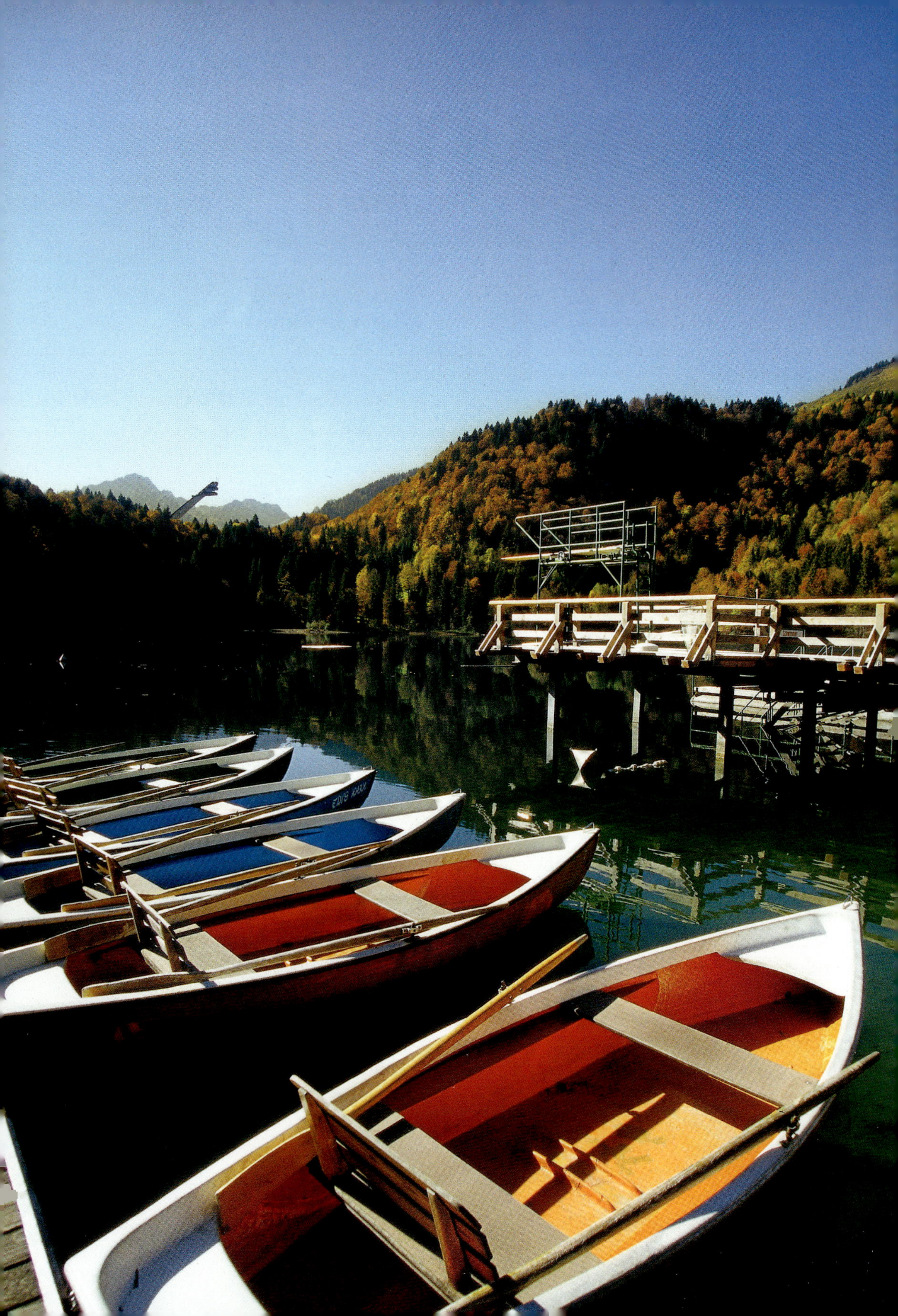

Praktische Informationen

Ich habe die Genusstouren in diesem Buch vier unterschiedlichen Kategorien zugeordnet. Unter »Aussicht«, »Ruhe und Natur«, »Einkehr« und »Kultur am Wegrand« findet sicher jeder seine bevorzugten Ziele. Aber lassen Sie sich nicht täuschen, denn die meisten Wanderungen erfüllen natürlich mehrere dieser Kriterien. So kann man auf so mancher Tour zum Beispiel auf einer schönen Alpe eine schmackhafte Brotzeit, herrliche Aussicht und die Ruhe der beschaulichen Natur genießen. Entscheidend für die Einordnung der Wanderung ist meiner Meinung nach der prägende Eindruck der Tour.

Aussicht

Kultur am Wegrand

Ruhe und Natur

Einkehr

Einkehr und Verpflegung

Auf den meisten Touren bieten Gasthöfe oder Almen die Möglichkeit, sich während der Tour zu verpflegen. Allerdings sollte man sich vor Beginn einer Wanderung über mögliche Ruhetage informieren. Gerade, wenn man im Frühjahr oder Frühsommer unterwegs ist, sind viele Alpen noch gänzlich geschlossen. Um vor plötzlichem Leistungsabfall geschützt zu sein, sollte man immer eine ausreichende Menge an Getränken im Rucksack dabei haben. Wenn man dann auch noch einen Notproviant eingepackt hat, ist man für alle Eventualitäten gerüstet.

Kondition, Fitness und Auswahl der Touren

Natürlich sind die Unterschiede zwischen einzelnen Wanderern, was die Fitness in den Bergen betrifft, sehr groß und so wird auch eine breite Palette an Touren vorgestellt. Was für den einen ganz leicht ist, das überfordert

Linke Seite: Über dem Freibergsee sticht die Skiflugschanze in den Himmel (Tour 27).

den anderen. Aber die ausgewählten Genusstouren weisen allesamt keine extremen Schwierigkeiten, keine Gefahrenstellen und nur moderate Höhenunterschiede auf. Dennoch sind sie sehr unterschiedlich und erschließen von den Hügeln im Vorland bis zu den Hochgipfeln der Allgäuer Alpen die verschiedenen Höhenlagen und geologischen Zonen des Allgäus und des zu Österreich gehörenden Tannheimer Tales und Kleinwalsertales. Je nach Wetterlage, Jahreszeit und Fähigkeit kann so jeder die unterschiedlichen Facetten dieses herrlichen Landstrichs erleben. Kurze und flache Familienwanderungen im Alpenvorland stehen ebenso auf dem Programm wie längere, etwas anstrengendere Hochtouren mit steileren Wegpassagen. Auf jeden Fall wird ein bunter Strauß unterschiedlichster Touren vorgestellt. Eines aber haben alle Touren gemeinsam: Je nach Lust, Laune, Kondition und Können bieten sie alle genussvolle Erlebnisse.

Schwierigkeitseinteilung

Die vorgestellten Touren sind allesamt von einem durchschnittlich trainierten Bergwanderer gefahrlos zu begehen. Die Schwierigkeitsbewertung erfolgt nicht nach der Länge einer Tour, sondern ausschließlich anhand der gehtechnischen Schwierigkeiten. Leichte Wanderungen verlaufen auf Wegen, die auch von ungeübten Wanderern gefahrlos zu begehen sind. Auch mittelschwere Touren stellen keine großen Anforderungen, verlaufen aber teils auf schmalen und steinigen Wegen. Anspruchsvolle Touren wie jene am Großen Daumen (Tour 24) verlangen aufgrund der Wegbeschaffenheit Trittsicherheit und ein gewisses Maß an Orientierungssinn. Durch die Einteilung sollte es aber für jeden Wanderer kein Problem sein, die seinen Bedürfnissen angepasste Tour auszuwählen.

Gehzeiten

Die angegebenen Zeiten verstehen sich als reine Gehzeiten ohne Pause. Die Zeiten sind nach einem festen Schema berechnet und sollen lediglich eine Richtschnur geben, an der sich jeder entsprechend seiner eigenen Geschwindigkeit orientieren kann. Ist jemand auf einer Tour schneller unterwegs, als die Zeiten im Buch angeben, kann er davon ausgehen, dass dies auch auf den anderen Touren so sein wird. Da entlang der Wege zahlreiche Sehenswürdigkeiten wie zum Beispiel Bergseen, Wasserfälle oder Burgen liegen, können auch kürzere Touren zu Tagesunternehmungen ausgedehnt werden. Gerade Familien sollten bei der Zeit- und Tourenplanung bedenken, dass Kinder zahlreiche und oft lange Pausen einlegen wollen.

Geeignete Wanderausrüstung

Abgesehen von einigen leichten Wanderungen im Alpenvorland sind auf allen Touren in diesem Band feste Wander- oder Bergschuhe unerlässlich.

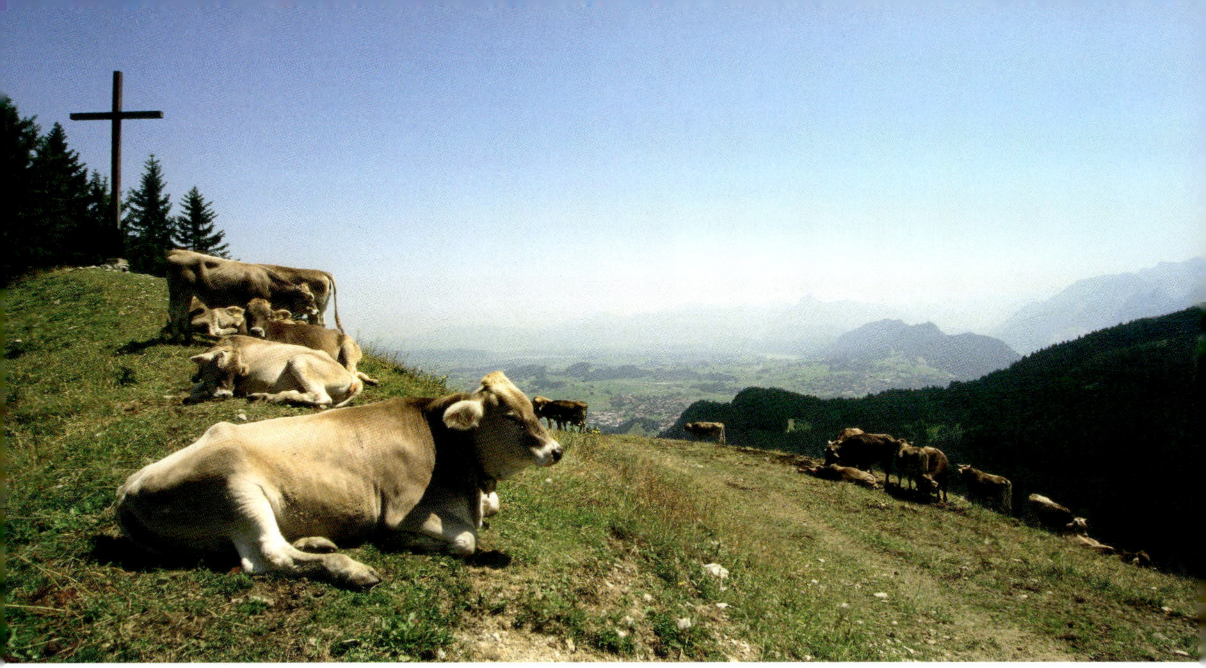

Kuhweide mit Aussicht nahe der Kappeler Alpe (Tour 11)

Am wohlsten fühlt sich der Körper in spezieller Bergbekleidung, die den Schweiß nicht aufsaugt, sondern nach außen abführt. Moderne, wind- und wasserdichte Oberbekleidung sollte bei jeder Tour dabei sein, um für einen Wetterumschwung gerüstet zu sein. Ausreichende Verpflegung und ein großzügig bemessener Getränkevorrat versüßen nicht nur die Pausen, sondern können im Notfall überlebenswichtig sein. Eine kleine Apotheke, Sonnenschutzmittel und eine Taschenlampe für Notfälle finden in jedem Rucksack Platz. Wanderstöcke entlasten nicht nur die Knie, sondern geben auf Geröll oder im Frühjahr auf Altschnee zusätzliche Sicherheit. Mit einem Mobiltelefon kann man auch im Notfall unter der Nummer 112 (die auch ohne Netzkarte zu erreichen ist) meist eine schnelle Hilfe organisieren. Auf keinen Fall aber sollte man durch die vermeintlich größere Sicherheit, die ein Mobiltelefon verspricht, zusätzliche Risiken auf sich nehmen! Bei Touren, die zu Seen, Flüssen und Wasserfällen führen, kann ein kleines Handtuch oftmals gute Dienste leisten. An einem sprudelnden Bach oder stillen See wird man schnell dazu verleitet, die Füße ins kühle Nass zu tauchen. Anschließend heißt es, gut abtrocknen, um Blasen zu vermeiden. Eine komplette Badeausrüstung ist natürlich auf all jenen Wanderungen angesagt, deren Routen zu Badestellen führen.

Wanderungen für alle Jahreszeiten

Die Tourenauswahl dieses Bandes bietet Wanderungen für nahezu jede Jahreszeit. Selbst im Winter lassen sich bei wenig Schnee einige der Voralpentouren unternehmen. Besonders gemütlich wird dann eine Einkehr in der Abenddämmerung, um mit heißen Getränken die Lebensgeister wieder zu wecken. Selbst im Gebirge sind im Winter einige talnahe Wege geräumt und Bergdörfer wie Gerstruben (Tour 26) verströmen mit ihren

alten, von dicken Schneemützen bedeckten Bauernhöfen einen besonderen Reiz. Ein ganz besonderes Erlebnis bieten im Winter die zugänglichen Schluchten und Wasserfälle wie zum Beispiel die Breitachklamm (Tour 29), die der Frost zu einer bizarren Welt aus Eis erstarren lässt. Allerdings ist jetzt auch erhöhte Vorsicht geboten, denn auf den vereisten Wegen kann ein Ausrutscher fatale Folgen nach sich ziehen. Grödeln, also Spikes, die man über die Schuhe ziehen kann, bieten dann den nötigen Halt.
Die niedrigeren und nach Süden exponierten Touren sind die richtigen Ziele für das Frühjahr und den Spätherbst. Während die Berge noch oder schon wieder unter einer dicken Schneeschicht begraben sind, kann man hier die wärmenden Strahlen der Sonne genießen. Gerade an den langen Tagen im Frühjahr lassen sich schon ausgedehnte Wanderungen unternehmen und die Natur verwöhnt uns jetzt mit der schönsten Blumenpracht. Ausgesprochen eindrucksvoll gebärden sich im Frühjahr viele Klammen und Wasserfälle. Während nach langen Schönwetterperioden im Sommer oder Herbst oftmals nur magere Wasserstreifen über die Felswände herabrieseln und schmale Bäche durch die Klammen sprudeln, kann man während der Schneeschmelze im Frühjahr an tosenden Wasserfällen und tobenden Schluchtbächen die unbändige Kraft der Natur eindrucksvoll erleben.
Ab Juni kann man sich an die Touren im höheren Bergland wagen. Dabei gilt es zu bedenken, dass an nordseitigen Wegstrecken Altschneereste bis weit in den Juni hinein Probleme bereiten können. Im Hochsommer können wir das Hochgebirge dann problemlos durchqueren. Die nun vermehrt auftretenden Gewitter erfordern jedoch eine genaue Wetterbeobachtung. An sehr heißen Tagen locken in dieser Zeit wieder die Touren am Alpenrand mit einem erfrischenden Bad in einem der zahlreichen Seen und Teiche. Gerade bei größerer Hitze sollte man seinen Ehrgeiz ein wenig ruhen lassen und trotz oder gerade wegen des schönen Wetters auf Touren setzen, die Zeit zum Baden und Erholen bieten.
Schönste Jahreszeit für ausgedehnte Bergtouren ist zweifellos der Herbst. Die Temperaturen sind wieder angenehm und die klare Luft ermöglicht grenzenlose Fernblicke. Auf den Bergseen spiegelt sich nun oft ein makellos blauer Himmel und die Murmeltiere sind bei ihrer hektischen Futtersuche vor dem langen Winterschlaf oftmals gut zu beobachten.

Flora und Fauna

Ein Puzzle aus Wäldern und Weiden bestimmt das Landschaftsbild im Allgäu und gibt einer Vielzahl von Tier- und Pflanzenarten einen Lebensraum. Neben den von Fichten dominierten Wirtschaftswäldern findet man auch noch artenreiche Bergmischwälder. In höheren Lagen bestimmen vor allem Lärchen, über der Baumgrenze auf kalkreichen Böden die widerstandsfähigen Latschen und auf mergligem Untergrund die Grünerlen das Bild.

Während der gesamten Bergsaison bringt eine Vielzahl von Blütenpflanzen Farbe in die karge Hochgebirgswelt. Im Frühjahr überziehen Krokusteppiche die Wiesen, die gelben Blüten der Aurikel leuchten an sonnigen Felshängen und die filigranen Soldanellen durchbrechen die Schneedecke. Im Frühsommer entdeckt man die blauen Kelche des stängellosen Enzians, die weit verbreitete Akelei und den seltenen Türkenbund. In höheren Lagen blühen bald der äußerst giftige Eisenhut, die verschiedenen Formen der Alpenrose und der gelbe Enzian. Viel Glück braucht man, um einen Frauenschuh oder ein Edelweiß zu entdecken. Im Herbst sorgen auf den ausgetrockneten Bergmatten die Silberdisteln für Abwechslung.
Neben der Pflanzenwelt lädt auch die Fauna zu schönen Entdeckungen ein. Für jeden Wanderer ist es ein besonderes Erlebnis, an Herbstabenden dem Röhren der Hirsche zu lauschen. In höheren Lagen begeistern die Kletterkünste der Gämsen. Die verspielten Murmeltiere, die auf hoch gelegenen Almböden in größeren Kolonien zusammenleben, sind nicht nur die Lieblinge der Kinder. Ständige Besucher bei einer Gipfelrast sind die Dohlen, die um ihren Anteil an der Brotzeit betteln. Greifvögel wie Bussard, Falke und die riesigen Steinadler ziehen auf der Suche nach Beute am Himmel ihre Kreise.

Im Herbst beeindruckt der Große Alpsee mit besonders intensiven Farben (Tour 35).

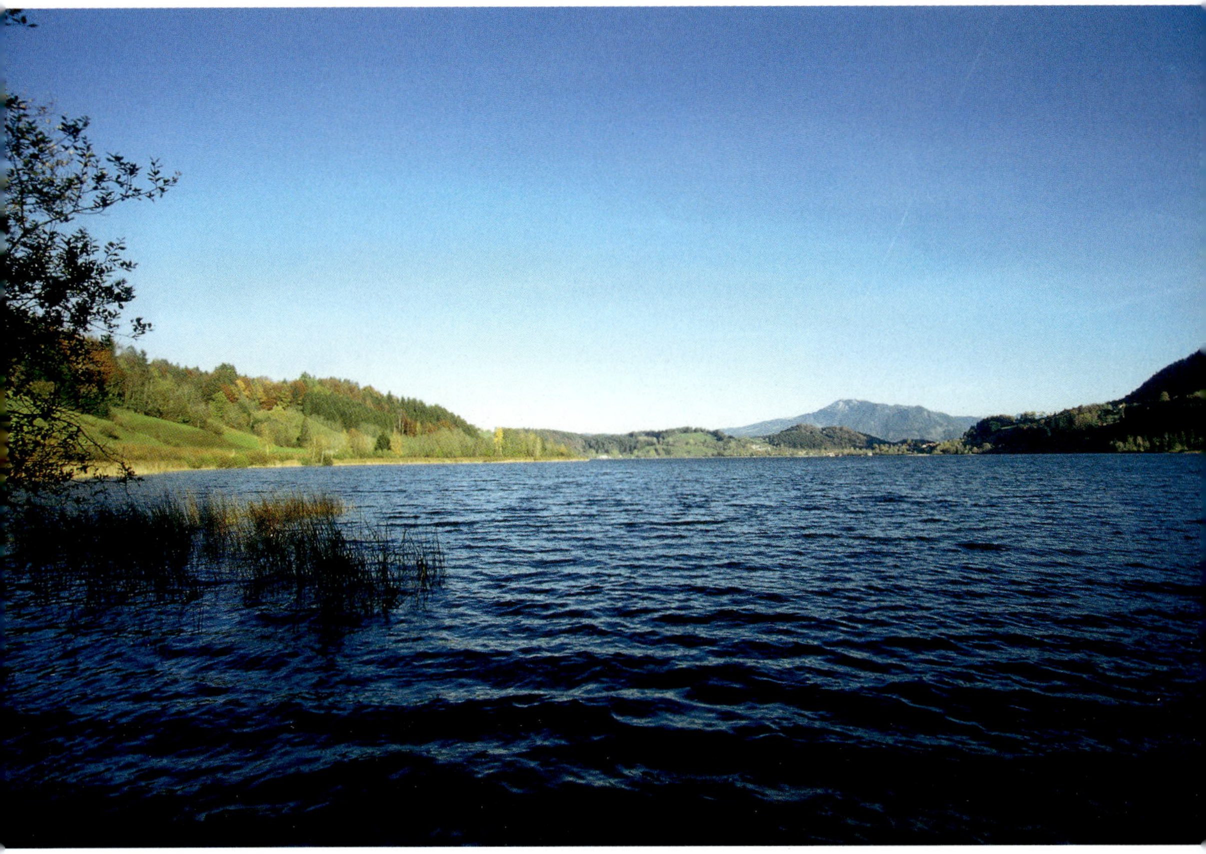

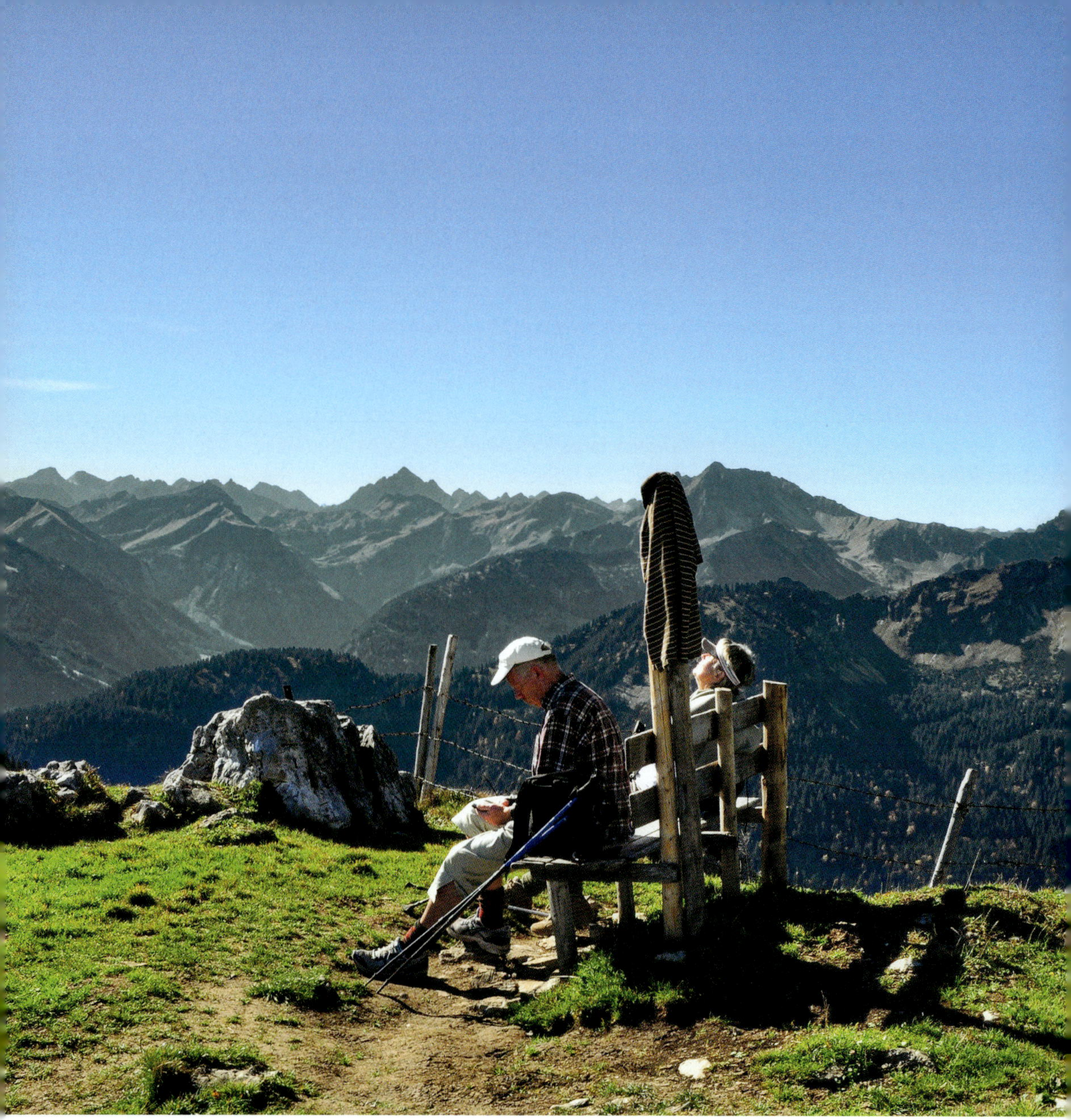

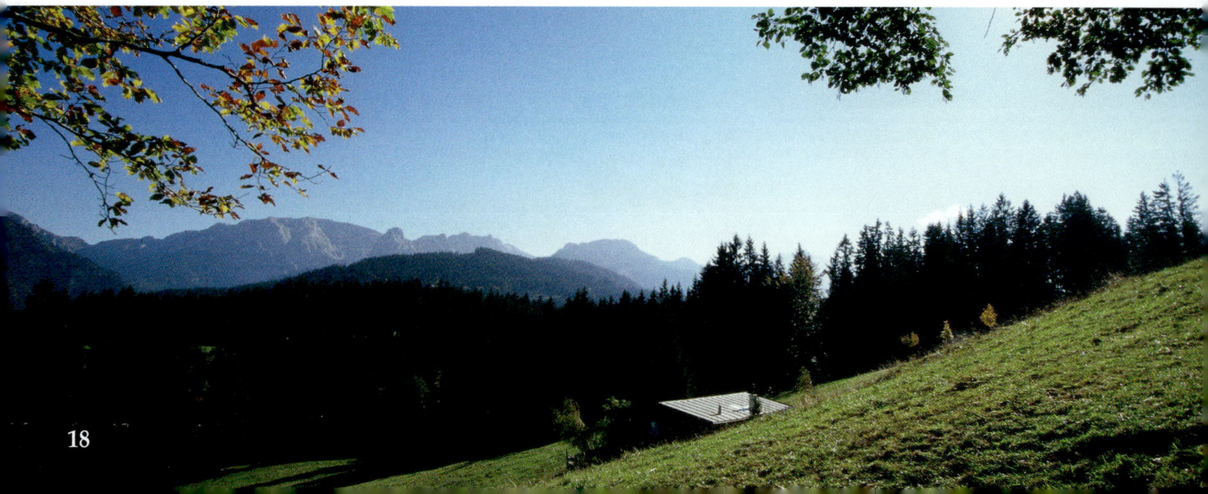

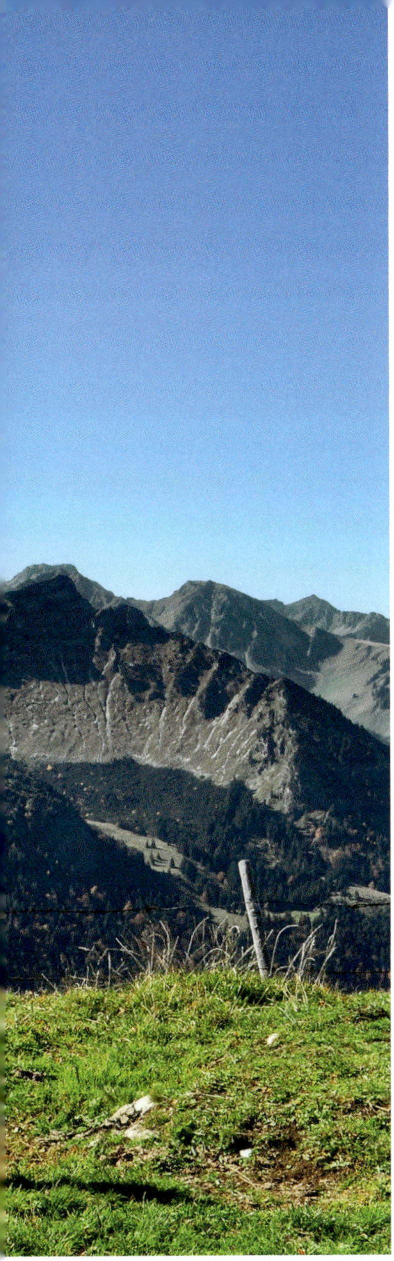

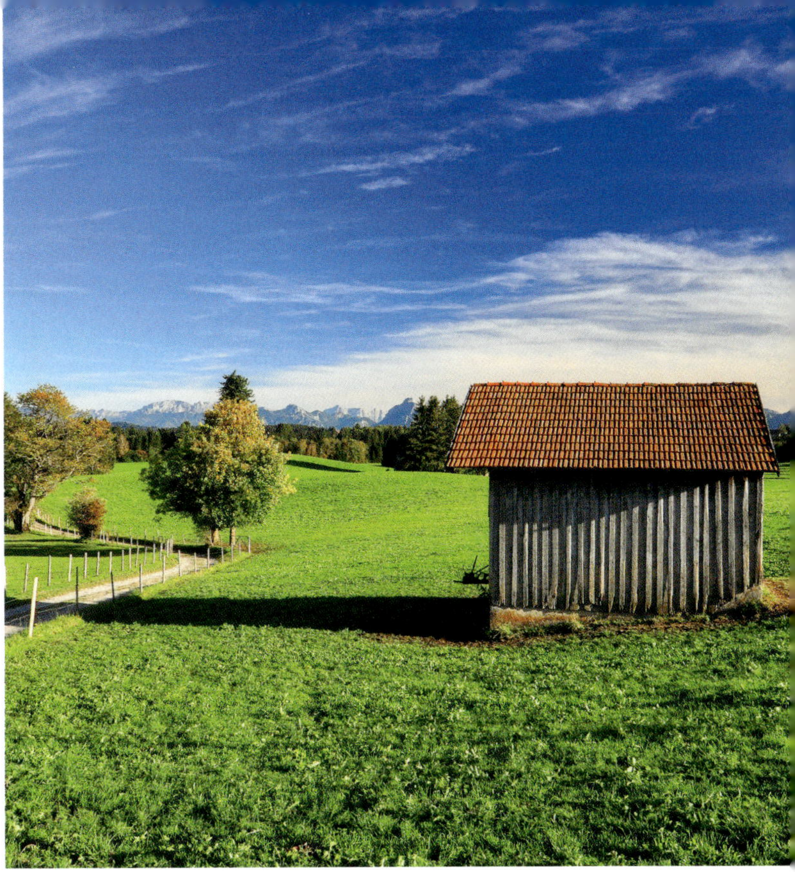

Touren im Ostallgäu

Oben links: Ein aussichtsreicher Rastplatz am Weg zum Breitenberg (Tour 10). Oben rechts: Auf stillen Wegen geht es durch das malerische Voralpenland (Tour 13). Unten rechts: Die Sonnenuhr am Hohen Schloss in Füssen (Tour 6). Unten links: Blick vom Buchenberg auf die Hochgipfel der Ammergauer Alpen (Tour 3).

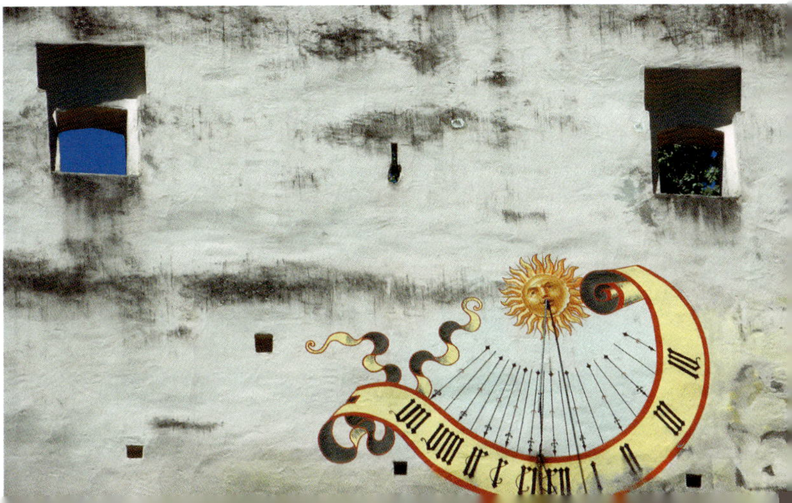

1

Von Stötten auf den Auerberg

Wallfahrtskirche und Römerwälle

leicht | 3:15 Std. | 340 m | 8 km

Besonderer Genuss: Kultur am Wegrand

Tourencharakter
Eine einfache Vorgebirgswanderung zur alten Wallfahrtskirche auf dem Gipfel des Auerberges, von dem man einen herrlichen Blick zum Alpenbogen genießt.

Ausgangs-/Endpunkt
Das Ortszentrum von Stötten am Westfuß des Auerbergs
GPS: 47.7385, 10.6900

Anfahrt
Auto: Stötten liegt an der B16, die von Füssen zur A96 führt. Bei Anfahrt über die A96 ist es empfehlenswert, ab der Ausfahrt Buchloe-West auf der B10 bis Marktoberdorf zu fahren und erst dort auf die B16 zu wechseln.
Bus/Bahn: In Stötten Bushaltestelle der Linie von Füssen nach Marktoberdorf.

Gehzeiten
Stötten–Auerberg 1:45 Std., zurück nach Stötten 1:30 Std.

Einkehr
Im Dorfzentrum von Stötten zum Beispiel im beliebten Gasthof Sonne und auf dem Auerberg in der aussichtsreichen Bergwirtschaft.

Karte
Topografische Karte 1:50 000 des Bayerischen Landesvermessungsamtes, Blatt Füssen

Information
Auerbergland e. V. Bernbeuren, Tel. 08860/81 21, www.auerbergland.de

Von Stötten aus führt eine landschaftlich reizvolle Wanderung auf den geschichtsträchtigen Auerberg. Auf dem Römerweg steigen wir hinauf zur herrlich gelegenen Wallfahrtskirche mit der atemberaubenden Aussichtsplattform, die an klaren Tagen eine grandiose Aussicht bietet.

Von Stötten auf den Römerweg Wir beginnen die Wanderung an der Kirche im **A Ortszentrum von Stötten**. Wir gehen die Straße am Gasthof Sonne vorbei aufwärts und halten uns an der nächsten Kreuzung, den Wegweisern zum Römerweg und Auerberg folgend, links. Nach wenigen Metern leitet uns die Wegweisung geradeaus auf eine schmale Straße. Neben einer Tafel, auf der die Geschichte des Auerbergs erläutert wird, geht es geradewegs auf eine Wiese. Wir folgen einem weichen, sanft ansteigenden Weg, überqueren einen Feldweg und steigen durch frühlingsbunte Wiesen bergan. Bald wechseln wir geradewegs auf einen Wirtschaftsweg, der uns zu einem Bauernhof führt. Hier wenden wir uns auf dem Teersträßchen nach rechts und wandern über einen Bach zum Westrücken des Auerbergs. Bei erster Gelegenheit folgen wir dem Wegweiser zum Auerberg links auf eine schmale Teerstraße und wechseln schon nach wenigen Metern geradewegs auf einen Feldweg. Von der ersten Weggabelung steigen wir rechts sanft aufwärts auf eine auffällige Antenne zu und biegen vor einer Holzhütte links auf den Römerweg ein, der nun als schmaler Wanderweg bergan führt.

Auf dem Römerweg zur Wallfahrtskirche Wir steigen auf dem Wanderweg über den bewaldeten Westrücken des Auerbergs aufwärts. Bald ziehen sich die Wiesen über den Südhang bis zum Bergkamm herauf und für uns öffnet sich der Blick über das Voralpenland bis zur imposanten Gipfelkette der Alpen. An einer Rastbank erläutert hier eine Panoramatafel die umfassende Aussicht. Uns zu Füßen liegt das sanft geschwungene Alpenvorland, mit seinen dunklen Wäldern und sattgrünen Wiesen. Darüber spannt sich der Alpenbogen von den Gipfeln

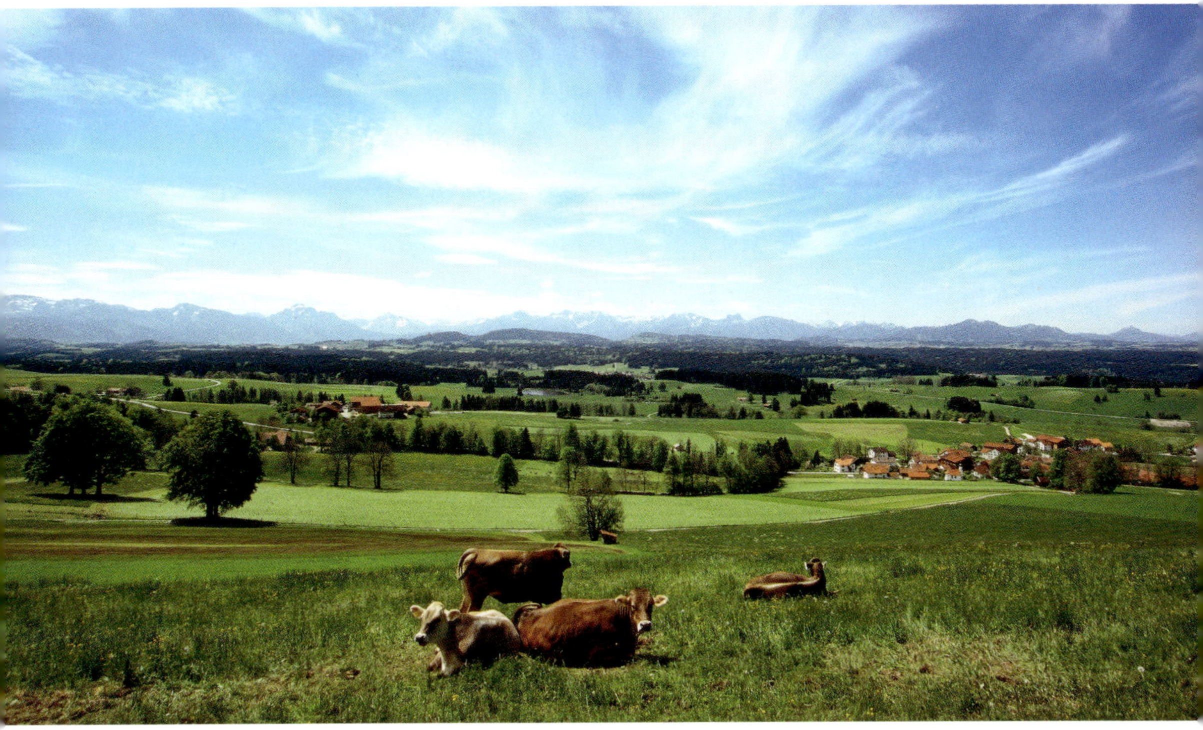

Vom Auerbergweg geht der Blick auf den Alpenbogen.

der Ammergauer Alpen über die wilden Felshörner der Tannheimer Berge bis zum markanten Grünten. Rings um uns blühen die Wiesen in den herrlichsten Frühjahrsfarben, während von den nahen Alpengipfeln noch die gleißenden Schneefelder herableuchten.
Immer nahe dem Bergrücken leitet uns der wundervoll weiche Waldweg über eine Kuppe in eine Senke. Wir folgen dem Wegweiser zum Auerberg auf einen breiten, ansteigenden Weg. Er wird bald wieder schmaler und bringt uns zu einer Weggabelung am Rand einer Wiese. Nach einer Rundtour über den Auerberg werden wir im Abstieg an dieser Stelle wieder auf den Anstiegsweg treffen, der uns zurück nach Stötten führt. Wir nehmen hier den linken, zum Auerberg ausgeschilderten Steig und wandern über blühende Wiesen auf den Gasthof Auerberg zu. Bald schaut auch die Kirche vom Gipfel aus auf uns herab. Nach einem Zaun gehen wir geradeaus über die Wiesen zu einem breiten Feldweg hinauf. Er bringt uns links zur schmalen Fahrstraße, die von Bernbeuren auf den Auerberg führt. Vorbei am Gasthof steigen wir zur nahen Wallfahrtskirche auf dem höchsten Punkt des 1 **Auerbergs (1055 m)**. Eine enge Treppe führt aus dem Kirchenschiff durch den im Kern romanischen Turm zu einem Fenster hinauf, durch das wir zur Aussichtsplattform hinaussteigen können. Sie schwebt in schwindeler-

regender Höhe zwischen Kirchdach und Kirchturm. An klaren Tagen scheint von dort der Blick über das malerische Alpenvorland hin zu den markanten Gipfeln der Alpen grenzenlos zu sein.

An römischen Wällen vorbei zurück nach Stötten Von der Kirche wandern wir anschließend wieder zurück in den südlich gelegenen Wiesensattel und zweigen dort von der Fahrstraße rechts in den breiten Feldweg ab. Wir biegen nach kurzer Strecke nicht rechts in den Wiesenweg ein, auf dem wir aufgestiegen sind, sondern folgen geradewegs dem Wirtschaftsweg. Er bringt uns nach kurzer Strecke zu einem Gatter, neben dem mächtige römische Wälle aufragen. Vor nahezu 2000 Jahren wurden sie von den Römern errichtet, um ihre Siedlung auf dem Auerberg zu schützen. Weiter geht es nicht links auf den Jägersteig, sondern auf dem breiten Feldweg geradeaus durch die Wallanlage. Der Wirtschaftsweg führt uns in weiten Kurven über die Wiesen sanft abwärts zum Waldrand. Bald verlassen wir das nach links abknickende Sandsträßchen und gehen we-

Auf dem geschichtsträchtigen Auerberg

Kurz nachdem die Römer das nördliche Alpenvorland erobert hatten, erbauten sie um 15. n. Chr. in strategisch besonders günstiger Position auf dem Auerberg eine Siedlung. Mächtige Wälle, die sich bis heute deutlich im Gelände abzeichnen, schützten das Bergdorf vor Angriffen von feindlichen Soldaten. Funde belegen, dass der Auerberg sowohl von Handwerkern, die vielfältige Produkte herstellten, als auch von Soldaten bewohnt wurde.

Letztere waren wohl auch für die Überwachung des nahen Lechtales zuständig, durch das eine der wichtigsten römischen Straßenverbindungen lief. Nach der schnellen Befriedung des Alpenvorlandes war die schützende Lage nicht mehr gefragt und die Siedlung wurde schon nach wenigen Jahren wieder aufgegeben.

Die zweite Attraktion auf dem Auerberg ist die gotische, 1497 fertiggestellte Wallfahrtskirche, in der einige bemerkenswerte Kunstwerke zu entdecken sind. Über dem Eingang zur Sakristei befindet sich eine spätgotische Madonna, die der berühmte Allgäuer Bildhauer Jörg Lederer um das Jahr 1520 schuf. Die Rosenkranzmadonna im Chorbogen entstand Mitte des 17. Jahrhunderts und eine gotische Figurengruppe mit dem heiligen Georg Ende des 14. Jahrhunderts. Bemerkenswert sind außerdem eine kraftvolle, lebensgroße Plastik des heiligen Georg als Drachentöter aus der zweiten Hälfte des 17. Jahrhunderts und die barocken Altäre. Das Gotteshaus ist alljährlich am Sonntag nach dem 23. April Ziel einer Wallfahrt mit sehenswertem Georgiritt, bei dem historisch kostümierte Reiter zu bewundern sind.

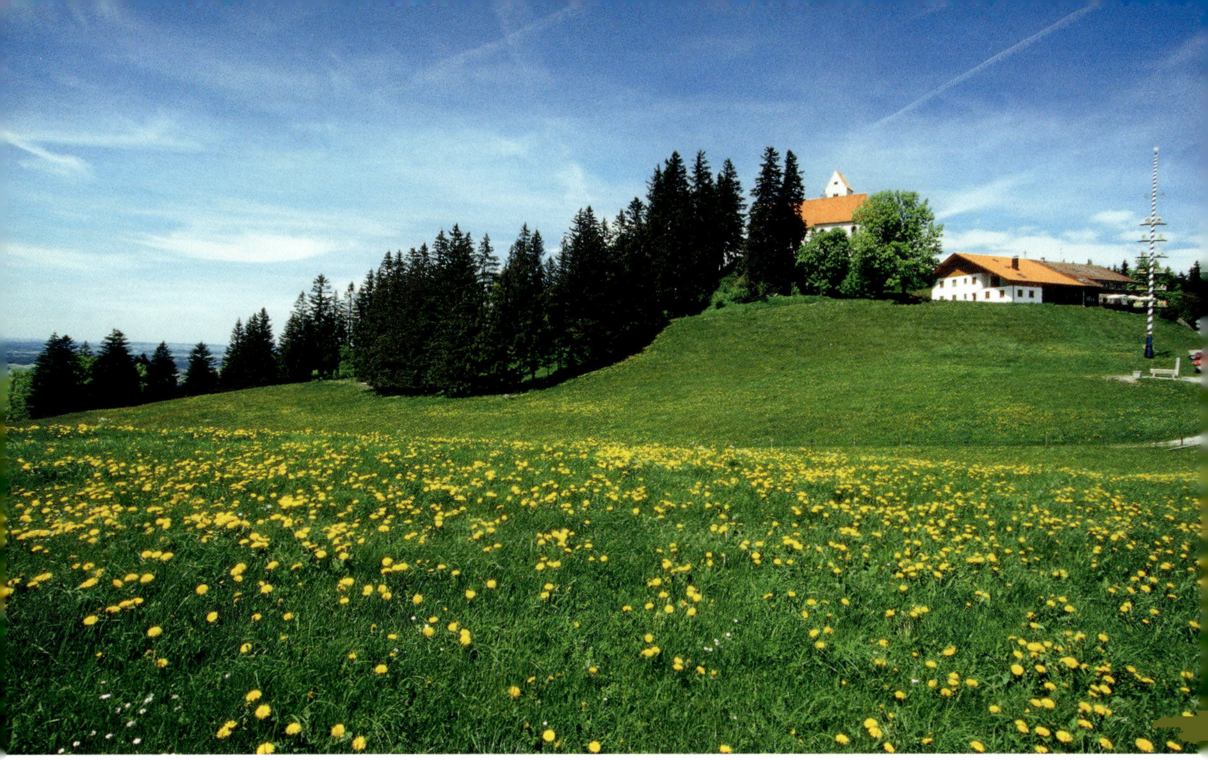

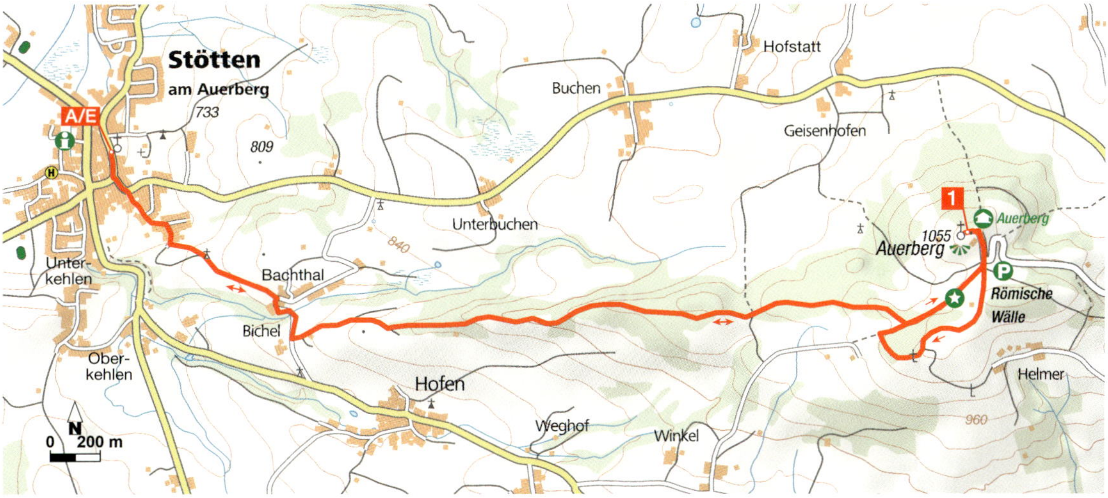

nige Meter nach rechts zu einem Kreuz, von dem sich nochmals ein herrlicher Ausblick bietet. Hier beginnt ein schmaler, gelb markierter Steig, der durch den Wald und am Waldrand bergab führt. Wir erreichen eine Wiese, auf der uns eine Wegspur nach rechts leitet. Im Wald stoßen wir nach kurzer Strecke an einer Wegkreuzung auf unseren Anstiegsweg. Links wandern wir auf dem bekannten Weg, der uns bald nochmals herrliche Ausblicke über das Alpenvorland bietet, wieder hinab nach E Stötten.

Oben: Am höchsten Punkt des Auerberges steht die sehenswerte Wallfahrtskirche.

2

Rund um Roßhaupten

Aussichtshöhen am Forggensee

leicht | 3:00 Std. | 330 m | 9 km

Besonderer Genuss: Ruhe und Natur

Tourencharakter
Eine einfache Wanderung auf breiten Wirtschaftswegen und schmalen Wanderwegen. Im Sommer kann man am Forggensee eine Badepause einlegen.

Ausgangs-/Endpunkt
Die Kirche im Ortszentrum von Roßhaupten
GPS: 47.6526, 10.7181

Anfahrt
Auto: Roßhaupten liegt an der B16, die von Füssen zur A96 führt. Bei Anfahrt über die A96 ist es empfehlenswert, ab der Ausfahrt Buchloe-West auf der B10 bis Marktoberdorf zu fahren und erst dort auf die B16 zu wechseln.
Bus/Bahn: Busverbindung in verschiedene Richtungen, z. B. zur Bahnstation in Füssen.

Gehzeiten
Zum Badestrand Forggensee 0:45 Std., Abzweig zum Buch 0:50 Std., Buch 0:30 Std., zurück zum Abzweig 0:25 Std., nach Roßhaupten 0:30 Std.

Einkehr
Am Anfang bzw. am Ende der Tour kann man in Roßhaupten einkehren.

Karte
Topografische Karte 1:50 000 des Bayerischen Landesvermessungsamtes, Blatt Füssen

Information
Tourist-Information Roßhaupten, Tel. 08367/364, www.rosshaupten.de

Vom Ufer des Forggensees streckt sich ein Bergkamm nach Westen. Ein aussichtsreicher Weg führt zum höchsten dieser kleinen Berge, dem Zwieselberg, der mit dem Rastplatz am sogenannten Buch einen herrlichen Aussichtspunkt bietet. Für eine Erfrischung sorgt während der Sommermonate ein wunderschöner Badeplatz am Forggensee.

Römerstraße und Badeplatz am Forggensee Neben der Kirche im **A Zentrum von Roßhaupten** gehen wir von der abknickenden Vorfahrtsstraße in die als Hauptstraße benannte Nebenstraße, die am Eingang der Kirche vorbei nach Südwesten führt. An

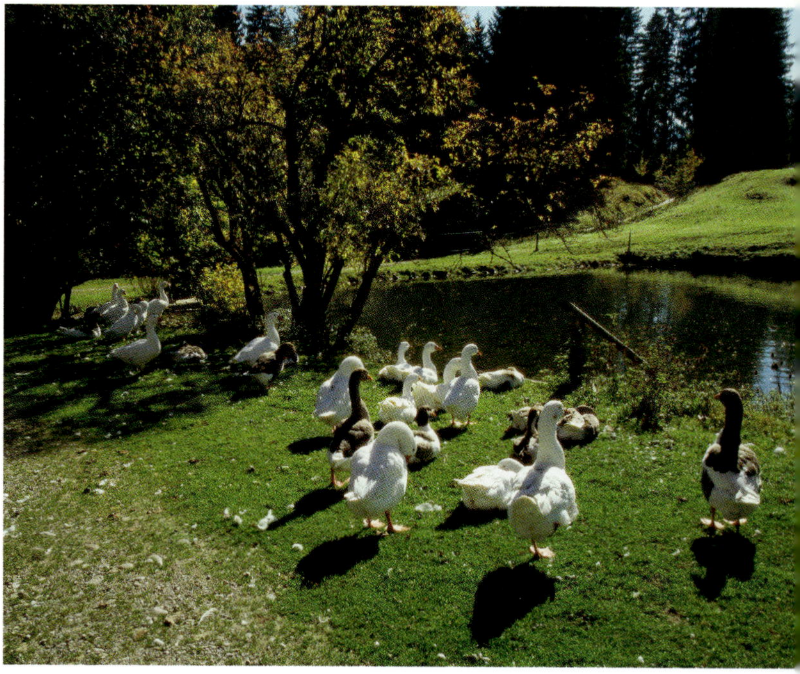

einem nahen Platz mit gusseisernem Brunnen auf der Füssener Straße geht es nach links und nach wenigen Schritten links in den Mangmühlenweg, der uns geradewegs aus dem Ort führt. Nun wandern wir, vorbei an einer kleinen Kapelle, auf der

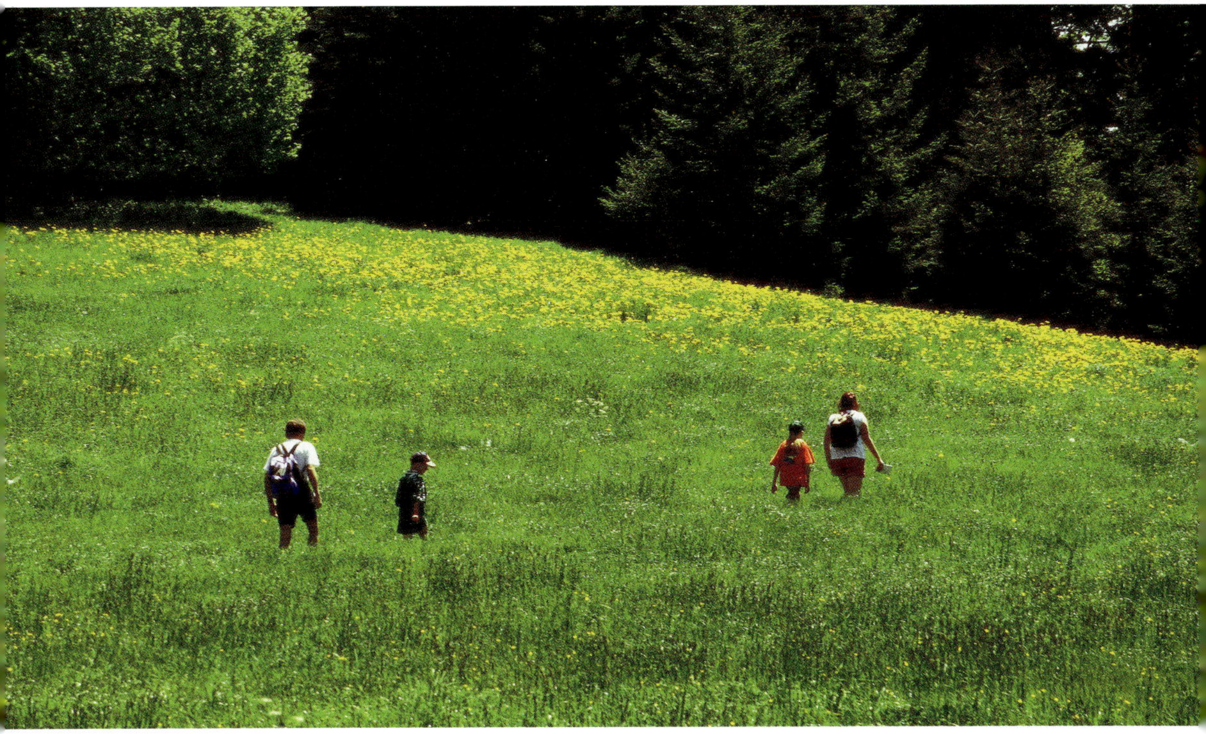

schmalen Teerstraße über die Wiesen. Nach der Bundesstraßenunterführung quert der Lauf des Via-Claudia-Augusta-Radweges, der so gut es geht dem Lauf der alten Römerstraße folgt, unseren Weg. Wir wechseln hier jedoch geradewegs auf einen Wirtschaftsweg, der uns bald an Fischteichen vorbei zur Mangmühle bringt. Hier sollten wegen der Enten und Gänse, die schnatternd die Weiher bevölkern, unbedingt alle Tore wieder sorgfältig verschlossen werden. Die Mangmühle steht übrigens auf historischem Boden, denn direkt hier verlief einstmals die bedeutende Römerstraße Via Claudia Augusta.

An der Mangmühle biegen wir nach dem letzten Teich rechts in einen Wirtschaftsweg, der sanft ansteigt und der Linie der alten Römerstraße folgt. Der Weg führt uns bald durch einen dichten Wald, in dem zahlreiche Singvögel geschäftig hin und her schwirren. Nach kurzer Strecke erreichen wir den Forggensee. Am Ufer entlang geht es zur Anlegestelle Tiefenthal, die von den Forggensee-Ausflugsschiffen angelaufen wird. Hier versinkt die alte Römerroute in den Fluten des aufgestauten Forggensees. Wir wechseln auf einen schmalen Pfad, der weiter am Ufer des Forggensees entlang nach Süden läuft, bis wir auf einen breiteren Weg treffen. Auf ihm sind es links nur noch wenige Schritte zur Wasserwachthütte und zu einem wunderschönen ❶ **Badeplatz**.

Im Frühjahr führt der Weg durch bunte Blumenwiesen.

Linke Seite: Glückliche Enten und Gänse am Weg zum Forggensee

Auf dem Hügelkamm nach Westen Der schmale Weg folgt einer nach Westen ausbauchenden Bucht, die das Tal des versunkenen Tiefenthalbaches nachzeichnet, und steigt allmählich an. Noch im 8. Jahrhundert wanderte hier St. Magnus, besser bekannt als der Allgäuheilige St. Mang, auf der Via Claudia Augusta gen Süden. Nur die Holzbrücke über das Tiefe Tal bei Roßhaupten sei laut einer alten Chronik zu dieser Zeit schon zerstört gewesen. Bald geht es unter der Bundesstraßenbrücke hindurch. Vorbei an der Tiefenthalkapelle folgen wir geradewegs dem schmalen, ansteigenden Weglein, bis wir auf eine breite Forststraße treffen. Auf ihr geht es wenige Meter nach links und dann rechts in einen ansteigenden Wirtschaftsweg, der uns auf einen aussichtsreichen Wiesenrücken hinaufführt. Auf dem Feldweg wandern wir an der Kapelle auf der »Alten Reiten« vorbei über die Wiesenkuppen zum Bergsattel, der von der Verbindungsstraße Roßhaupten–Ussenburg überquert wird.

Wir gehen auf der Teerstraße ca. 50 Meter nach links zu einer Hütte, neben der wir in einen Feldweg einbiegen. Er führt uns über Wiesen, die uns eine weite Aussicht zu den Bergen des Ostallgäus gewähren, bergan. Am Ende der Wiesen gehen wir geradewegs in den Wald und an einer nahen Weggabelung wei-

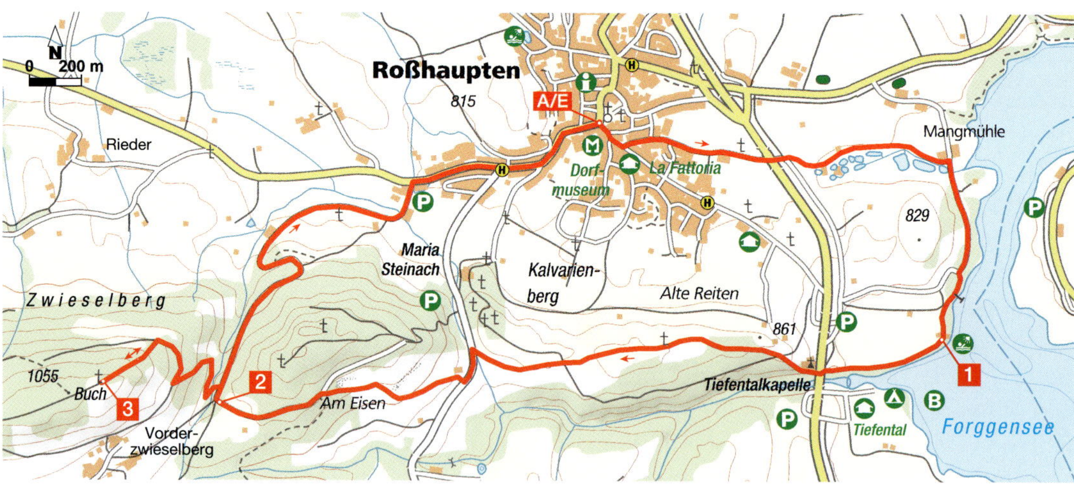

ter geradeaus bergauf. Nach kurzer Strecke stoßen wir auf eine breite Forststraße, der wir nach links folgen. Bald läuft diese über Wiesen abwärts in ein bewaldetes Bachtal, wo der ❷ **Weg zum Buch** abzweigt.

Abstecher zum Buch Wir biegen links in einen Wanderweg ein und überqueren den nahen Bach. Über eine Wiese steigen

wir in den Wald hinauf und halten uns an einer Weggabelung links. Der schmale Weg windet sich durch den steilen Waldhang zu einem breiten Querweg hinauf.
Wir gehen rechts und folgen dem Schotterweg, bis wir an seinem Ende auf einen schmalen Wanderweg überwechseln können. Er leitet uns steil zu einem Wirtschaftsweg hinauf. Auf ihm gehen wir rechts aufwärts und vor einem Zaun rechts auf einen schmalen Weg. Er führt am Zaun entlang, bis wir links durch den Zaun zum nahen Kreuz und Aussichtsbänkchen auf dem **3** **Buch (1050 m)** gehen können. Lange bleiben wir hier sitzen und blicken in die weite Runde, ehe wir die letzte Etappe des heutigen Tages in Angriff nehmen.

Zurück nach Roßhaupten Vom Buch steigen wir anschließend auf dem Anstiegsweg wieder zum **2** **Abzweig** im Bachtal ab. Wir folgen der breiten Forststraße nach links. An einer Weggablung bleiben wir auf dem Hauptweg, der links abwärts läuft. Er führt uns in einem weiten Bogen durch die Wiesen, bis wir bei den ersten Häusern von Roßhaupten die Hauptstraße erreichen.
Wir halten uns rechts und folgen der Straße, die uns zur Kirche im **E** **Zentrum von Roßhaupten** zurückbringt.

Links: Kein Windhauch kräuselt die Wasserfläche des Forggensees.

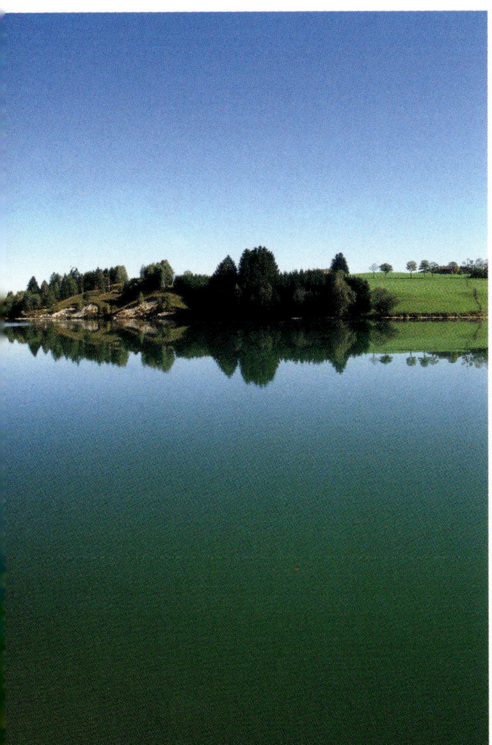

Badespaß und Weitblick

Nach einem gemütlichen Auftakt führt uns der Weg zu herrlichen Badeplätzen am Forggensee, die sich für eine lange, erfrischende Rast anbieten. Tiefgrün leuchten der Wasserspiegel des Forggensees und die gegenüberliegenden Wiesen. Der Kiesstrand läuft nicht allzu steil ins kühle Nass und bietet auch Kindern ein ungefährliches Badevergnügen. Anschließend führt ein langer, einsamer Anstieg zum Aussichtspunkt am Buch. Eine Bank lädt zur Rast ein und eine Panoramakarte hilft beim Identifizieren der zahlreichen Alpengipfel, die wie eine Kulisse hinter dem Forggensee aufragen. Deutlich hebt sich Schloss Neuschwanstein von den bewaldeten Hängen von Tegelberg und Säuling ab und als markante Felshörner stoßen die Gipfel der Tannheimer Berge in den Himmel.

3

Von Buching auf den Buchenberg

Am Rand der Ammergauer Alpen

mittel | 2:45 Std. | 390 m | 6 km

Besonderer Genuss: Aussicht

Tourencharakter
Sowohl der beschriebene An- wie auch der Abstiegsweg am Buchenberg sind teils recht steil. Diese Wege können durch eine Fahrt mit der Sesselbahn vermieden werden (Seilbahnauskunft Tel. 08362/983 60). Von dort auf einem gemütlichen Rundweg über die »Ebene«.

Ausgangs-/Endpunkt
Die Talstation der Buchenberg-Sesselbahn in Buching. GPS: 47.6145, 10.8057

Anfahrt
Auto: Die Talstation der Buchenberg-Sesselbahn liegt unmittelbar neben der B17, die von Füssen über Landsberg zur A96 führt.
Bus/Bahn: In Buching Bushaltestelle der Linie von Füssen nach Steingaden.

Gehzeiten
Aufstieg Buchenberg 1:15 Std., Rundweg Ebene 0:45 Std., Abstieg Buching 0:45 Std.

Einkehr
In Buching und vor allem in der herrlich aussichtsreichen Buchenbergalm auf dem Gipfel des Buchenbergs.

Karte
Topografische Karte 1:50 000 des Bayerischen Landesvermessungsamtes, Blatt Füssen

Information
Gästeinformation Halblech-Buching, Tel. 08368/285, www.halblech.de

Der Buchenberg ist einer jener unscheinbaren Gipfel, die am nordwestlichen Rand der Ammergauer Alpen über dem breiten Lechtal aufragen. Im Gegensatz zu seinen höheren, jedoch meist dicht bewaldeten Nachbarn bietet der Buchenberg herrliche Tiefblicke auf das seenreiche Alpenvorland und eine berauschend schöne Sicht zu den Felsbergen rund um die Hochplatte.

Auf dem »Kulturenweg« zum Buchenberg Von der Ⓐ **Talstation der Buchenberg-Sesselbahn** steigen wir rechts neben der Sesselbahn kurz über die Wiese aufwärts und nehmen dann den »Kulturenweg« nach rechts. Bald geht es an einem Bachlauf entlang bergan, bis wir einem Feldweg nach rechts folgen. Am Waldrand geht unser Weg in einen wurzeligen Steig über, der uns teils steil zu einer Forststraße führt. Jenseits finden wir die Fortsetzung unseres Weges, der sich in zahlreichen Kehren durch den steilen Waldhang nach oben windet. Erst ganz oben legt sich das Gelände zurück und der Steig bringt uns rechts zu einem Sattel, von dem wir nach wenigen Schritten den aussichtsreichen Gipfel des ❶ **Buchenbergs (1142 m)** erreichen. Dort lockt die Buchenbergalm, neben der zahlreiche Gleitschirmflieger starten, zur Einkehr.

Der Rundweg über die »Ebene« Vor dem Abstieg wollen wir noch den Rundweg über die aussichtsreichen Almwiesen südlich des Gipfels erkunden. Wir folgen der Zufahrtsstraße kurz abwärts. Die erste rechts abgehende Forststraße bleibt unbeachtet und wir biegen erst in den zweiten Forstweg, der rechts als »Buchenberg-Rundweg« ausgeschildert ist und auf eine sanfte Waldkuppe führt. Bald leitet uns eine schmale Wegspur zu einer Bergwiese und auf nun wieder breitem Weg geht es bergab zu einer Kreuzung. Wir halten uns auf dem Rundweg links und wandern über die herrlichen Alpweiden der sogenannten »Ebene«, auf der wir den herrlichen Blick zu Hochplatte, Geiselstein und den anderen Felsbergen im Herzen der Ammergauer Alpen genießen. Nach einem Gatter treffen wir wieder auf die Kiesstraße, auf der wir links zum Buchenberg hinaufwandern.

Auf dem Bachweg hinab nach Buching Neben der Bergstation der Sesselbahn beginnt der sogenannte »Bachweg«, der am Rand einer aussichtsreichen Wiese steil bergab läuft und dann ein kurzes Stück auf einem Bergrücken entlangführt. Nach einem Hüttchen geht es steil und rutschig zu einem Bach hinab. Der anfangs steile und steinige Weg schlängelt sich rechts des Baches bergab, bis wir weiter unten über den Bach nach links zu einem groben Schotterweg queren. Auf ihm steigen wir zum nahen Ortsrand von Buching ab. Wir wechseln geradewegs auf eine Teerstraße und biegen in die dritte Straße ein, die links abgeht. Nun wandern wir in gleichbleibender Richtung flach oder leicht fallend zu einer Wiese, über die wir schließlich zur nahen Ⓔ **Talstation der Buchenberg-Sesselbahn** absteigen können.

Links unten: Von der Buchenbergalm hat man einen herrlichen Fernblick.

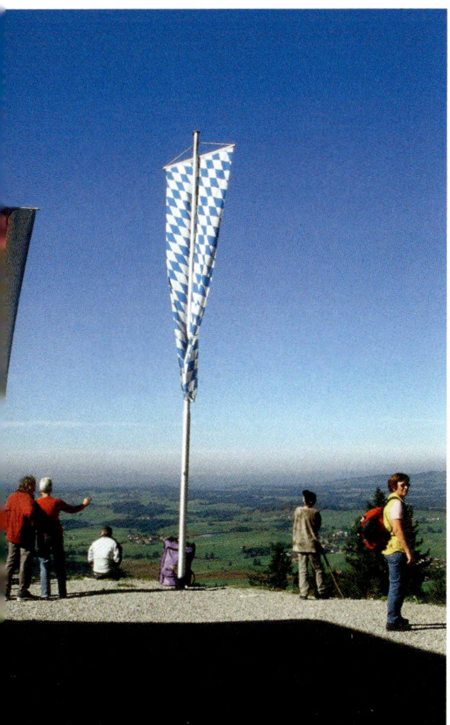

Blick über Bannwaldsee und Forggensee zu den Allgäuer Alpen

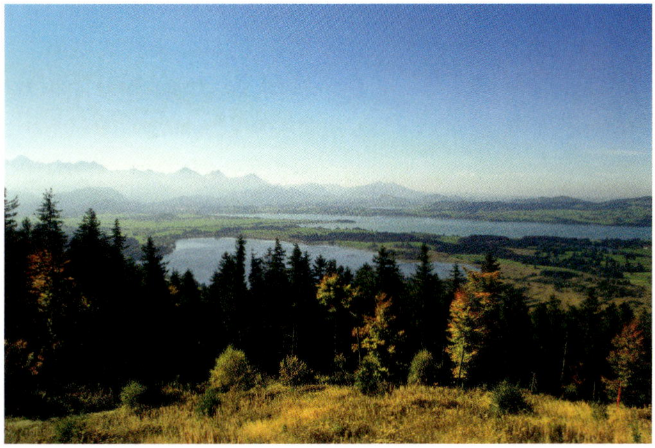

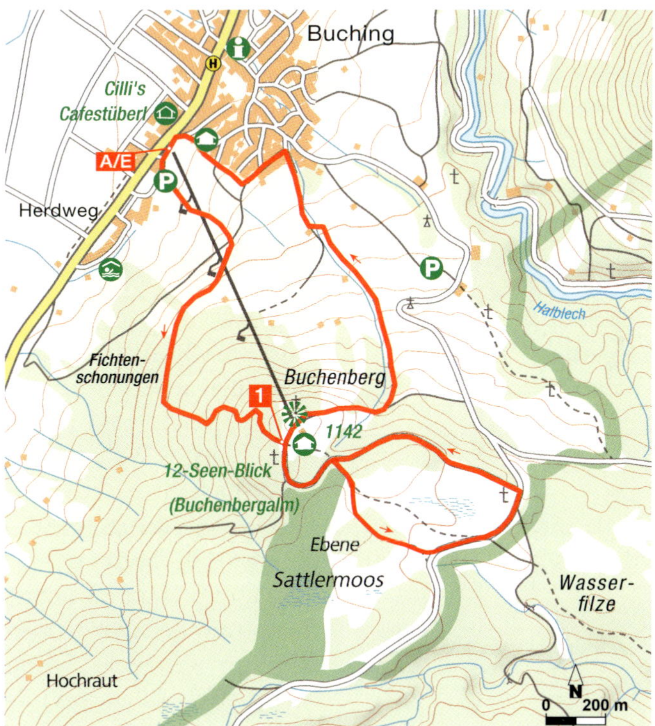

4 Vom Tegelberg nach Neuschwanstein

Durch das königliche Jagdrevier

mittel | 4:45 Std. | 250/ 1190 m | 11 km

Besonderer Genuss: Kultur am Wegrand

Tourencharakter
Der Abstieg in die Bleckenau und der Rückweg zum Ausgangspunkt führen über breite Wege und Forststraßen. Ab Bleckenau verkehren Kleinbusse.

Ausgangs-/Endpunkt
Die Tegelbergbahn (Fahrplanauskunft unter Tel. 08362/98360).
GPS: 47.5678, 10.7564

Anfahrt
Auto: Ausgeschilderte Zufahrt von der B17 nahe Schwangau zur Talstation der Tegelbergbahn.
Bus/Bahn: Bushaltestelle an der Talstation der Tegelbergbahn an der Linie Füssen (Bahnstation)–Steingaden.

Gehzeiten
Branderfleck 0:35 Std., zur Ahornspitze 0:35 Std., Branderfleck 0:25 Std., Bleckenau 1:30 Std., Rückweg zur Tegelbergbahn-Talstation 1:40 Std.

Einkehr
An der Bergstation der Tegelbergbahn und in der Bleckenau jeweils in den historischen Jagdhütten der Wittelsbacher.

Karte
Topografische Karte 1:50000 des Bayerischen Landesvermessungsamtes, Blatt Füssen

Information
Tourist-Information Schwangau, Tel. 08362/81980, www.schwangau.de

Der Tegelberg, auf dem man zahllose Paraglider beim Start beobachten kann, bietet herrliche Tiefblicke auf das Alpenvorland und informative Nahblicke zu den Nachbarbergen. Auf einfachen Wegen geht es vorbei an königlichen Jagdhütten hinab zum Flüsschen Pöllat, über dem das Märchenschloss Neuschwanstein in den Himmel ragt.

Auf dem Königlichen Reitweg Vor der Ⓐ **Bergstation der Tegelbergbahn** führt ein Weg rechts hinab zum nahen Tegelberghaus. Wir halten uns links und betreten nach wenigen Metern das Naturschutzgebiet Ammergauer Alpen, das zu den ausgedehntesten in Deutschland zählt. Über Bergwiesen wandern wir zu einem Bergkamm, von dem sich der Blick nach Süden öffnet. Der breite Weg, der an einer harmlosen Felsstelle mit einer Kette entschärft wurde, leitet jetzt ein kurzes Stück durch die steilen Südhänge des Branderschrofen abwärts und quert

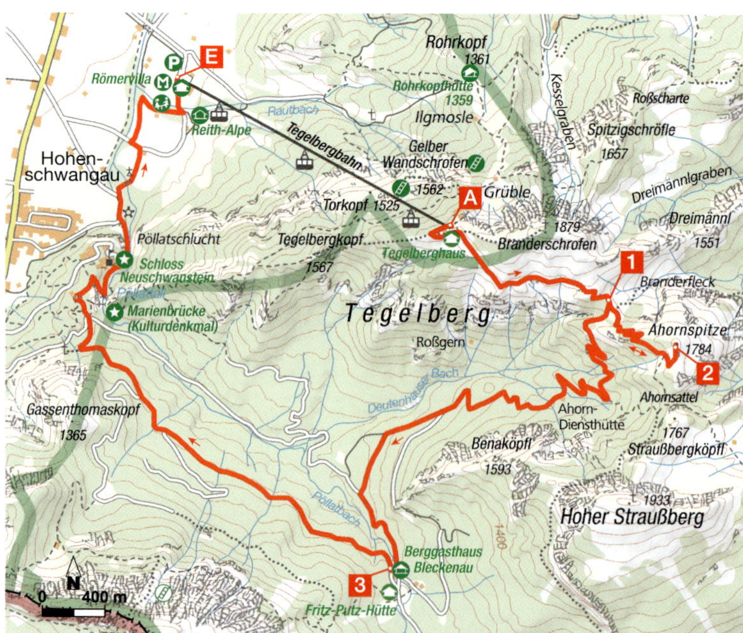

dann in gleichbleibender Höhe nach Osten. Bald führt uns ein kurzer Anstieg ohne große Mühe zur Wegkreuzung am ❶ **Branderfleck** genannten Sattel hinauf. Wer die Ahornspitze nicht besteigen möchte, der biegt hier rechts in den gut ausgebauten Reitweg ein.

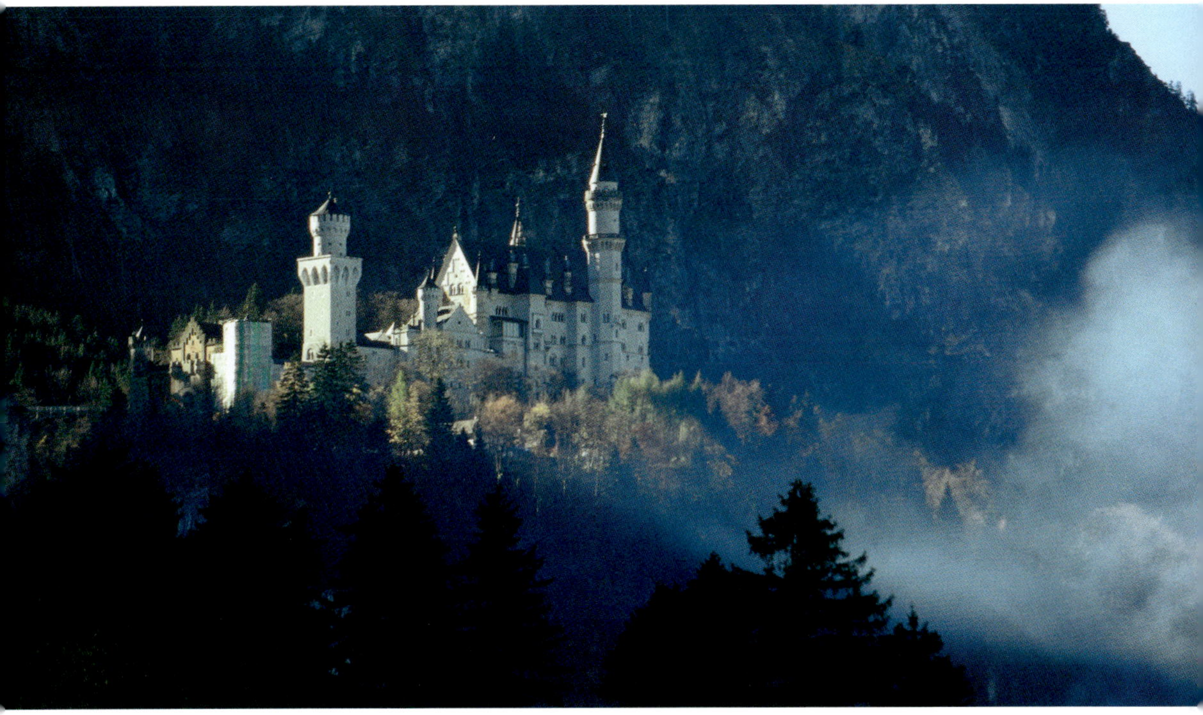

Herbstnebel wabert am Morgen um Schloss Neuschwanstein.

Abstecher zur Ahornspitze Wir gehen am Branderfleck geradeaus. Der jetzt schmale, erdige Weg windet sich in Kehren durch den Wald aufwärts zum Ostrücken der Ahornspitze. Anschließend queren wir in gleichbleibender Höhe den Hang, bis wir links auf ein schmales Steiglein abzweigen. In Kehren steigen wir durch den Latschenhang zu einer Scharte hinauf, an der sich der Blick nach Osten auf die Felsgipfel im Herzen der Ammergauer Alpen öffnet. Hält man sich in der Scharte rechts, ist ein aussichtsreicher Vorgipfel schnell und problemlos zu erreichen. Von der Scharte links hinauf zieht ein etwas steilerer und anspruchsvollerer Steig durch Latschen und an Felstürmen vorbei hinauf zum nahen Gipfel der ❷ **Ahornspitze (1780 m)**, von dem wir den herrlichen Rundumblick genießen. Vom Gipfel steigen wir anschließend wieder zum Querweg hinab. Geht man auf ihm nach links, kann man am nahen Ahornsattel rechts in einen schmalen, rot markierten Steig einbiegen. An der nächsten Weggabelung hält man sich wieder rechts und steigt zum Reitweg ab, den man wenig später oberhalb der Ahornhütte erreicht. Da dieser Weg in recht schlechtem Zustand ist, empfiehlt es sich, dem vom Aufstieg bekannten Weg zurück zum ❶ **Branderfleck** zu folgen.

Abstieg in die Bleckenau Hier biegen wir in den breiten Reitweg ein, der nach Süden in Kehren abwärts läuft. An der Ahornhütte geht er in eine Forststraße über, die uns zur geteerten Straße durch das Pöllattal hinabführt. Über sie kann man rechts Richtung Hohenschwangau wandern. Wir halten uns jedoch links und folgen der Straße, die uns in 10 Minuten zu den wundervoll gelegenen Wiesen der ❸ **Bleckenau** leitet. Links liegt etwas erhöht die urige, im ehemaligen königlichen Jagdhaus untergebrachte Wirtschaft, von der aus man auch mit dem Bus nach Hohenschwangau und zur Talstation der Tegelbergbahn zurückkehren kann.

Zwei Wegvarianten zum Schloss Neuschwanstein Zum einen können wir in der Bleckenau die Pöllat überqueren und kurz darauf rechts in eine Forststraße einbiegen. Sie steigt sanft an und quert dann die bewaldeten Nordhänge am Fuß des Säulings, ehe sie abwärts zu einer Kreuzung oberhalb von Schloss Neuschwanstein führt.

Jagdrevier und Märchenschloss

1832 ließ Kronprinz Maximilian, der spätere Bayernkönig Max II., auf den Ruinen einer mittelalterlichen Burg Schloss Hohenschwangau erbauen. Auf Anweisung des passionierten Jägers wurden die nahen Ammergauer Alpen als königliches Jagdrevier mit breiten Reitwegen und Unterkunftshäusern erschlossen. So entstanden Mitte des 19. Jahrhunderts die königlichen Jagdhäuser auf dem Tegelberg und in der Bleckenau. Der Weg führt uns durch das Naturschutzgebiet Ammergauer Alpen, eines der größten in Deutschland, und folgt der anfangs gutmütigen Pöllat, die bei Schloss Neuschwanstein eine wilde Schlucht gegraben hat.

Angefacht durch seine romantische Mittelalterbegeisterung und angeregt durch einen Besuch der Wartburg ließ König Ludwig II., der einen Großteil seiner Jugend auf dem nahen Schloss Hohenschwangau verbrachte, hoch über der Pöllatschlucht ab 1869 Schloss Neu-Hohenschwangau erbauen. Bis zu seinem Tode im Jahre 1886 wurde an diesem Gesamtkunstwerk gearbeitet, das bis auf den Bergfried und die Kapelle größtenteils fertiggestellt wurde.

Erst ab 1890 bürgerte sich für das Schloss, das heute zu den größten Touristenmagneten in Deutschland zählt, der Name Neuschwanstein ein.

Zum anderen können wir einfach der Teerstraße, auf der wir das letzte Stück in die Bleckenau angestiegen sind, wieder bergab folgen. Auf ihr verkehren nur die kleinen Pendelbusse und sie führt uns bald direkt an der sprudelnden Pöllat entlang, an der Kinder wunderschöne Spielplätze finden. An der Kreuzung oberhalb von Schloss Neuschwanstein führen beide Varianten wieder zusammen.

Von dort folgen wir dem viel begangenen Teerweg abwärts. Bald führt rechts ein Abstecher zur Marienbrücke, den wir uns nicht entgehen lassen. In atemberaubender Höhe überspannt der schmale Steg die Pöllatschlucht und bietet einen herrlichen Blick auf das nahe Schloss Neuschwanstein, zu dem uns anschließend der Teerweg steil abwärts führt.

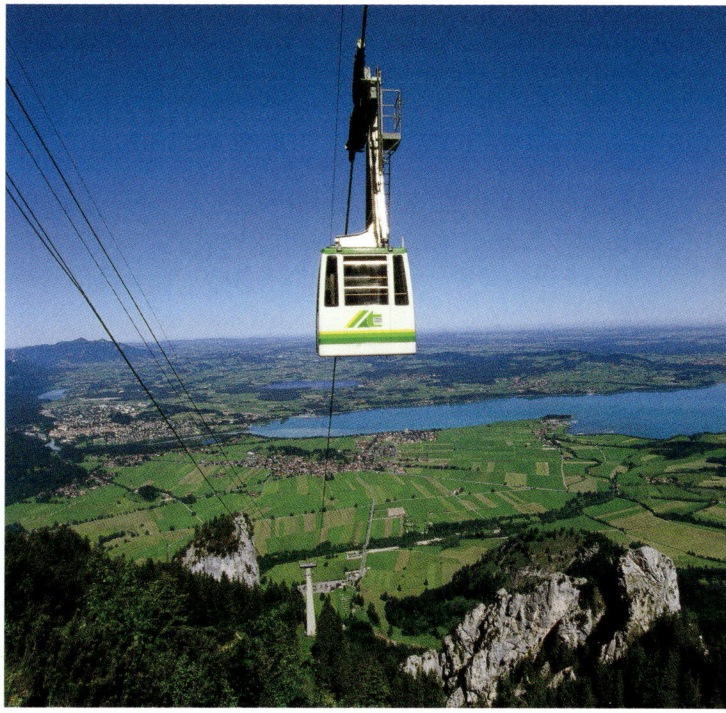

Hoch über dem Forggensee bringt uns die Tegelbergbahn zum Gipfel.

Durch die Pöllatschlucht Vor dem hoch aufragenden Schloss biegen wir rechts in den Treppenweg, der in das Tal der Pöllat hinabführt. Bald geht der Blick hinauf zum rauschenden Wasserfall, über dem sich in schwindelerregender Höhe auf dem zerbrechlich wirkenden Mariensteg zahlreiche Touristen drängen. Der Weg folgt der für kurze Zeit wieder zahmen Pöllat, die als Abenteuerspielplatz zur Rast einlädt. Doch bald rücken die Hänge wieder nahe zusammen und das Flüsschen rauscht in schäumenden Kaskaden zu Tal. Den untersten, engen Abschnitt der Pöllatschlucht überwinden wir auf einem schmalen Steg, der an einer senkrechten, glatten Felswand entlangführt. Kurz darauf treffen wir an der ehemaligen Gipsmühle auf einen Fahrweg, dem wir nach rechts folgen. An einer Gabelung geht es rechts auf den breiten Kiesweg, der dem Lauf der Pöllat folgt. Bald überqueren wir rechts die Pöllat, biegen links in einen Kiesweg und wandern über sanft ansteigende Wiesen zur nahen E **Talstation der Tegelbergbahn**. Direkt neben der Talstation kann man zum Abschluss der Tour die Grundmauern einer römischen Therme besichtigen. Unterschiedlich temperierte Bäder sorgten für Erholung und lassen den gehobenen Lebensstil von vor nahezu 2000 Jahren erahnen.

5 Rund um den Alpsee

Bergsee und Königsschlösser

mittel 3:15 Std. 300 m 9 km

Besonderer Genuss: Kultur am Wegrand

Tourencharakter
Eine großteils stille Wanderung auf breiten Wanderwegen und schmalen Waldsteigen mit herrlichen Blicken zu den Königsschlössern und auf den Alpsee. Die schattigen Wege bieten eine erholsame Wanderung für heiße Sommertage und ein Abstecher oder eine Kurzvariante führen zum Seebad am Alpsee.

Ausgangs-/Endpunkt
Der große Parkplatz in Hohenschwangau.
GPS: 47.5568, 10.7407

Anfahrt
Auto: Mehrere beschilderte Zufahrtsstraßen, die bei Schwangau von der B17 zum Parkplatz in Hohenschwangau abzweigen.
Bus/Bahn: Busse von Füssen (Bahnstation) nach Hohenschwangau.

Gehzeiten
Um den See zur Marienbuche 1:50 Std., zur Marienbrücke 0:55 Std., zurück nach Hohenschwangau 0:30 Std.

Einkehr
Zahlreiche Gasthöfe in Hohenschwangau.

Karte
Topografische Karte 1:50 000 des Bayerischen Landesvermessungsamtes, Blatt Füssen

Information
Tourist-Information Schwangau, Tel. 08362/81980, www.schwangau.de

Das enge Tal, in dem der malerische Alpsee liegt, zwängt sich zwischen die Felskuppen, auf denen die Königsschlösser Neuschwanstein und Hohenschwangau thronen. Folgt man seinem Ufer, lässt man bald den Touristenrummel hinter sich und kann ungestört die stille Schönheit dieser Landschaft genießen.

Zum Lieblingsplatz der Königin Vom großen Ⓐ **Parkplatz in Hohenschwangau** wandern wir geradewegs auf der breiten Teerstraße durch das Tal, das sich zwischen den Schlössern Neuschwanstein und Hohenschwangau nach Südwesten zwängt. Rechts führt ein kurzer Abstecher hinauf zum malerischen Schloss Hohenschwangau, von dessen Gartenanlage sich ein herrlicher Blick zum Alpsee bietet. Vorbei an Hotels, Souvenirläden und Parkplätzen erreichen wir nach wenigen Minuten das Ufer des Alpsees, dessen blaue Wasserfläche sich zwischen

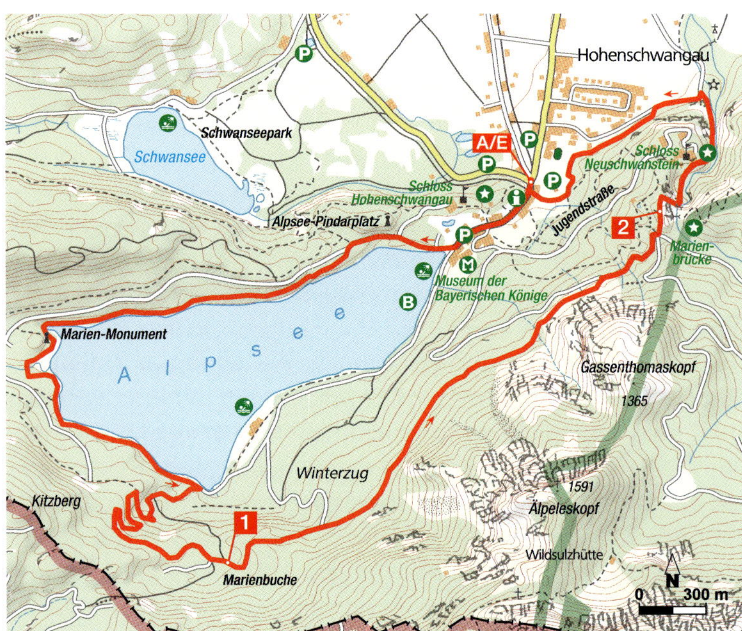

die steilen Waldhänge schmiegt. Wir halten uns rechts und folgen einer schmalen Teerstraße. Die Fahrstraße hinauf zum Schloss Hohenschwangau bleibt bald rechts und nach einem Anstieg, der uns an einer Felswand entlangführt, biegen wir links auf den Wanderweg ein. Von einem schönen Aussichtspunkt folgen wir der Beschilderung des Seerundweges nach

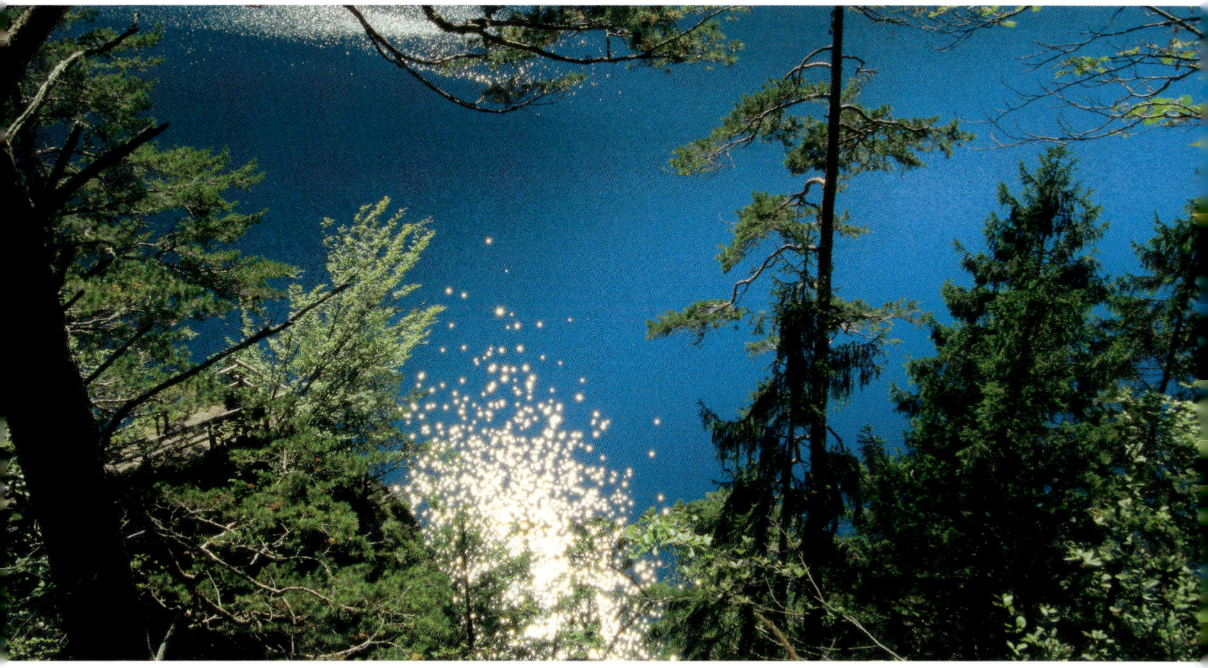

Die Wasserfläche des Alpsees glitzert im Sonnenlicht.

rechts. Der wundervolle Weg, auf dem wir nur noch selten auf andere Wanderer treffen, führt anfangs hoch über dem See entlang. Nach und nach steigt er zum Ufer hinab und führt uns um das Westende des Sees zum Marienmonument, von dem sich ein herrlicher Blick über den Alpsee nach Neuschwanstein bietet. Es erinnert an die Maria von Bayer, die Frau des Bayernkönigs Max II. und Mutter des Märchenkönigs Ludwig II. Hier war einer der Lieblingsplätze der schwermütigen Königin, die die Ruhe in der Natur suchte. Wir bleiben auf dem Uferweg, der uns bald als Holzsteg am felsigen Steilufer entlangführt und uns anschließend zu einer Wegkreuzung an einer mit Schilf umstandenen Bucht bringt. Folgt man hier weiter dem Seeufer, kann man an der Badeanstalt vorbei schnell zum Ausgangspunkt zurückwandern.

Durch die Waldhänge nach Neuschwanstein Wir biegen jedoch vom Seeufer scharf rechts auf einen Wirtschaftsweg, der durch den Wald ansteigt. Bald wechseln wir an seinem Ende rechts haltend auf einen schmalen Wanderweg und erreichen nach kurzer Strecke die eindrucksvollen Wände am sogenannten »Israelit«, in denen Felshaken die Linien anspruchsvoller Sportkletterrouten markieren. Der Weg führt uns an den Steilwänden entlang aufwärts zu einer Weggabelung. Zweigt man auf den linken Weg ein und hält sich später rechts, kann man auf kürzerem Weg zur Marienbuche am Lobatboden aufsteigen. Wir folgen jedoch dem wundervollen Gnomensteig geradewegs aufwärts, der sich durch den Waldhang nach oben schlängelt. An der Wegkreuzung am oberen Ende der Felsen halten wir uns links. Der schmale Weg leitet uns in weiten Bögen durch den Waldhang aufwärts, biegt dann nach links und führt uns am linken Rand einer Talmulde zu einem Forstweg. Auf der bald breiten Forststraße wandern wir geradewegs zur nahen 1 **Marienbuche** am Lobatboden.

Wir folgen weiterhin der breiten Forststraße, die noch kurz ansteigt und uns dann bergab zu einer Weggabelung führt. Wir wechseln rechts auf einen schmaleren Forstweg, der nach einem sanften Anstieg geradewegs in einen Steig übergeht. Er leitet uns in gleichbleibender Höhe durch den steilen Waldhang. Mehrmals sind harmlose Schuttrinnen zu überqueren, bis wir am Fuß steiler Felsabbrüche auf die Straße treffen, auf der die Touristenbusse zum Schloss Neuschwanstein hinauffahren. Wir bleiben hier am besten noch auf dem schmalen Steig, der wenige Meter oberhalb der Straße durch den Hang und schließlich steil nach oben führt. Bald queren wir auf einem Steg einen steil abfallenden, felsigen Wildbachtobel und wandern dann eben zu einer breiten Forststraße. Auf ihr geht es links abwärts zur nahen Straßenkreuzung, an der die Fahrgäste der Neuschwansteinbusse aussteigen.

Auf schmalem Steg geht es in der Pöllatschlucht an einer Felswand entlang.

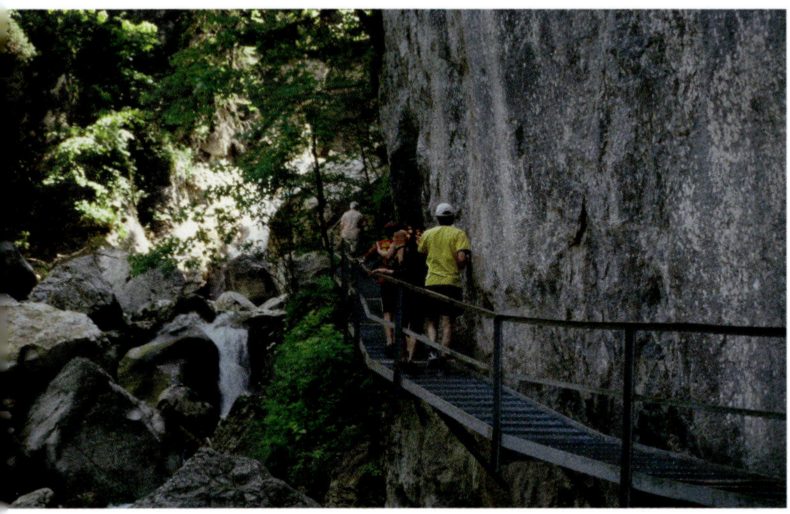

Von dort folgen wir dem viel begangenen Teerweg abwärts. Bald führt rechts ein Abstecher zur 2 **Marienbrücke**, den wir uns nicht entgehen lassen. In atemberaubender Höhe überspannt der schmale Steg die Pöllatschlucht und bietet einen

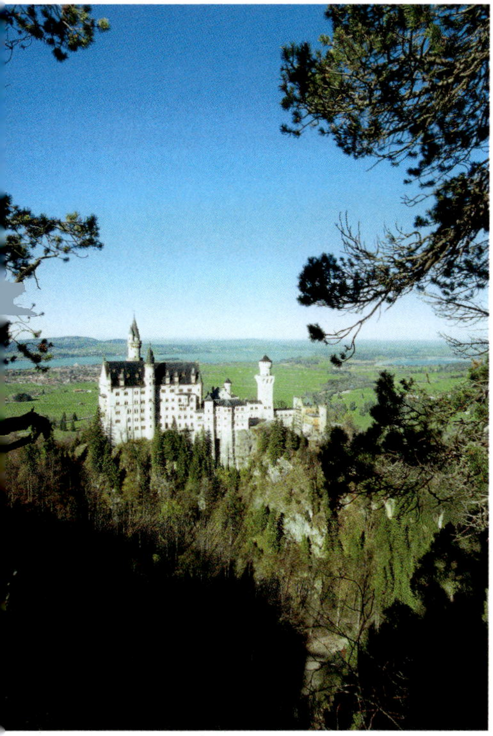

Schloss Hohenschwangau

1832 erwarb der bayerische Kronprinz Maximilian die Ruine eines Renaissance-Schlosses, das 1809 während der napoleonischen Kriege von aufständischen Tirolern zerstört wurde. Er ließ sie in neugotischem Stil zum Schloss Hohenschwangau umbauen. Die prunkvollen Räume, die bis heute nahezu unverändert erhalten sind, sind mit großflächigen Motiven aus der deutschen Geschichte und Sagenwelt ausgemalt. Von diesen Fresken wurde wohl der Märchenkönig Ludwig II., der hier einen großen Teil seiner Jugendjahre verbrachte, stark in seinem romantischen Geschichtsbild beeinflusst. Vom Schlossgarten mit seinem plätschernden Brunnen hat man eine großartige Aussicht auf den Alpsee und die umgebende Bergwelt.

Schloss Neuschwanstein, der Traum des Märchenkönigs Ludwig II.

herrlichen Blick auf das nahe Schloss Neuschwanstein, zu dem uns anschließend der Teerweg steil abwärts führt.

Durch die Pöllatschlucht Vor dem Schloss biegen wir rechts in den Treppenweg, der in das Tal der Pöllat hinabführt. Bald geht der Blick hinauf zum rauschenden Wasserfall, über dem sich in schwindelerregender Höhe auf dem zerbrechlich wirkenden Mariensteg zahlreiche Touristen drängen. Der Weg folgt der für kurze Zeit wieder zahmen Pöllat, die als Abenteuerspielplatz zur Rast einlädt. Doch bald rücken die Hänge wieder nahe zusammen und das Flüsschen rauscht in schäumenden Kaskaden zu Tal. Auf einem schmalen, luftigen Steg, der in den glatten Felswänden verankert ist, durchqueren wir den wildromantischen untersten Abschnitt der Schlucht, ehe uns der Weg zur ehemaligen Gipsmühle am Ausgang des Tales bringt. Neben den verfallenden Gebäuden treffen wir auf einen breiten Fahrweg, dem wir nach links folgen. Auf ihm nach links und nach kurzer Strecke links auf einem parallel verlaufenden Wanderweg am Fuß des Schlossbergs entlang, bis wir auf den geteerten Fußweg zum Schloss Neuschwanstein treffen. Er führt uns rechts zum nahen **E Parkplatz in Hohenschwangau** zurück.

6

Von Füssen nach Hohenschwangau

Im malerischen Königswinkel

mittel | 3 Std. | 300 m | 8,5 km

Besonderer Genuss: Kultur am Wegrand

Tourencharakter
Eine einfache Wanderung durch die Vorberge zwischen Füssen und den Königsschlössern. Die Route verläuft in weiten Teilen auf schmalen Wanderwegen und führt zum mächtigen Lechfall, zu dem malerischen Schloss Hohenschwangau und zu dem Füssener Kalvarienberg. Der Schwansee bietet eine schöne Badestelle.

Ausgangs-/Endpunkt
Die Lechbrücke am Südrand der Altstadt von Füssen. GPS: 47.5662, 10.7002

Anfahrt
Auto: Füssen liegt östlich der A7 an der Kreuzung von B16 und B17.
Bus/Bahn: Füssen ist Endpunkt einer Bahnlinie.

Gehzeiten
Zum Lechfall 0:15 Std., zum Schloss Hohenschwangau 1:15 Std., zur Badestelle Schwansee 0:30 Std., zurück nach Füssen 1 Std.

Einkehr
In Hohenschwangau oder viel besser in einem der guten Gasthöfe in der Altstadt von Füssen.

Karte
Topografische Karte 1:50 000 des Bayerischen Landesvermessungsamtes, Blatt Füssen

Information
Füssen Tourismus, Tel. 08362/93850, www.stadt-fuessen.de

Mit seiner geschlossen erhaltenen Altstadt ist Füssen einer der schönsten Orte im deutschen Alpenraum. Schattige Waldwege führen uns von dort zum Schloss Hohenschwangau und zum Schwansee, der zu einem erfrischenden Bad einlädt. Über den Kalvarienberg geht es dann zurück nach Füssen.

Zum tosenden Lechfall Wir beginnen unsere Wanderung nahe der vollständig mit Barocker Lüftlmalerei geschmückten Spitalkirche an der A Lechbrücke am südlichen Rand der Altstadt von Füssen. Am Nordufer des Lechs führt uns ein Fußweg in das nahe Bad Faulenbach. Wir biegen links in den Mühlenweg. Er knickt bald nach rechts um und wir steigen geradewegs eine Treppe hoch. Wir verlassen den Ort in südlicher Richtung und halten uns an einer Straßengabelung links. Vorbei an einer Hinweistafel zur römischen Via Claudia Augusta und einem römischen Meilenstein folgen wir dem Weg zum tosenden 1 Lechfall. In den Felsen über dem Wasserfall erkennen wir neben einem Kreuz den »Magnustritt«, zwei schuhförmige Abdrücke. Auf der Flucht vor Heiden soll sie der Allgäuer Missionar bei einem mächtigen Sprung über die Schlucht hinterlassen haben. Wir überqueren auf der schmalen Brücke den Fluss und steigen zur Bundesstraße hinauf.

Auf stillen Wegen zum Schloss Hohenschwangau Jenseits der B17 beginnt eine schmale Teerstraße, die an einem Biergarten vorbei aufwärts führt. Nach 200 Metern biegen wir an einer Weggabelung rechts in den von Alleebäumen beschatteten Weg, der uns sanft aufwärts zu einem geteerten Weg führt. Wir folgen ihm rechts hinauf. Er geht in einen Kiesweg über und bringt uns zu einer Kreuzung, an der wir rechts auf einen Wanderweg einbiegen. Nach 100 Metern halten wir uns erneut rechts, überqueren dann auf einem Bergsattel geradewegs eine breite Forststraße und folgen dem Wegweiser des Alpenrosenweges nach Hohenschwangau. Auf schmalem Forstweg wandern wir über einen kleinen Hügel und überqueren im folgenden Sattel einen Wirtschaftsweg.

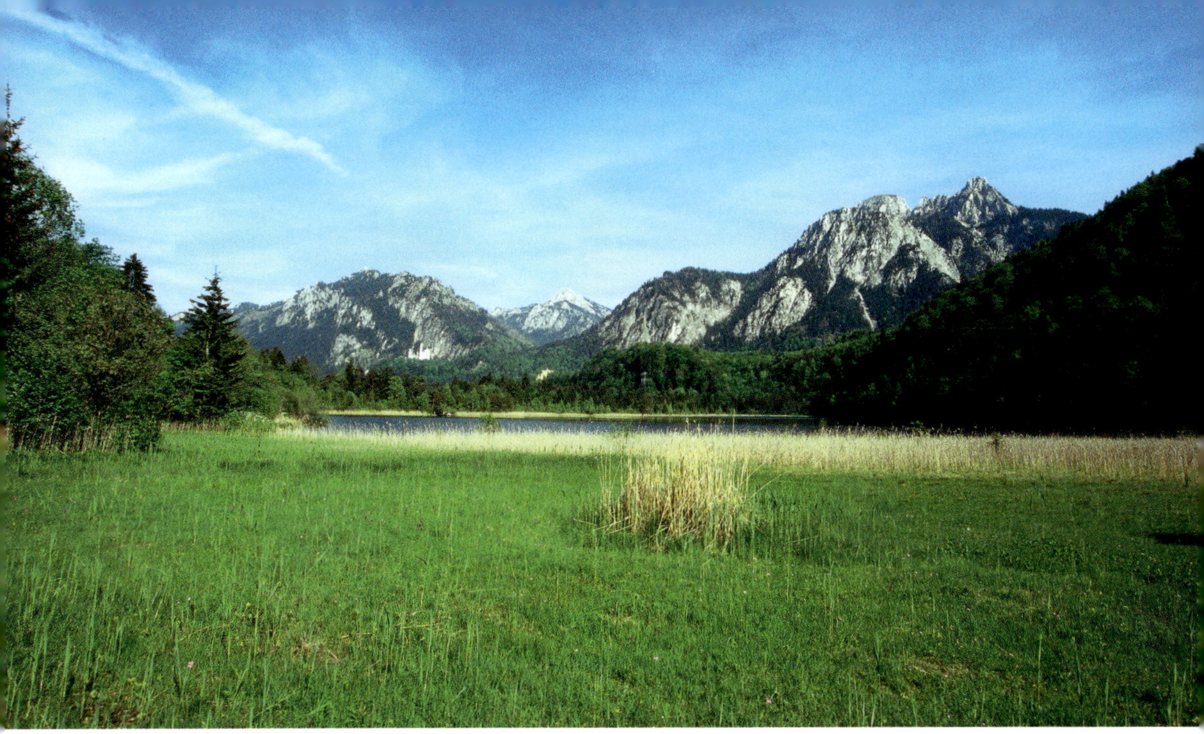

Abseits der großen Touristenströme liegt der kleine Schwansee.

Kurz darauf knickt der Alpenrosenweg an der Nordflanke des Schwarzenberges nach links und führt uns als herrlich angelegter Steig hoch über dem Schwansee durch den steilen Waldhang. Mühelos wandern wir in gleichbleibender Höhe zur Wegkreuzung im Bergsattel zwischen Alpsee und Schwanensee. Wir gehen kurz geradeaus, halten uns nach wenigen Metern links und ersteigen auf schmalem Weg den Hügel, auf dessen Gipfel die Reste von Burg Frauenstein liegen. Jenseits führt uns der Weg in Serpentinen bergab und bringt uns danach zu einem Teersträßchen, dem wir links zum nahen ❷ **Schloss Hohenschwangau** folgen. Durch das Tor wandern wir hinauf zum Schlosshof.

Zur Badestelle am Schwansee Am Schlosshof beginnt an einem Tor ein Treppenweg, der in östlicher Richtung bergab läuft. Unterhalb des Schlossgeländes biegen wir links in einen Weg, der uns durch Wald zum großen Parkplatz in Hohenschwangau hinabführt. Dort gehen wir an der Straße entlang nach links.

Die Straße knickt bald nach rechts und wir wandern geradewegs auf einem breiten Weg am Bach entlang. Kurz vor dem Schwansee treffen wir auf den Rundweg, dem wir links über den Bach folgen. An der folgenden Wegkreuzung halten wir uns rechts und wandern am Ufer des Schwansees entlang, bis wir auf eine Sandstraße stoßen. Wir folgen ihr kurz nach rechts und finden dort links die Fortsetzung unseres Weges. Zuvor gehen wir jedoch noch die wenigen Meter zur Badestelle am ❸ **Schwansee**, auf dessen grüner Wasserfläche sich Schloss Neuschwanstein spiegelt.

Über den Kalvarienberg nach Füssen Von der Badestelle am Schwansee gehen wir auf der Straße wieder kurz zurück und biegen dann in den Wanderweg, der zum Kalvarienberg ausgeschildert ist. Er führt uns in weit ausladenden Kehren durch den Südhang des Kienberges aufwärts. Unter einer Felswand

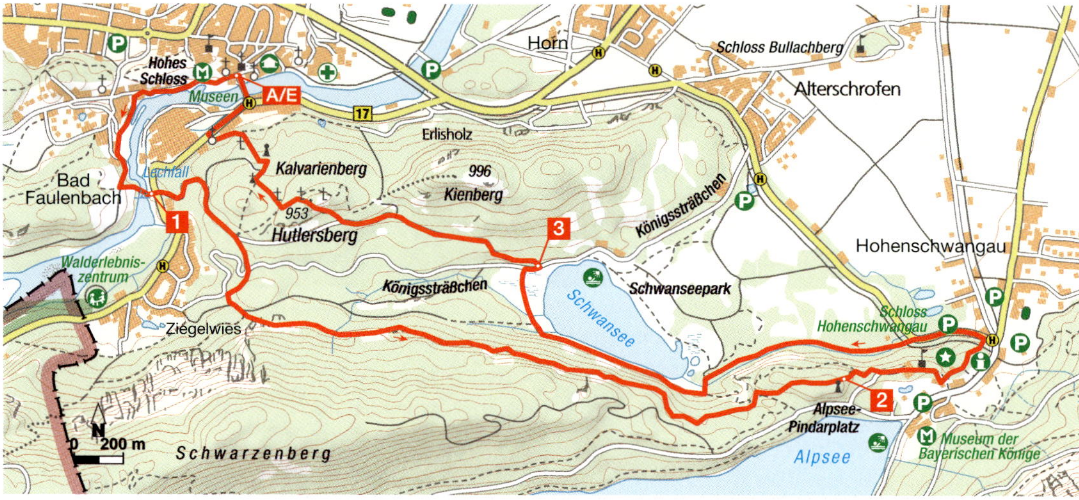

schwenkt er nach links und quert den Hang nach Westen. An der Stelle, an der der breite Weg flach wird, wechseln wir rechts auf einen Steig, der uns zu einer Wegkreuzung auf dem Bergkamm bringt. Wir gehen auf dem schönen Waldsteiglein links hinauf und halten uns an der Weggabelung kurz vor dem höchsten Punkt rechts. Schnell sind wir oben auf dem Kalvarienberg (953 m). In den übereinander gebauten Kapellen ist eine Darstellung von Jerusalem zu bewundern und vom modernen Kruzifix auf dem Gipfel genießen wir den herrlichen Blick auf Berge, Seen, Schlösser und die Stadt Füssen.

Vom Gipfel steigen wir jenseits den Stationen des Kreuzweges folgend ab. Am Rand der Hirschwiese, unterhalb der neugotischen Marienkapelle und einer modernen Christusgruppe, überqueren wir geradewegs die Forststraße und gehen auf schmalem Weg auf die unter uns liegende Altstadt von Füssen zu. An der Kreuzung neben einer kleinen Kapelle halten wir uns links und erreichen kurz darauf neben der Kirche »Zu unserer Lieben Frau am Berg« die B17. An ihr entlang gehen wir nach rechts und erreichen danach über die Ⓔ **Lechbrücke** die nahe Altstadt von Füssen.

Rechte Seite: Das Hohe Schloss überragt die malerische Altstadt von Füssen.

2000 Jahre Füssen

46 n. Chr. erbauten die Römer die Via Claudia Augusta, die von Italien zur Donau führte. An dieser Straße wurde am Ausgang aus den Alpen eine Siedlung erbaut und im 3. Jahrhundert wurde auf dem Schlossberg eine Befestigung errichtet. Der Name der hier stationierten römischen Garnison, Foetibus, klingt noch im heutigen Stadtnamen nach. Im 8. Jahrhundert gründete hier der Mönch Magnus, bekannt als Schwabenheiliger St. Mang, eine Mönchszelle, von der aus er das Allgäu christianisierte. Aus der Einsiedelei entstand im 9. Jahrhundert das bedeutende Kloster, um das die Stadt Füssen wuchs.

Über der Altstadt mit den historischen Bürgerhäusern thront das Hohe Schloss, das um 1500 aus einer mittelalterlichen Burg entstand. Rund um einen weiten Innenhof gruppieren sich die Gebäude mit dem Rittersaal, dem barocken Fürstenflügel, der Schlosskapelle und dem Nordflügel, in dem eine Sammlung spätgotischer Kunstwerke gezeigt wird.

Keimzelle von Füssen ist das am Lech gelegene barocke Kloster St. Mang mit Festsaal, Bibliothek und Museum der Stadt Füssen. In der Magnuskapelle werden die Reliquien des heiligen Magnus aufbewahrt. Besonders beeindruckend ist die im 9. Jahrhundert erbaute Magnuskrypta, der älteste Raum des Klosters, mit Fresken aus dem 9. und 10. Jahrhundert.

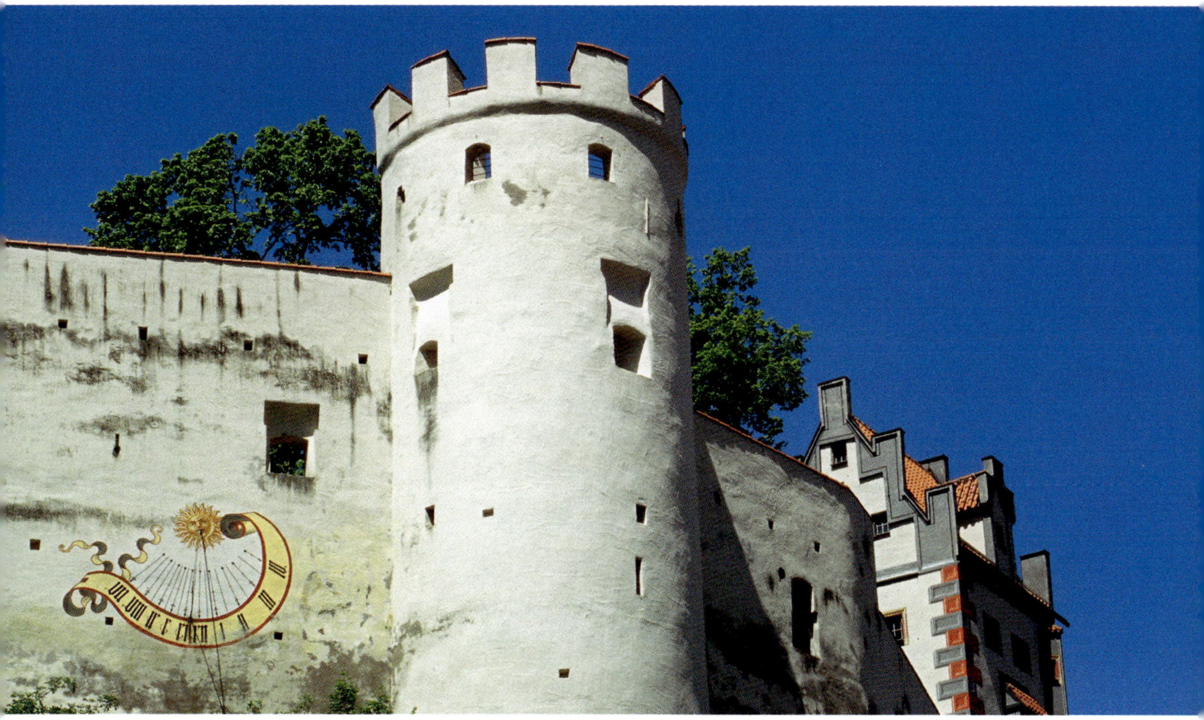

7

Rund um den Hopfensee

Blaues Juwel am Fuß der Alpen

leicht | 2:15 Std. | 100 m | 7,5 km

Besonderer Genuss: Aussicht

Tourencharakter
Auf breiten Wegen ohne Anstrengung rund um den Hopfensee. Zum Abschluss ein steiler, jedoch kurzer Anstieg auf den aussichtsreichen Burgberg. An heißen Sommertagen bietet der See ein erfrischendes Badevergnügen.

Ausgangs-/Endpunkt
Die Uferpromenade in Hopfen am See.
GPS: 47.6073, 10.6796

Anfahrt
Auto: Mit eigenem Fahrzeug zum am Nordufer des Hopfensees gelegenen Hopfen am See. Parkmöglichkeit entlang der Uferstraße oder bei Überlastung westlich außerhalb des Ortes.
Bus/Bahn: Bushaltestelle an der Linie von Füssen nach Pfronten.

Gehzeiten
Zum Gasthof Wiesbauer 0:45 Std., über den Burgberg nach Hopfen am See 1:30 Std.

Einkehr
Am Südende des Sees im Gasthof Wiesbauer oder in Hopfen am See.

Karte
Topografische Karte 1:50 000 des Bayerischen Landesvermessungsamtes, Blatt Füssen

Information
Füssen Tourismus,
Tel. 08362/938 50,
www.stadt-fuessen.de

Nördlich von Füssen schmiegt sich der Hopfensee, der auf einem flachen Weg umrundet werden kann, in die malerische Wiesenlandschaft des Alpenvorlandes. Ein Abstecher zu den Resten der mittelalterlichen Burg auf dem Burgberg, von dem sich ein herrlicher Blick über den See bietet, krönt diese einfache Wanderung.

Zum Gasthof Wiesbauer Von der **A Uferstraße in Hopfen am See** gehen wir über einen der Zugangswege zur nahen Uferpromenade hinab. Wir halten uns links und schlendern am See entlang zum Campingplatz im Ortsteil Fischerbichl. Hier wechseln wir auf einen breiten Kiesweg, der uns an schönen Badeplätzen vorbei nach Süden führt. Kurz bevor wir eine Birkenallee erreichen, biegen wir rechts in einen Wanderweg, der uns über die Ach leitet. Nun geht es durch sumpfiges Waldgelände und an ausgedehnten Schilfbeständen entlang nach Südosten, bis wir auf eine schmale Teerstraße treffen. Wir folgen ihr nach rechts bis zur nächsten Kreuzung. Wer im **1 Gasthof Wiesbauer** einkehren will, hält sich links und kann über den Parkplatz zum nahen Gasthof hinaufwandern, der auf einem aussichtsreichen Wiesenhügel über dem See gelegen ist.

Am See entlang zum Burgberg Wir wechseln jedoch geradewegs auf eine Schotterstraße und folgen ihr über die Wiesen, bis der Rundweg nach rechts abknickt. Auf ihm geht es zu einer nahen Wegkreuzung, an der man geradeaus nach wenigen Schritten einen herrlichen Rast- und Badeplatz erreicht. Der Rundweg biegt an dieser Stelle aber nach links. Bald geht es im Zickzack durch Schilfland und Sumpfwiesen, bis wir nach einem Minigolfplatz am westlichen Ortsrand von Hopfen am See die Hauptstraße erreichen.
Wir überqueren die Hauptstraße und folgen ihr ein kurzes Stück nach rechts, bis wir links in eine zu einem Parkplatz ausgeschilderte Nebenstraße einbiegen können. Auf ihr geht es kurz aufwärts und dann geradewegs über den Parkplatz zu einer Schotterstraße, die neben einem Haus aufwärts führt. An

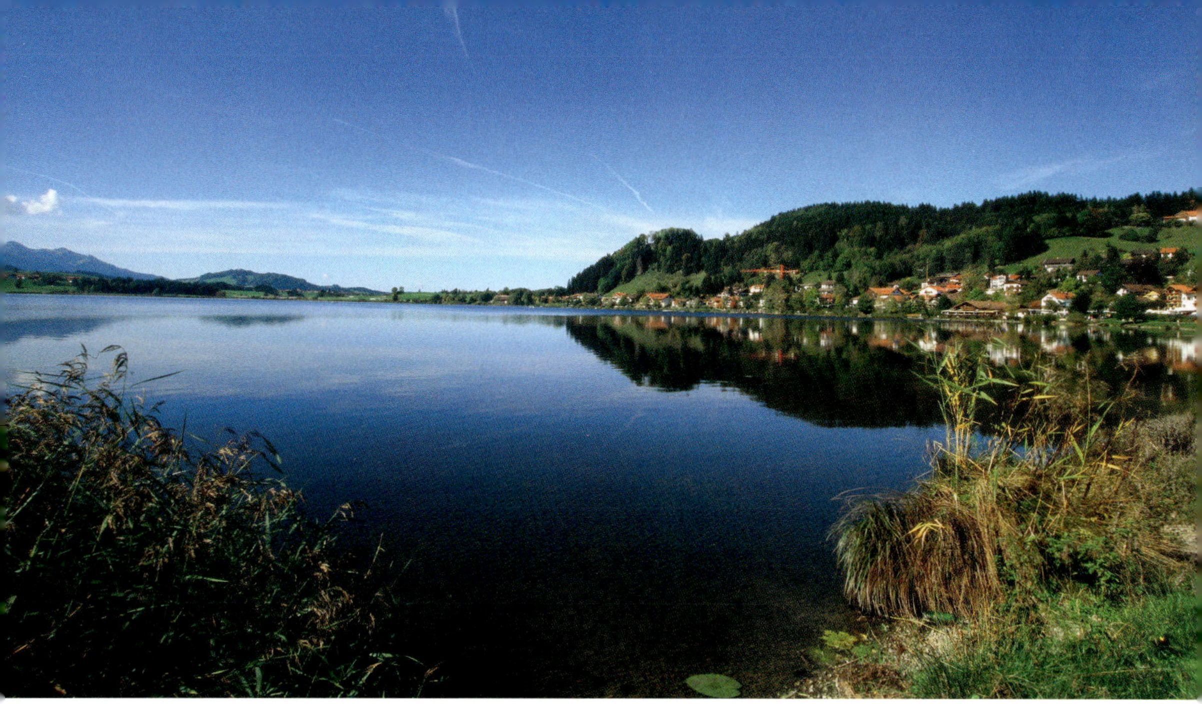

Am Nordufer des Hopfensees liegt der Ort Hopfen am See mit dem Burgberg.

der nächsten Weggabelung wandern wir weiter geradeaus aufwärts und biegen bald rechts auf eine Forststraße, die ein kurzes Stück steil durch den Wald bergan führt. Das Gelände legt sich schnell zurück und ohne weitere Mühe erreichen wir einen Sattel, neben dem die Grundmauern der alten Burg aufragen. Rechts führt ein kurzer Abstecher zur Burgruine (898 m) mit den Grundmauern des mächtigen Turms, von denen aus man einen wundervollen Blick über den Hopfensee zu den markanten Berggestalten des östlichen Allgäus hat.

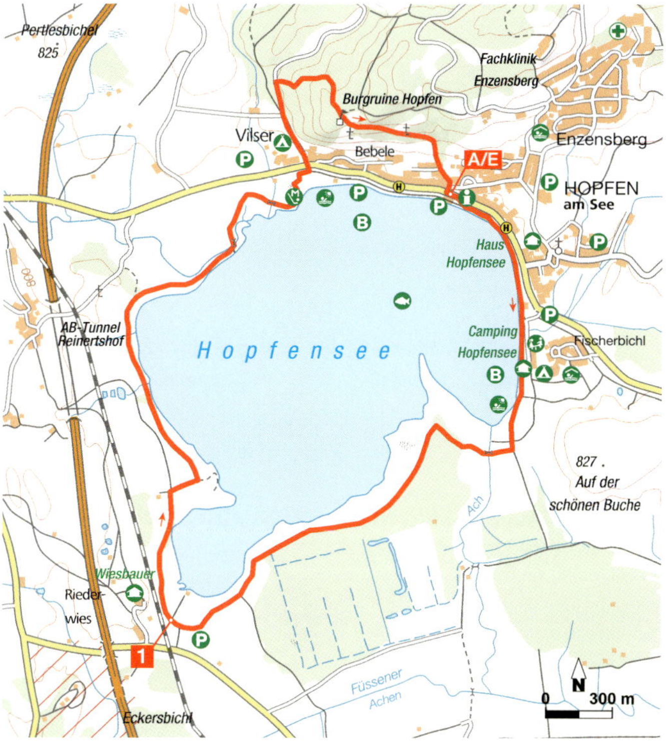

Kurzer Abstieg zum Hopfensee

Unser Abstiegsweg führt vom Sattel neben der Burg auf einem schmalen Pfad durch den Wald nach Süden hinab. Der Weg wendet sich bald nach links und quert den bewaldeten Steilhang, bis er abwärts zu den ersten Häusern von Hopfen am See läuft. An dieser Stelle wechseln wir geradewegs auf eine Teerstraße, die uns zur **E Uferstraße in Hopfen am See** hinabführt.

8

Alatsee, Weißensee und Ruine Falkenstein

Seen und Berge bei Füssen und Pfronten

mittel | 4:45 Std. | 550 m | 10 km

Besonderer Genuss: Kultur am Wegrand

Tourencharakter
Auf Wirtschaftswegen und schmalen Steigen zu zwei Seen, einer beeindruckenden Burgruine und über einen aussichtsreichen Bergkamm.

Ausgangs-/Endpunkt
Der Parkplatz am Alatsee. GPS: 47.5632, 10.6400

Anfahrt
Auto: Mit eigenem Fahrzeug auf der B309, die Füssen mit Pfronten verbindet, bis zum Ostufer des Weißensees und von dort aufwärts zum Parkplatz am Alatsee.
Bus/Bahn: Mit dem Bus von Füssen, Pfronten oder Nesselwang bis zur Haltestelle Roßmoos an der B309 und wenige Meter aufwärts zur Brücke, die die Bundesstraße überspannt und über die die beschriebene Tour läuft.

Gehzeiten
Zum Weißenseeufer 0:30 Std., zur Burgruine Falkenstein 2:15 Std., zurück zum Alatsee 2 Std.

Einkehr
Am Alatsee und in der Salober-Alm.

Karte
Topografische Karte 1:50 000 des Bayerischen Landesvermessungsamtes, Blatt Füssen

Information
Füssen Tourismus,
Tel. 08362/938 50,
www.stadt-fuessen.de

Die Tour startet am geheimnisvollen Alatsee, dessen durch Algen rot gefärbtes Tiefenwasser giftig ist. Von dort geht's hinab zum freundlichen Weißensee, der zum Baden einlädt. Einige Schweißtropfen kostet der Anstieg zur Burgruine Falkenstein, von der wir einem einsamen Bergkamm zurück zum Alatsee folgen.

Hinab zum nahen Weißensee Vom **A Alatsee** gehen wir auf der Zufahrtsstraße zurück und biegen am Ende der Parkzone links in einen Forstweg. Nach kurzer Strecke wechseln wir rechts auf einen beschaulichen Waldweg, der bald oberhalb des Weißensees durch den steilen Waldhang quert. Ein steiniges Weglein ermöglicht bald einen vorzeitigen Abstieg zum Seeuferweg. Wir folgen jedoch weiter dem schmalen Hangsteig, der uns oberhalb steil abfallender Wände zur »Magnusruh« bringt. An dieser Stelle soll sich im 8. Jahrhundert der aus St. Gallen

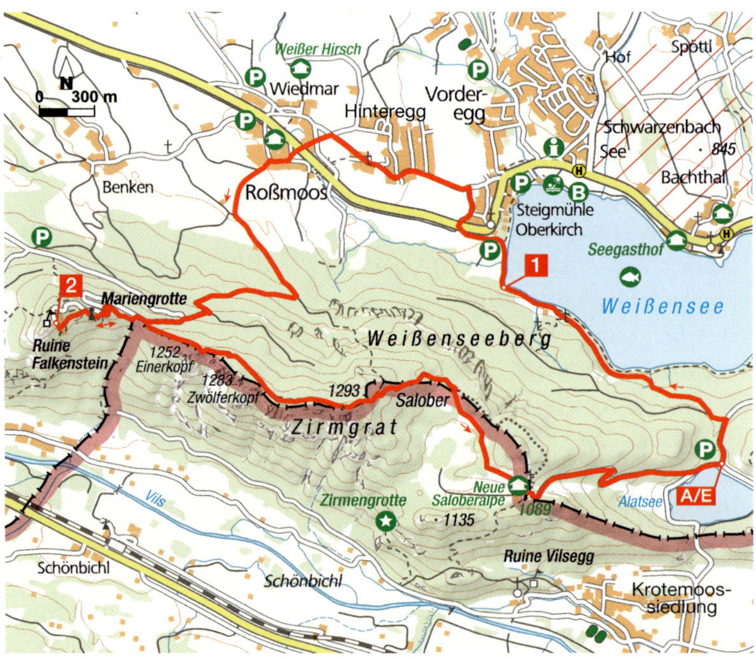

kommende heilige Magnus, besser bekannt als der Allgäuer Missionar St. Mang, auf seinem Weg nach Füssen ausgeruht haben. Anschließend geht es auch für uns hinab zum 1 **Ufer des Weißensees**, dem wir auf breitem Weg nach links folgen. Vorbei an schönen Badeplätzen erreichen wir vor Oberkirch eine Weggabelung. Wer seine Tour an der Bushaltestelle in Roßmoos begonnen hatte, der kann hier rechts am See entlang zur Haltestelle im nahen Oberkirch gelangen.

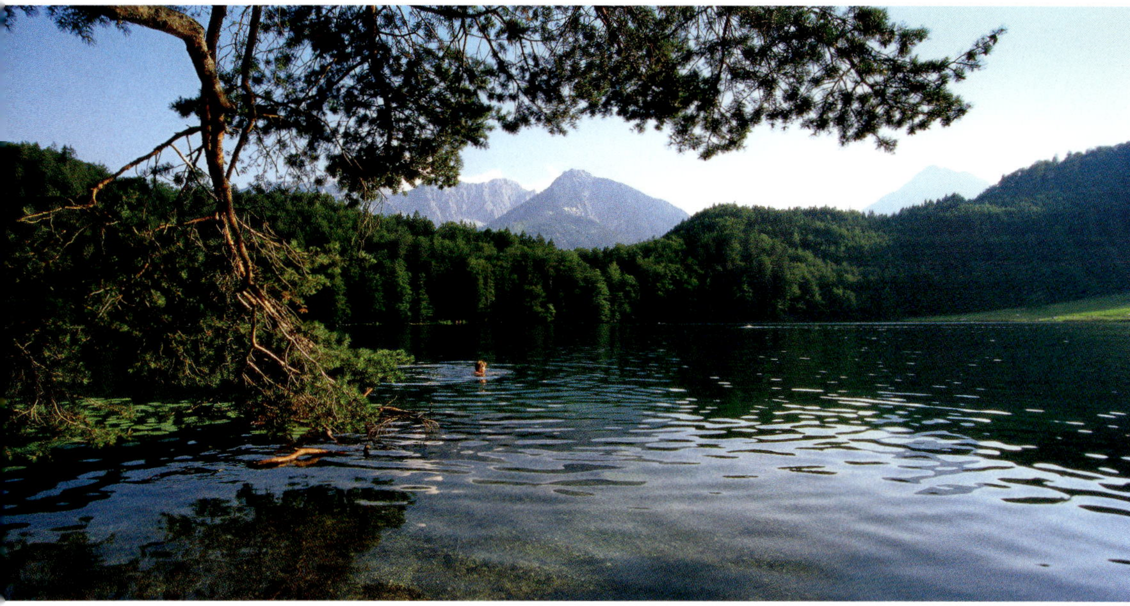

Der lange Weg zur Ruine Falkenstein Wir halten uns jedoch links und wandern über den geteerten Wanderweg hinauf zu einem Parkplatz an der B309. Wir überqueren die Bundesstraße und folgen der Oberkircher Straße. Nach einem Linksknick wandern wir durch Vorderegg aufwärts, bis wir eine Straßenkreuzung erreichen. Hier biegen wir nach links, überqueren eine nahe Vorfahrtsstraße und wandern auf einer Brücke über die B309 nach Roßmoos. Von den nahen Haltestellen, an denen man bei Anreise mit dem Bus startet, führen Fußwege zu unserer Wanderroute herauf.

Im Sommer lockt der Alatsee zu einem erfrischenden Badevergnügen.

Nach der Brücke halten wir uns rechts und gehen durch das Dorf aufwärts zu einer Kreuzung. Hier geht es nach links und abzweigende Wege ignorierend zum Ortsrand hinauf. Wir folgen nun einem geteerten Weg durch die Wiesen aufwärts bis zu einem Kiesweg. Hier gehen wir links und steigen bald geradewegs aufwärts durch den Wald zu einer Weggabelung.
Wir biegen jedoch rechts auf einen Forstweg, der teils steil

aufwärts führt. Wenig oberhalb einer scharfen Linkskurve wechseln wir rechts auf einen Weg, der uns bis zur geteerten Zufahrtsstraße zur Burggaststätte Falkenstein führt. Auf ihr wandern wir bergan bis zu dem Sattel, der den Falkenstein vom Zirmgrat trennt. Hier biegen wir nach dem Abstecher zur Burgruine Falkenstein in den schmalen Zirmgratweg. Zuvor folgen wir jedoch weiter der Teerstraße, die sich in Serpentinen zur Burggaststätte hinaufwindet. Dort beginnt der Weg zur nahen 2 **Burgruine Falkenstein**, die einen herrlichen Aussichtsplatz bietet.

Über den Zirmgrat zurück zum Alatsee Wir wandern von der Burggaststätte auf der Zufahrtsstraße wieder bis zum Bergsattel hinab, an dem wir rechts in den schmalen, zum Alatsee und Zirmgrat ausgeschilderten Steig einbiegen. Nur zu Beginn müssen wir uns steil bergauf mühen. Bald quert der Weg durch die Nordflanke des Einerkopfes bis vor den Sattel, der Zwölfer und Einer voneinander trennt. Nach wenigen Metern Anstieg erreichen wir diese aussichtsreiche Scharte, von der man rechts aufwärts den Einerkopf ersteigen kann.

Der Zirmgratweg quert geradewegs ohne große Anstiege durch die Nordflanke des Zwölferkopfes, bis wir die Gratschneide erreichen. Auch hier besteht wieder die Möglichkeit, eine Weg-

Die Burgruine Falkenstein

Ab dem 11. Jahrhundert wurde Burg Falkenstein in einer Höhe von 1268 Metern auf einem steilen Felsen westlich von Pfronten als höchstgelegene Burg Deutschlands erbaut. Von der Burg aus ließ der Augsburger Bischof die wichtige Fernhandelsstraße durch das Vilstal bewachen. Im 15. Jahrhundert hausten auf Falkenstein Raubritter, bis reiche Kaufleute die Burg von Landsknechten niederbrennen ließen. Falkenstein wurde bald wieder aufgebaut, doch nach einem Brand im Jahre 1646 während des Dreißigjährigen Krieges wurde die Burg endgültig aufgegeben. Über 200 Jahre schlummerte die Ruine vor sich hin, bis sie der bayerische Märchenkönig Ludwig II. entdeckte und im Jahre 1884 erwarb. Fasziniert von der herrlichen Lage wollte er hier ein Märchenschloss erbauen lassen, das Schloss Neuschwanstein an Größe und Reichtum übertreffen sollte. Schon ließ der König mit den Vorarbeiten für den Bau beginnen und einen breiten Weg anlegen, über den er sich in hellen Vollmondnächten zur romantischen Burgruine kutschieren ließ. Doch 1886 wurden nach der Absetzung und dem Tod von Ludwig II. die Arbeiten eingestellt. So krönt bis heute nur der Palas, der als einziges Bauwerk von der mittelalterlichen Burg erhalten blieb, den Gipfel des steilen Felsberges.

spur nach rechts zu nehmen und den Zwölferkopf zu besteigen. Der Hauptweg folgt jedoch dem breiten, aussichtsreichen Bergkamm nach Osten und führt uns auf den wenig ausgeprägten höchsten Punkt des Zirmgrates (1293 m). An dieser Stelle beginnt der Abstieg durch den teils dichten Wald, der uns bald

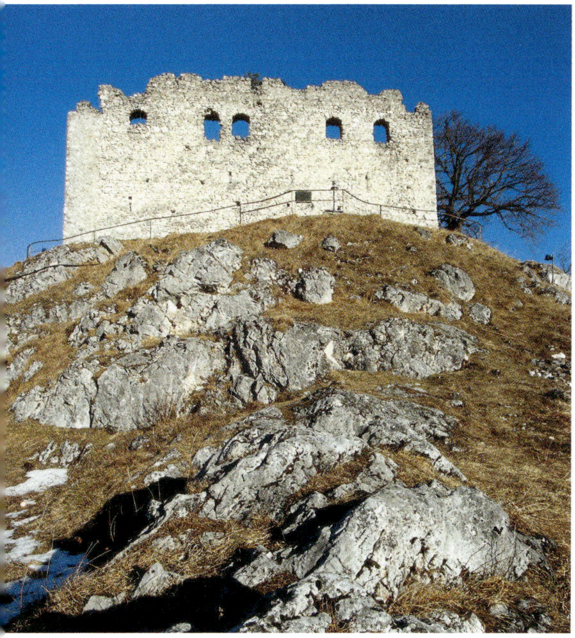

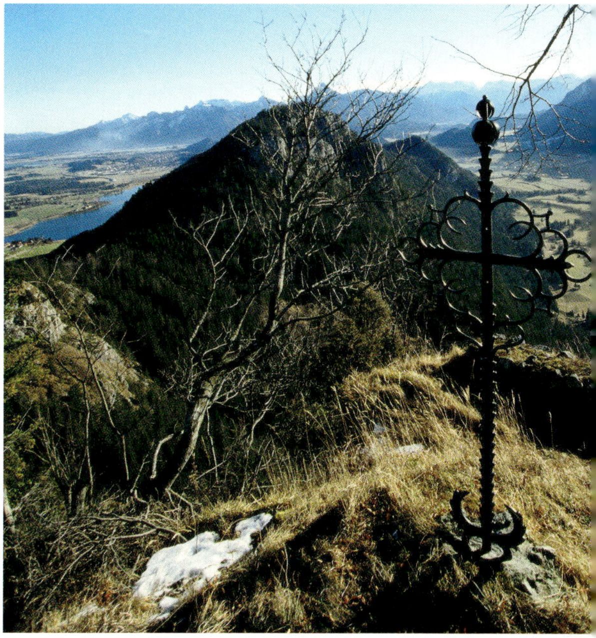

rechts des Kammes auf österreichischer Seite zu einer Wegkreuzung hinableitet. Geradeaus folgt der rot markierte Hauptweg im Auf und Ab dem Kamm. Schöner und einfacher zu begehen ist indes der Weg zur Salober Alm. Dazu durchqueren wir an der Wegkreuzung den Zaun, der links bleibt. Ohne große Mühe führt uns das Weglein teils über aussichtsreiche Almflächen zur bewirtschafteten Salober Alm.

Vom Falkenstein hat man einen herrlichen Blick auf das Ostallgäu.

Links: Ruine Falkenstein war einst die höchstgelegene Burg Deutschlands.

Wir folgen von der Alm der breiten Kiesstraße nach links und bald schon geht der Blick hinab zur Wasserfläche des Alatsees. Auf einem als »Friedrichsweg« ausgeschilderten Steig lässt sich eine Kehre der Schotterstraße abkürzen, ehe sie uns bis an das Seeufer hinabführt. Wir wenden uns nach links und erreichen nach kurzer Strecke die Parkplätze an der Zufahrtsstraße zum E Alatsee. Ganz in der Nähe liegen am Nordufer des Sees die besten, am meisten von der Sonne verwöhnten Badeplätze. Vor den giftigen roten Algen muss man keine Angst haben, denn ihr Lebensraum ist nur in der Tiefe des Sees. Doch ein wenig abgehärtet sollte man schon sein, denn so richtig warm wird das Wasser des Alatsees auch im Sommer nicht.

9

Eisenberg und Hohenfreyberg

Mächtige Burgruinen im Alpenvorland

leicht | 3 Std. | 270 m | 8 km

Besonderer Genuss: Kultur am Wegrand

Tourencharakter
Eine einfache Wanderung zu zwei mächtigen Burgruinen. Weite Strecken führt der Weg in sanftem Auf und Ab durch die Landschaft am Fuß des Schlossberges, ehe der einzige etwas längere Anstieg zur Ruine Eisenberg hinaufführt.

Ausgangs-/Endpunkt
Das Dörfchen Zell am Südfuß des Schlossberges.
GPS: 47.6082, 10.5839

Anfahrt
Auto: Zell liegt an der Straße von Pfronten nach Eisenberg; gute Parkmöglichkeiten bietet der Wanderparkplatz 300 Meter nordwestlich des Dorfes, der auch in der Wegbeschreibung erwähnt ist.
Bus/Bahn: Haltestelle an der Buslinie Füssen–Pfronten

Gehzeiten
Nach Lieben 1:15 Std., zur Ruine Eisenberg 0:55 Std., zurück nach Zell 0:50 Std.

Einkehr
In Zell und besonders schön in der Schlossbergalpe, die eine herrliche Aussicht bietet.

Karte
Topografische Karte 1:50 000 des Bayerischen Landesvermessungsamtes, Blatt Füssen

Information
Touristikbüro Eisenberg,
Tel. 08364/1237,
www.eisenberg-allgaeu.de

Anfangs wandern wir durch die stille Landschaft am Fuß des Schlossberges, die durch einsame Weiher und blumenreiche Wiesen bezaubert. Dann geht's hinauf zu den wuchtigen, auf aussichtsreichen Hügeln errichteten Burgruinen, in denen wir uns als Ritter fühlen dürfen.

Am Westrand des Schlossberges zum Schweinegger Weiher Wir beginnen die Wanderung im **A** Ortszentrum von Zell. Vorbei an der Kirche führt uns der Weg zum kleinen Burgenmuseum (Frühling bis Herbst geöffnet Sa., So. und feiertags 14-17 Uhr). Das Durchgangssträßchen führt uns bald aus dem Ort auf die Wiesen und nach ca. 300 Metern liegt rechts der Straße ein

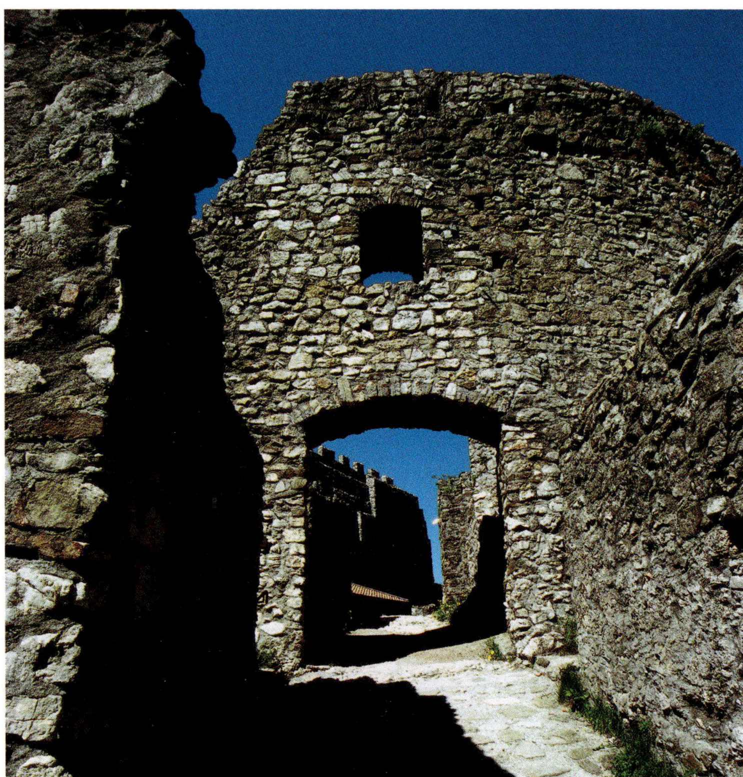

Die mächtigsten Burgruinen im Allgäu

Über dem Dörfchen Zell liegen auf dem aussichtsreichen Schlossberg die Ruinen der beiden Burgen Eisenberg und Hohenfreyberg. Eisenberg ist die ältere der beiden Burgen, die über das Ostallgäuer Alpenvorland herrschen. Sie wurde im 12. Jahrhundert als Stammsitz der gleichnamigen Herrschaft erbaut und ging 1390 in den Besitz der Familie Freyberg über. Bedingt durch eine Erbteilung entstand Anfang des 15. Jahrhunderts auf dem Nachbarhügel die Burg Hohenfreyberg. Vor allem Hohenfreyberg wurde bis ins 17. Jahrhundert mehrmals ausgebaut und verstärkt. Im Jahre 1646 wurden während des Dreißigjährigen Krieges beide Burgen von ihren Besatzungen in Brand gesetzt, um den anrückenden Schweden keinen Stützpunkt zu überlassen. Seither waren die Ruinen, die in den letzten Jahren saniert wurden, dem Verfall preisgegeben.

Die zwei sich im Aufbau ähnelnden Burgen sind beide von einem äußeren Mauerring umschlossen, der die Hauptburg mit den Wohn- und Vorratsräumen vor direktem Beschuss schützte. Die Wasserversorgung gewährleistete jeweils eine Zisterne. Die im Kern gotische Burg Hohenfreyberg und die romanische Burg Eisenberg zählen zu den am besten erhaltenen mittelalterlichen Wehrbauten im Allgäu.

Wanderparkplatz, der sich bei Anfahrt mit dem Auto bestens als Ausgangspunkt für die Wanderung eignet. Hier beginnt der geteerte Wanderweg, der uns durch die Wiesen zu einem aussichtsreichen Bergsattel hinauf leitet und über den auch unser Rückweg nach Zell verlaufen wird. Wir folgen dem Wegweiser nach Seeger Schweinegg und wandern auf breitem Weg abwärts in ein Wiesental. Dort überqueren wir links haltend eine Wiese und erreichen einen Waldweg. Er führt uns durch ein Waldstück zu einer blumenreichen Wiese. Vor uns liegt nun inmitten feuchter Moorflächen der beschauliche Schweinegger Weiher, zu dem uns eine Wegspur hinableitet.

Durch sanft gewelltes Bauernland nach Lieben Die Wegspur leitet uns vom Schweinegger Weiher über die bunten Wiesen zu einer einzeln stehenden Hütte, hinter der wir auf einen Wirtschaftsweg treffen. Wir folgen ihm links bis zur nächsten Wegkreuzung und von dort einem sanft ansteigenden Feldweg nach rechts in Richtung Seeger Schweinegg. Er führt uns über einen schwach ausgeprägten Hügelkamm nach Seeger Schweinegg hinab.

Wir treffen auf eine schmale Teerstraße, auf der wir rechts zum nahen Weiler Schwarzenbach wandern. Am Ortsende wech-

Linke Seite: Durch mehrere Tore gelangte man einst in die mächtige Burg Eisenberg.

seln wir neben der kleinen Kapelle geradewegs auf einen nach Lieben ausgeschilderten Feldweg. An der Wegkreuzung auf einem Hügelchen gehen wir geradeaus und steigen durch Wiesen zum Weiler ❶ **Lieben** hinab. Wir folgen im Dörfchen den Schildern zu den Burgen Eisenberg und Hohenfreyberg, wenden uns also an der ersten Kreuzung auf einer schmalen Teerstraße nach rechts und biegen nach 50 Metern rechts in einen Wirtschaftsweg.

Der langgezogene Aufstieg zur Ruine Eisenberg Nach einem kurzen steileren Anstieg gehen wir an einer Weggabelung geradeaus über die Wiesen zum Waldrand. Dort leiten uns die Wegweiser zu den Burgruinen auf einen schmalen, rot-weiß markierten Steig, der durch den steilen Waldhang links haltend bergauf führt. Er bringt uns auf den Ostrücken des Drachenköpfles und knickt dort nach rechts. Der Weg läuft am Rücken entlang aufwärts und trifft nach einer kleinen Ebene auf einen breiteren Weg. Hält man sich hier scharf links, führt ein kurzer Abstecher zum Aussichtspunkt auf dem Drachenköpfle. Wir folgen jedoch dem breiten Weg kurz rechts abwärts und wechseln dann wieder auf einen schmaleren Steig, der uns zu einem

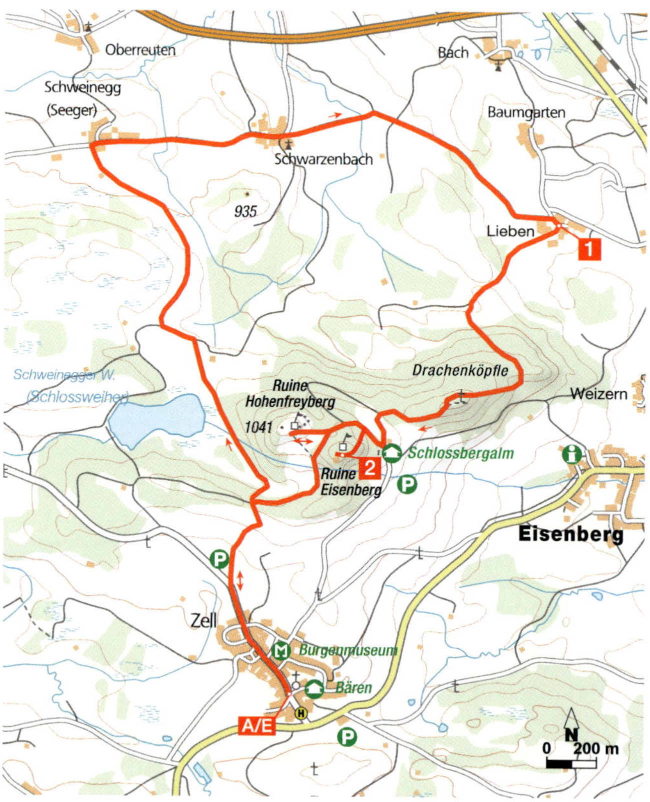

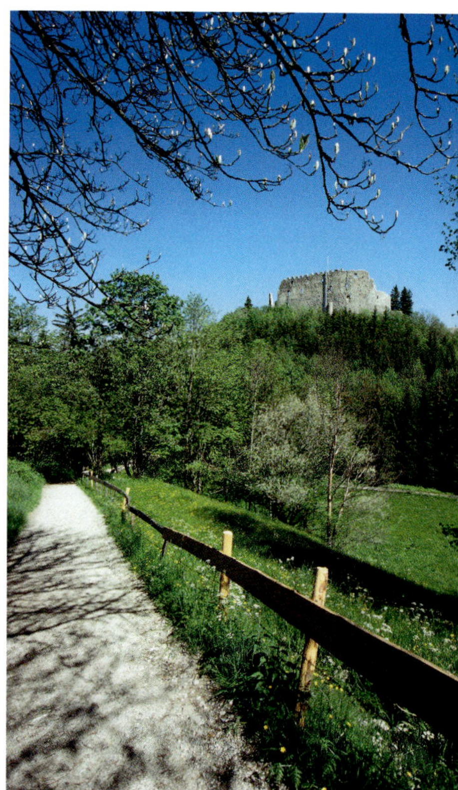

Nur wenige hundert Meter trennen die Ruinen Eisenberg und Hohenfreyberg.

Wiesensattel bringt. Nach einem Gatter wechseln wir auf den Feldweg, der uns geradewegs zur nahen Schlossbergalm führt. Nach dem Anstieg können wir guten Gewissens eine ausgiebige Rast in der herrlich gelegenen Wirtschaft genießen.

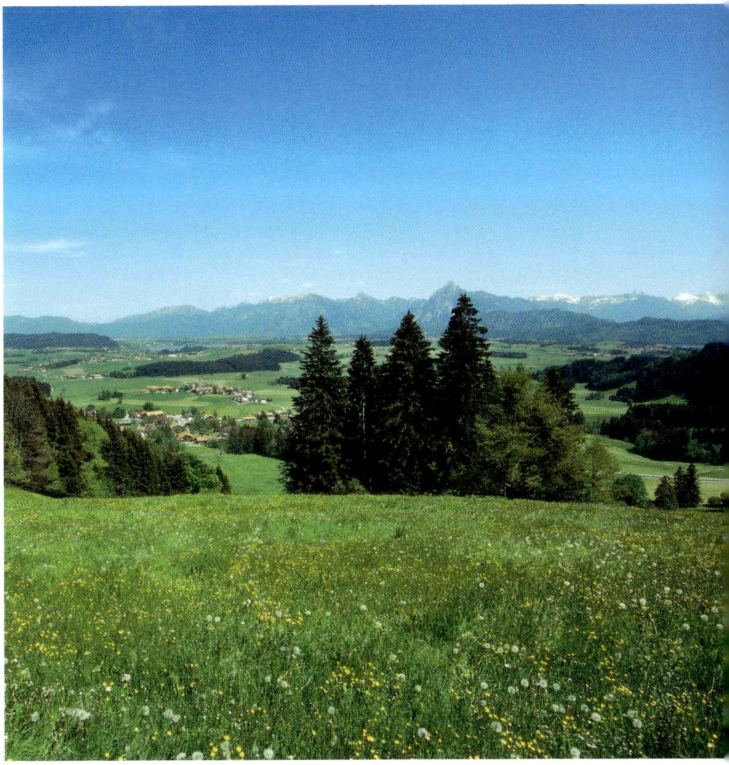

Vom Schlossberg hat man einen umfassenden Blick auf das Ostallgäu.

Nach der Einkehr folgen wir von der Schlossbergalpe dem Teerweg kurz aufwärts und biegen vor einem Gatter links auf den zu den Burgruinen ausgeschilderten Wanderweg ein. Auf breitem Weg geht es durch den Wald aufwärts zu einer Wegkreuzung, die auf dem Bergkamm zwischen den beiden Burgruinen liegt. Wir wenden uns zuerst nach links und steigen zur älteren der beiden Burgruinen, zur 1055 Meter hoch gelegenen **2 Ruine Eisenberg** hinauf. Auf einem Rundgang erkunden wir die sanierten Mauern und Gewölbe der Burg. Schautafeln erläutern die Funktionen der verschiedenen Gebäudeteile.

Vorbei an der Burgruine Hohenfreyberg zurück nach Zell Von der Burgruine Eisenberg wandern wir auf dem Anstiegsweg zurück zur Wegkreuzung auf dem Bergrücken und geradeaus weiter in den nahen Wiesensattel, in dem unser Abstieg nach Zell beginnt. Zuvor spazieren wir natürlich noch geradewegs zur herrlichen Burganlage Hohenfreyberg (1041 m) hinauf, die wir nach kurzer Strecke erreichen.

Von Hohenfreyberg steigen wir anschließend wieder in den nahen Wiesensattel hinab und finden dort rechts ein schmales, nach Zell ausgeschildertes Weglein. Es führt uns am linken Rand einer Wiese und dann durch Wald zu einer Wegkreuzung hinab. Wir halten uns rechts und wandern auf einer Wirtschaftsstraße, von der wir einen letzten Blick zur Ruine Hohenfreyberg werfen können, am Rand der Wiesen abwärts. Wir erreichen bald an einer Kreuzung in einem Sattel den vom Hinweg bekannten Weg und steigen auf ihm links zum Wanderparkplatz hinab. Wer dort nicht sein Fahrzeug geparkt hat, wandert links auf der Straße ins nahe Dörfchen **E Zell** zurück.

10

Auf den Breitenberg

Mit Seilbahnunterstützung zur aussichtsreichen Ostlerhütte

mittel | 2:30 Std. | 340 m | 5 km

Besonderer Genuss: Aussicht

Tourencharakter
Auf ungefährlichen, aber teils steinigen und steilen Wegen zur herrlich aussichtsreichen Ostlerhütte auf dem Breitenberg.

Ausgangs-/Endpunkt
Die Talstation der Breitenbergbahn
GPS: 47.5484, 10.5699

Anfahrt
Auto: Die Talstation liegt in Pfronten-Steinach an der Hauptstraße, die Pfronten über das österreichische Vils mit Füssen verbindet.
Bus/Bahn: Die Talstation liegt nahe dem Bahnhof Pfronten-Steinach an der Strecke Kempten–Reutte.

Gehzeiten
Von der Breitenberg-bahn-Bergstation auf den Breitenberg 1:30 Std. (lässt sich mit der Hochalpe-Sesselbahn um die Hälfte verkürzen), zurück zur Bergbahn 1 Std.

Einkehr
An der Bergstation der Breitenbergbahn oder viel schöner in der herrlich gelegenen Ostlerhütte auf dem Gipfel des Breitenberges.

Karte
Topografische Karte 1:50 000 des Bayerischen Landesvermessungsamtes, Blatt Füssen

Information
Pfronten Tourismus,
Tel. 08363/69888,
www.pfronten.de

Südlich von Pfronten ragt der wuchtige Breitenberg auf, der ein ideales Wanderrevier für die ganze Familie ist. Wer seinen Kindern ein besonderes Erlebnis bieten will, der kann auf der herrlich gelegenen Ostlerhütte eine Nacht verbringen. Dort oben lassen sich ohne große Mühen herrliche Sonnenauf- und -untergänge beobachten.

Mit Seilbahnhilfe auf den Breitenberg Die Ⓐ **Breitenbergbahn** bringt uns ohne Mühen über die steilen Hänge zur Bergstation (1498 m) am Osthang des Breitenberges. Von der Bergstation folgen wir einem breiten, eben über die Alpweiden verlaufenden Weg. Schon nach wenigen Metern müssen wir uns an einer Wegkreuzung entscheiden. Man kann geradewegs zum nahen Hochalpe-Sessellift gehen und mit seiner Hilfe den Anstieg zum Breitenberg nochmals verkürzen. Wir wollen jedoch den Gipfel zu Fuß erobern und biegen deshalb rechts in den zur Ostlerhütte ausgeschilderten Wirtschaftsweg ein. Er führt uns durch Wiesen aufwärts in Richtung Breitenberg. An einer kreuzgeschmückten Wiesenkuppe vorbei leitet uns der Weg zur Bergstation eines Sesselliftes hinauf. Ganz nah im Süden ragt der Aggenstein mit seinen dunklen, imposanten Nordwänden in den Himmel.

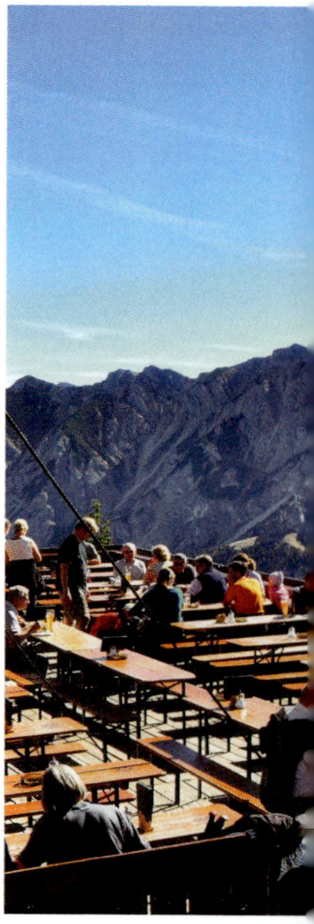

An der Bergstation des Sesselliftes (1677 m) finden beide Varianten wieder zusammen. Wir folgen einem breiten Wirtschaftsweg, über den im Winter eine Rodelbahn ins Tal führt. Nach wenigen Metern biegen wir rechts in einen grob geschotterten Weg, der teils steil bergan führt. Nach einem letzten kurzen Steilstück legt sich der Weg zurück und bald schon lockt nahe vor uns die auf dem Gipfel des Breitenberges erbaute ❶ **Ostlerhütte (1838 m)**. Durch die Gaststube gelangt man zur herrlichen Aussichtsterrasse auf der Südseite der Hütte. Hier lässt sich bei einer Brotzeit ein umfassendes Panorama genießen.

Unten: Genießen mit Aussicht – auf der Terrasse der Ostlerhütte

Ein kurzer oder ein langer Abstieg Nach einer ausgiebigen Gipfelhüttenrast steigen wir auf dem bekannten Weg wieder zur Bergstation der Breitenbergbahn hinab, mit der wir zur Talstation hinabschweben. Wer noch überschüssige Kräfte besitzt, der kann von dort auch zu Fuß zur Talstation hinabwandern. Man folgt der Beschilderung an einer Almhütte vorbei auf einer Wirtschaftsstraße abwärts in eine Talmulde. Dort wechselt man kurz vor einer Brücke auf einen recht steinigen Weg. An seinem Ende entweder den Forstweg nach links wandern oder geradewegs auf den schmalen, felsigen Weg durch die wilde Reichenbachklamm gehen, der Trittsicherheit verlangt. Den Beschilderungen folgend enden beide Varianten an der E **Talstation der Breitenbergbahn**.

Einkehr mit grenzenloser Aussicht

Die kurze Wanderung auf den Breitenberg begeistert durch wundervolle Nah- und Fernblicke. Am Beginn ist der schöne Blick hinab auf Pfronten und in das Alpenvorland, über dem auf einem markanten Felsberg die Burgruine Falkenstein aufragt. Später drängen sich immer mehr die dunklen Felsabbrüche des Aggensteins ins Bild, ehe sich mit zunehmender Höhe der Blick weitet. Auf dem Breitenberg begeistert dann die Sicht nach Süden über das Tannheimer Tal zu den unzähligen Gipfeln der Allgäuer Alpen, die vom markanten Felshorn des Hochvogel beherrscht werden.

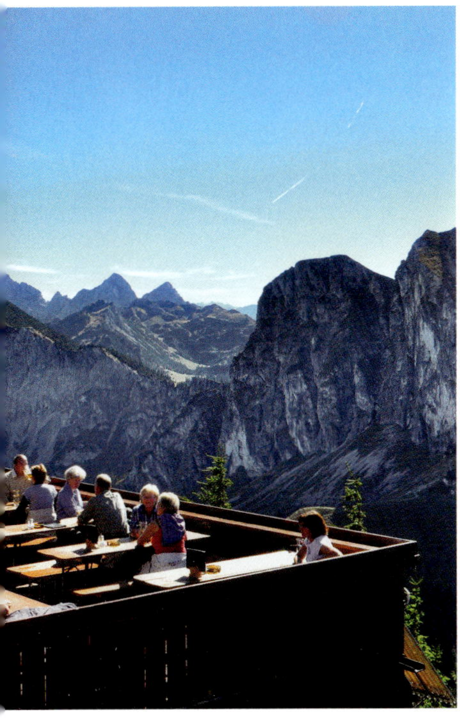

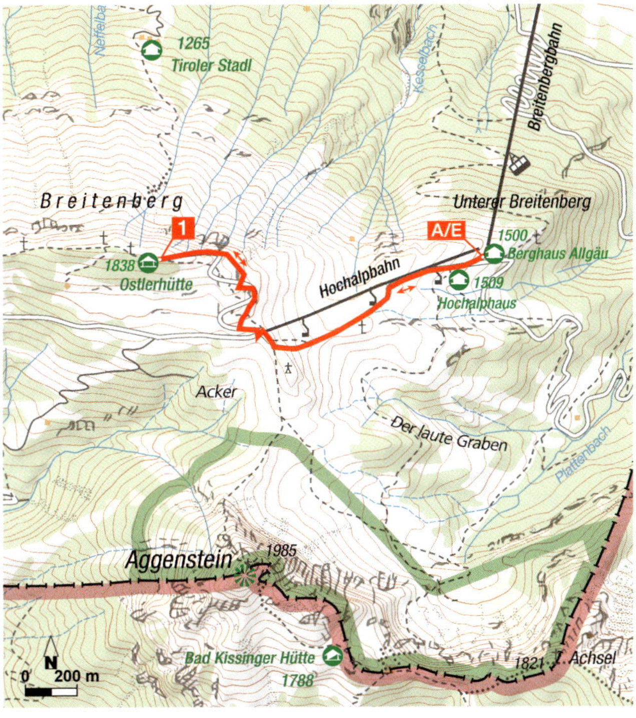

11 Höllklamm bei Kappel

Wilde Schlucht und aussichtsreiche Alpe

mittel | 2:30 Std. | 420 m | 3,5 km

Besonderer Genuss: Einkehr

Tourencharakter
Eine weitgehend einfache Wanderung mit einem steilen, aber gut gesicherten Schlussanstieg. Der Abstieg kann bei feuchter Witterung recht rutschig werden. Dann empfiehlt sich ein Abstieg über die Fahrstraße, die im Winter eine beliebte Rodelbahn ist.

Ausgangs-/Endpunkt
Der Wanderparkplatz am Ortsrand von Pfronten-Kappel. GPS: 47.6048, 10.5309

Anfahrt
Auto: Auf der B310 von Nesselwang bzw. aus Richtung Füssen und Pfronten nach Pfronten-Kappel und der Beschilderung zum Wanderparkplatz Kappel (P2) folgend.
Bus/Bahn: Pfronten-Kappel ist von den Bahnhöfen Nesselwang und Pfronten-Weißbach mit dem Bus gut zu erreichen.

Gehzeiten
Aufstieg zur Kappeler Alpe 1:30 Std., zurück nach Pfronten-Kappel 1 Std.

Einkehr
In der Kappeler Alpe und in Pfronten-Kappel.

Karte
Topografische Karte 1:50 000 des Bayerischen Landesvermessungsamtes, Blatt Füssen

Information
Pfronten Tourismus, Tel. 08363/69888, www.pfronten.de

Oberhalb von Kappel hat der Steinbach die Höllklamm in die Berghänge gegraben. Vorbei an Wasserfällen führt hier ein romantischer Weg hinauf zur bewirtschafteten Kappeler Alpe, von der man einen unvergleichlichen Blick über das Ostallgäu genießen kann.

Durch die Höllklamm Wir beginnen die Tour auf dem großen **A Parkplatz am Rand von Kappel**, neben dem Waldseilgarten Höllklamm. Wir folgen dem zur Kappeler Alpe ausgeschilderten Fahrweg steil bergauf. Nach kurzer Strecke biegen wir rechts auf einen Wirtschaftsweg, der uns am plätschernden Steinbach entlangführt. Der Weg wird schmaler und läuft auf einem Steg auf die rechte Bachseite. Die Hänge rücken jetzt eng zusammen und auf schmalem, steinigem Steig geht es steiler bergan. Bald stürzt links ein Wasserfall malerisch über eine senkrechte Felswand herab. Die Flanken schließen sich anschließend zu einem steilen, bewaldeten Kessel.

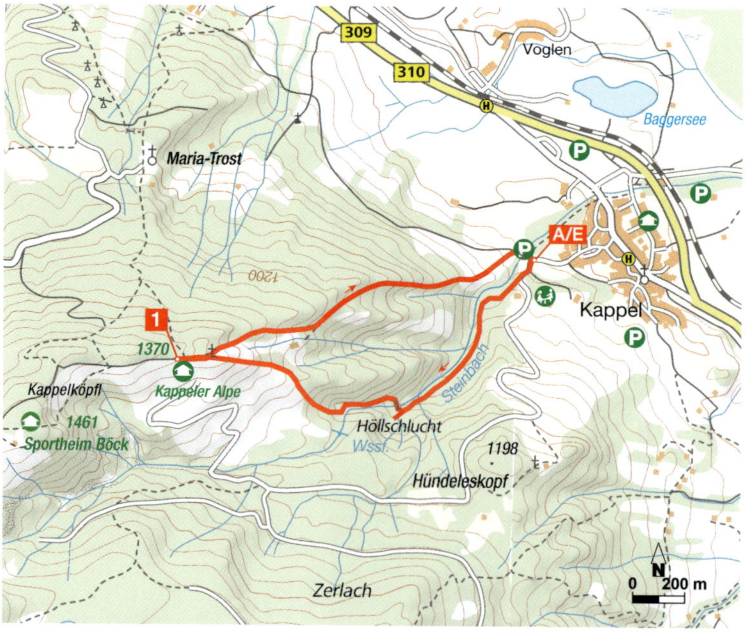

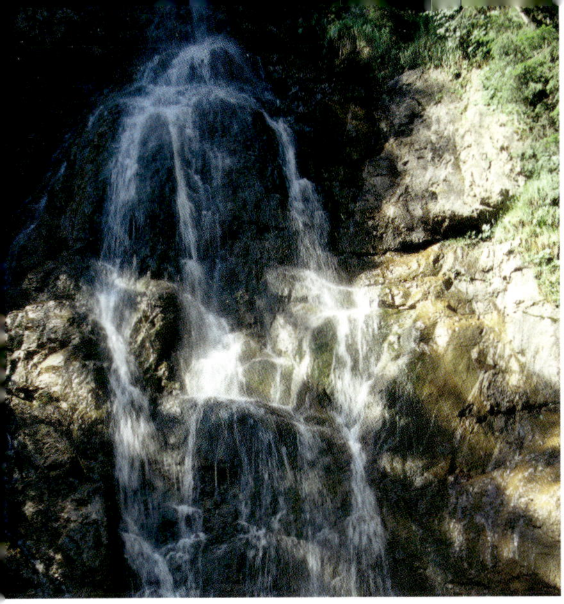

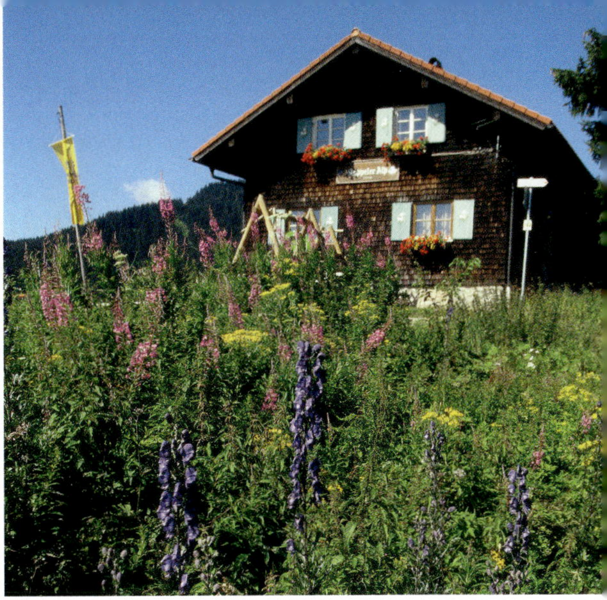

Der Weg führt kurz im Zickzack bergan und findet dann nach rechts ansteigend einen Durchschlupf. In der steilen Flanke, die es nun zu erklimmen gilt, geben einige Drahtseile und Holzgeländer zusätzliche Sicherheit, ohne dass der Weg wirklich gefährlich wäre. Nach dem steilsten Abschnitt öffnet sich links eine enge Felskluft, in der ein an die Felswand gemaltes Teufelchen daran erinnert, dass wir uns ja in der Höllklamm befinden. Von der Felsspalte ist anschließend der Rand der Schlucht schnell erreicht. Auf wurzeligem Waldweg geht es jetzt auf einem Bergkamm aufwärts. Bald sind die Wiesen der Kappeler Alpe erreicht, die sich aber noch versteckt hält. Ein Pfad führt uns über die Wiesen jedoch schnell zur 1 **Kappeler Alpe (1341 m)** hinauf, an der uns eine wohlverdiente Rast und eine herrliche Aussicht erwarten.

Die Kappeler Alpe lockt zu einer genussvollen Einkehr.

Links: Ein malerischer Wasserfall rauscht in die Höllklamm.

Zwei Varianten für den Abstieg Zwei Wege führen von der Kappeler Alpe wieder hinab zum Ausgangspunkt. Zum einen kann man einfach dem Alpsträßchen folgen, das hinter der Alphütte beginnt und in weitem Bogen über den Hündeleskopf nach Kappel hinabläuft. Der Weg ist länger, aber einfach zu begehen und auch nach Schlechtwetterperioden nicht feucht.
Zum anderen gibt es eine zweite und schnellere Abstiegsvariante, den sogenannten Wiesenweg. Er folgt von der Alpe ein kurzes Stück dem Anstiegsweg bergab zu einer Weggabelung. Hier biegen wir links auf einen schmalen Pfad, der uns auf Holzstegen über die feuchten Wiesen bergab führt. Nach einem Waldstück geht es durch Wiesenhänge teils steil abwärts, bis der Weg am Rand der Höllklamm nach links zu Wiesen quert. Ein kurzer Abstieg bringt uns zu einem Fahrweg, der uns rechts über den Steinbach zum nahen E **Wanderparkplatz** führt.

12

Wasserfallweg über Nesselwang

Wasserfall, Burgruine und Wallfahrtskirche

mittel | 2 Std. | 220 m | 4 km

Besonderer Genuss: Kultur am Wegrand

Tourencharakter
Die Tour verläuft großteils auf schmalen, aber guten Wanderwegen. Nur der steile Treppenweg neben dem großen Wasserfall verlangt gesteigerte Aufmerksamkeit.

Ausgangs-/Endpunkt
Der Parkplatz an der Talstation der Alpspitzbahnen am Ortsrand von Nesselwang.
GPS: 47.6179, 10.4990

Anfahrt
Auto: Auf der B310 durch Nesselwang und nahe der Kirche der Beschilderung folgend südlich durch den Ort aufwärts zum Parkplatz.
Bus/Bahn: Nesselwang besitzt eine Bahnstation und ist mit dem Bus aus verschiedenen Richtungen gut zu erreichen. Vom Bahnhof wandert man in wenigen Minuten zur Talstation der Alpspitzbahnen hinauf.

Gehzeiten
Aufstieg nach Maria Trost 1:15 Std., zurück zum Parkplatz Alpspitzbahnen 0:45 Std.

Einkehr
Am Ausgangspunkt im Gasthof Sonnbichl oder in Nesselwang.

Karte
Topografische Karte 1:50000 des Bayerischen Landesvermessungsamtes, Blatt Füssen

Information
Tourist-Information Nesselwang, Tel. 08361/923040, www.nesselwang-urlaub.de

Der Hausberg von Nesselwang ist die im Süden aufragende und mit einer Seilbahn erschlossene Alpspitz. Wir erkunden auf schattigen Wegen ihre Nordhänge, wo es mit einem malerischen Wasserfall, einer Burgruine und einer Wallfahrtskirche einiges zu entdecken gibt.

Durch das Wasserfalltal Wir beginnen die Wanderung am oberen, östlichen Ende der Ⓐ **Parkplätze an der Talstation der Alpspitzbahnen** nahe dem Gasthof Sonnbichl. Hier finden wir einen breiten Alleeweg, der uns über die Wiesen zum Fuß der bewaldeten Hänge der Alpspitz führt. Die Wasserfallbrücke hilft uns über den Bach zu einer Weggabelung, an der wir uns rechts halten. Eine große Hinweistafel erläutert hier Einzelheiten zur höher gelegenen Nesselburg, der wir einen Besuch ab-

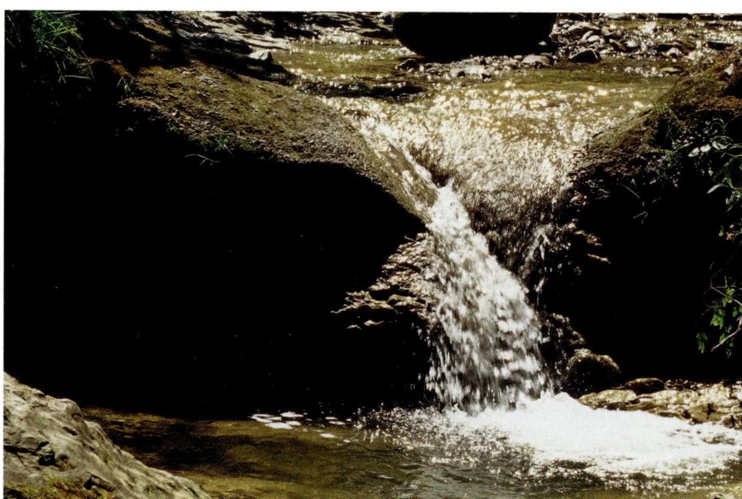

statten werden. Vorerst folgen wir jedoch dem Bach, der bizarre Gesteinsschichten aus dem Untergrund modelliert hat, nach rechts.

Der gute Weg läuft am harmlos durch den Wald plätschernden Bach entlang, bis sich ganz unvermittelt vor uns ein steiler

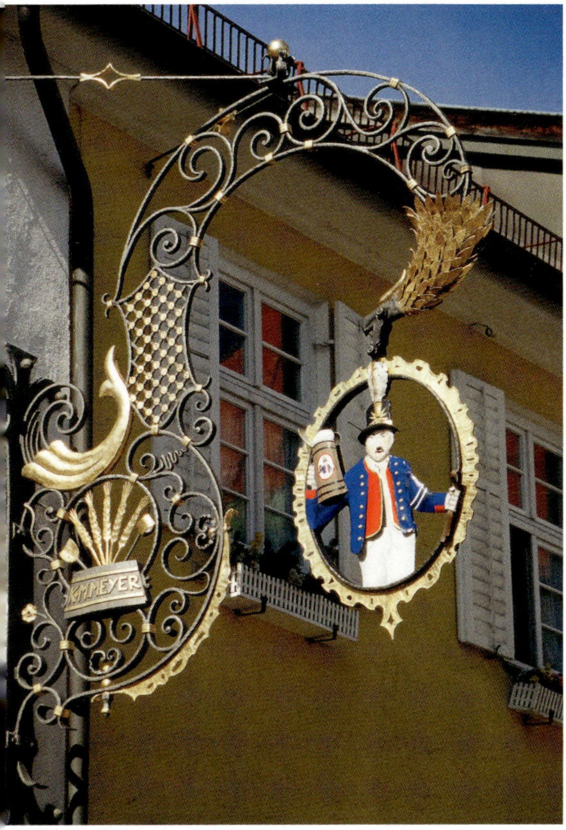

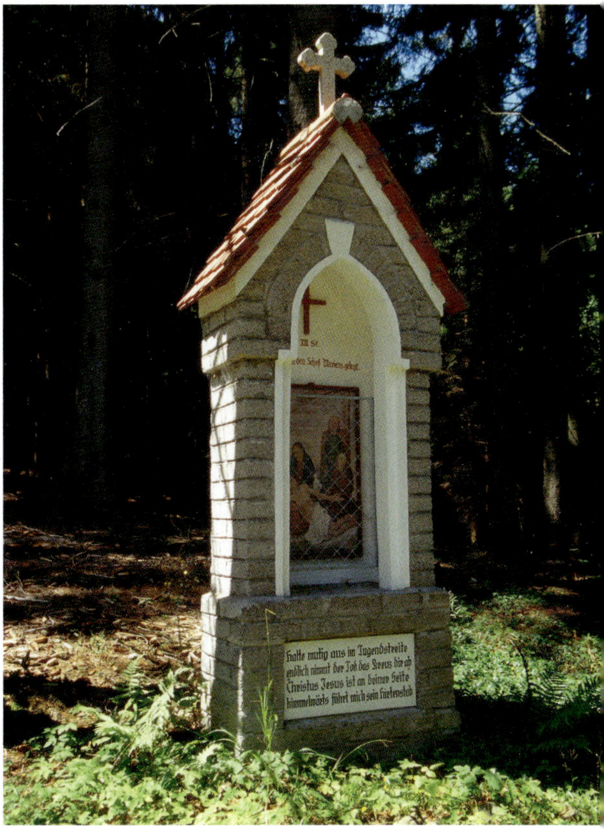

Kessel auftut. In mehreren Stufen rauscht ein eindrucksvoller Wasserfall über die Felswände. Den Steilhang rechts des Wasserfalls können wir mithilfe eines aufwendig angelegten hölzernen Treppenweges überwinden, der uns zur oberen Absturzkante führt und uns einen eindrucksvollen Tiefblick über die Kaskaden hinab öffnet. Ein Holzsteg hilft uns nun über den Bach und auf schmalem Steig und weiteren Stegen steigen wir durch die enge Felsschlucht vorbei an grün schimmernden Gumpen bergan. Der Weg wird bald fast flach und führt uns zu einer Wegkreuzung.

Der Abstieg führt an alten Kreuzwegstationen vorbei.

Links: Von der alten Brautradition in Nesselwang erzählt ein Brauereimuseum.

Linke Seite: Oberhalb des Wasserfalls führt der Weg am munteren Bach entlang.

Ritterburg und Wallfahrtskirche Wir wählen den linken Steig, der uns am Rand der Schlucht in gleichbleibender Höhe zu einer weiteren Wegkreuzung bringt. Wir folgen dem Pfad, der rechts durch den Wald bergan führt. Nach kurzer Strecke zweigt ein schmaler Steig zu den Resten der kleinen Nesselburg ab, die auf einem nahen Hügel aufragen. Trotzdem gewinnt man einen guten Eindruck des abgelegenen und feuchten, von zwei Bachtälern eingefassten Standortes, der wohl für die mittelalterliche Besatzung so manche Beschwernisse bereithielt. 170 Höhen-

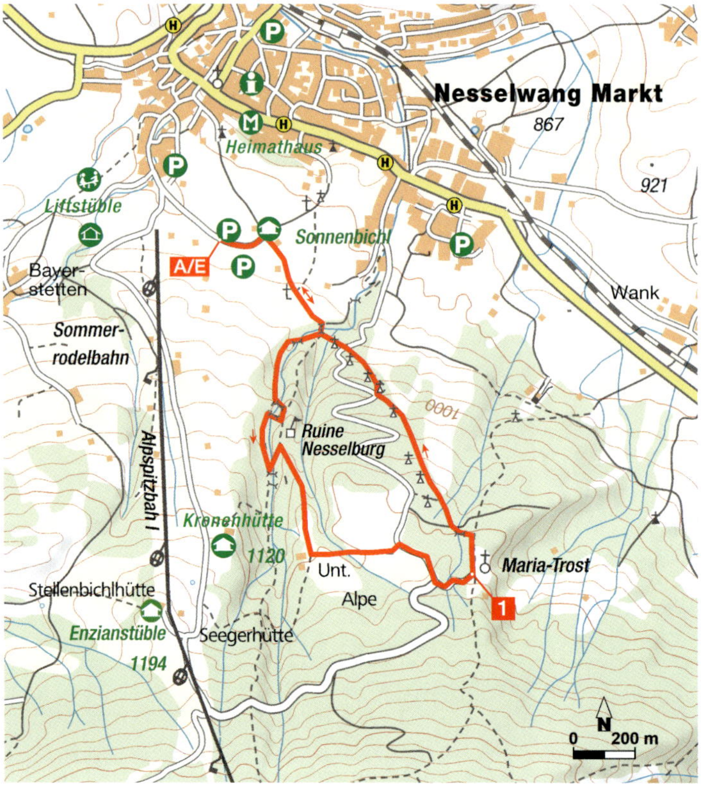

meter über Nesselwang in steilem Gelände gelegen, war die Ende des 13. Jahrhunderts von den Herren von Rettenberg erbaute Burg nur schwer zu versorgen. Im Winter muss das Leben an dem feuchten, von Bachläufen zerfurchten Nordhang alles andere als angenehm gewesen sein. Links lag das Burgtor, das auf den winzigen Burghof führte, der nur von zwei kleinen Wohngebäuden umgeben war. Eine Besonderheit stellt die in dieser Gegend unübliche Schildmauer dar, die noch mehrere Meter hoch aufragt. Diese extra stark ausgeführte Mauer schützte wie ein Schild die empfindliche Bergseite der Burg vor Angriffen. Nach einer wechselvollen Geschichte wurde die Nesselburg 1525 in der Zeit der Bauernkriege von Allgäuer Bauern niedergebrannt. Nach dem Wiederaufbau gab man die kleine Burg nach einem Brand im Jahre 1595 endgültig auf. Seit einigen Jahren wird nun versucht, die abgelegene Burgruine zu sanieren.

Von der Burg geht es auf einem bewaldeten Rücken, der von tief eingeschnittenen Bachtälern flankiert wird, auf wurzeligem Weg steil bergan. Schon nach kurzer Zeit erreichen wir die sanften Wiesen der Unter-Alpe, über die wir zur nahen Alphütte schlendern. Wir folgen dem breiten Alpweg nach links und wandern an einem erfrischenden Brunnen vorbei zu einer Wegkreuzung. Ein breiter Kiesweg leitet uns rechts aufwärts zu einer Querstraße, auf der wir links durch den Wald ohne weitere Mühen zur nahen Wallfahrtskirche **1** **Maria Trost (1122 m)** hinüberwandern. Zahlreiche, von alten Bäumen beschattete Bänke laden an der barocken Kirche zu einer verdienten Rast ein.

Auf dem Kreuzweg zurück nach Nesselwang Direkt gegenüber der Eingangstür zum Vorraum der Wallfahrtskirche finden wir die Fortsetzung unseres Weges, der durch den Wald abwärts führt. Wir halten uns nach kurzer Strecke links und wandern an kleineren und größeren Stationen des erbauten Kreuzweges

Rechte Seite: Versteckt im Wald liegt die barocke Wallfahrtskirche Maria Trost.

vorbei auf dem Wallfahrerweg bergab. Die einzelnen Kreuzwegstationen liegen teils direkt am Weg, teils müssen wir kurze Abstecher unternehmen. Zwischen den beiden obersten Bildstöcken queren wir eine Wirtschaftsstraße und der teils recht steinige und steile Weg läuft bald rechts einer nahen Forststraße abwärts. Ein zweites Mal müssen wir eine Kiesstraße überqueren und finden einen Weg, der sich durch den steilen Waldhang nach links zu einem nahen Bachtal wendet. Nach einem Holzsteg halten wir uns rechts und treffen nach kurzer Strecke an der Wasserfallbrücke auf unseren Anstiegsweg. Wir gehen rechts über den breiten Bach und dann auf dem schon bekannten Weg, der bald von Alleebäumen beschattet wird, über die Wiesen bis zur Teerstraße, die uns schließlich links zum E **Parkplatz an der Talstation der Alpspitzbahnen** zurückbringt.

Wallfahrtskirche Maria Trost

Mitte des 17. Jahrhunderts unternahm der Salzburger Freiherr von Grimming mit einem verehrten Marienbild im Gepäck eine Wallfahrt nach Maria Einsiedeln in der Schweiz. Auf dem Rückweg war er von der Gegend bei Nesselwang so angetan, dass er sich hoch über dem Ort in einer Einsiedelei niederließ. Sie wurde bald zum Ziel einer beliebten Wallfahrt. Ab 1660 entstanden rund um das Gnadenbild, das anfangs in einer Holzkapelle aufgestellt war, die barocke Kirche und das Klausnerhaus. Das Gotteshaus ist mit einem großen Deckenfresko aus dem 18. Jahrhundert, barocken Altären und zahlreichen Votivbildern geschmückt. Seit 1842 führt ein Kreuzweg mit liebevoll gestalteten Kreuzwegstationen von Nesselwang herauf nach Maria Trost.

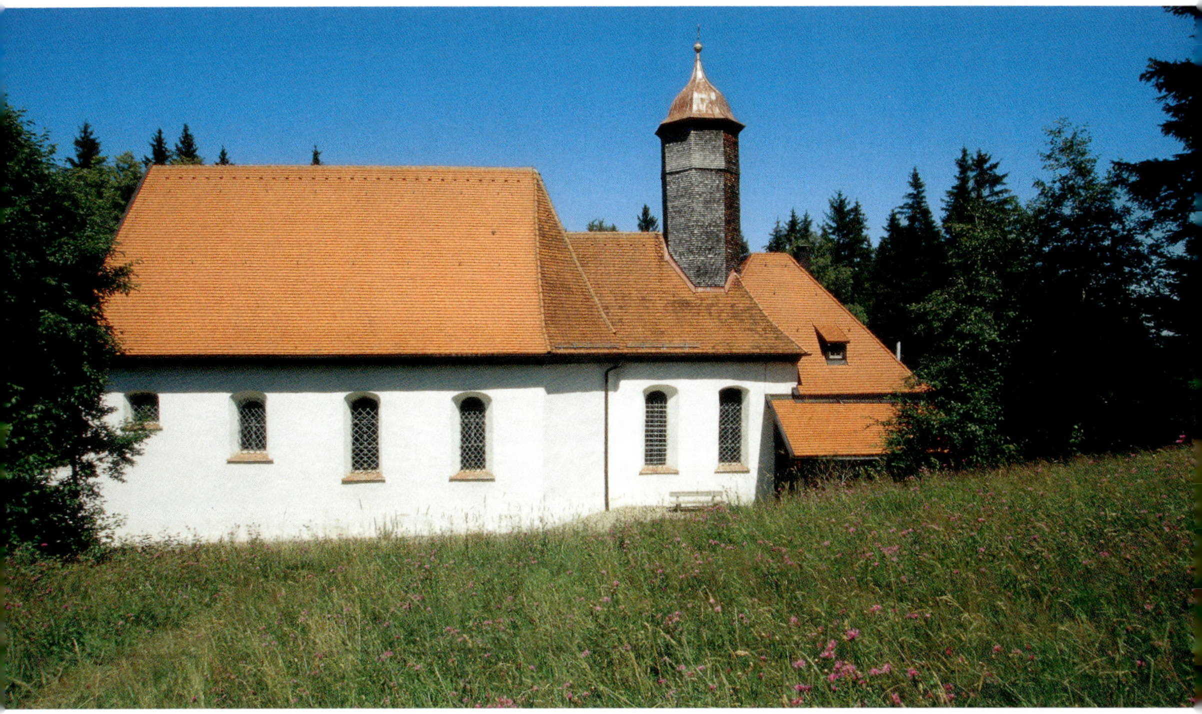

13

Von Rückholz zum Trollweiher

Aussichtsreiche Wiesen und stille Weiher

Der Weg durch die stille Landschaft östlich von Rückholz begeistert durch Nahblicke auf blaue Teiche und herrliche Ausblicke auf die nahen Felsgipfel des Ostallgäus. Und nach gut der Hälfte der Tour lockt am Luimoosweiher ein erfrischendes Bad.

leicht | 2 Std. | 80 m | 8 km

Besonderer Genuss: Ruhe und Natur

Tourencharakter
Eine einfache Wanderung durch stilles Bauernland zu drei Weihern, die durchgehend als Trollweiherrundweg ausgeschildert ist. Die Tour verläuft auf Feldwegen und auf schmalen, kaum befahrenen Gemeindestraßen. Am Luimoosweiher kann man eine beschauliche Badepause einlegen.

Ausgangs-/Endpunkt
Der Parkplatz unterhalb der Kirche an der Durchgangsstraße in Rückholz.
GPS: 47.6587, 10.5402

Anfahrt
Auto: Rückholz liegt nördlich der Ausfahrt Nesselwang von der A7 an der Verbindungsstraße von Nesselwang nach Marktoberdorf.
Bus/Bahn: In Rückholz Haltestelle an der Buslinie von Nesselwang nach Marktoberdorf.

Gehzeiten
Nach Treffisried 1 Std., zurück nach Rückholz 1 Std.

Einkehr
In der Bäckerei Lipp am Ausgangspunkt.

Karte
Topografische Karte 1:50 000 des Bayerischen Landesvermessungsamtes, Blatt Füssen

Information
Verkehrsamt Rückholz,
Tel. 08369/227,
www.rueckholz.de

Mit Alpenblick nach Treffisried Unsere leichte Rundwanderung starten wir am **A Parkplatz in Rückholz** gegenüber der Bäckerei Lipp. Die Wegweiser des Trollweiher-Rundweges weisen an der Hauptstraße entlang nach Norden. Wir steigen jedoch zur nahen Kirche hinauf, um schon einen ersten Eindruck von den herrlichen Ausblicken zu den Alpen zu gewinnen, die uns auf der ganzen Runde immer wieder erwarten. Jenseits geht es anschließend auf schmalem Weg hinab zur Raiffeisenstraße, der wir links durch das Dorf zu einer Querstraße folgen. Wenige Meter links treffen wir wieder auf den ausgeschilder-

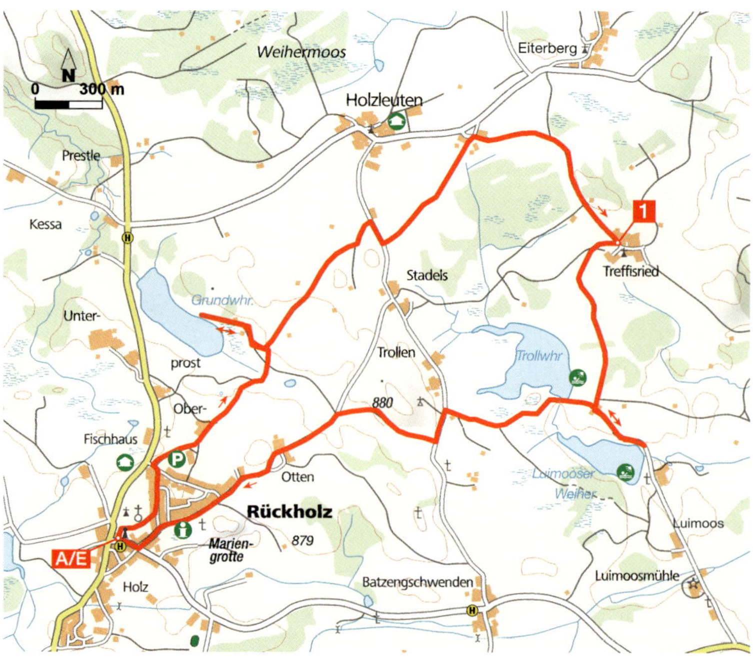

ten Weg, der uns hinauf zu den nahen Höfen von Oberprost leitet. Eine kurze Rast ist hier an den Bänken neben der herrlich gelegenen Kreszentia-Kapelle Pflicht.

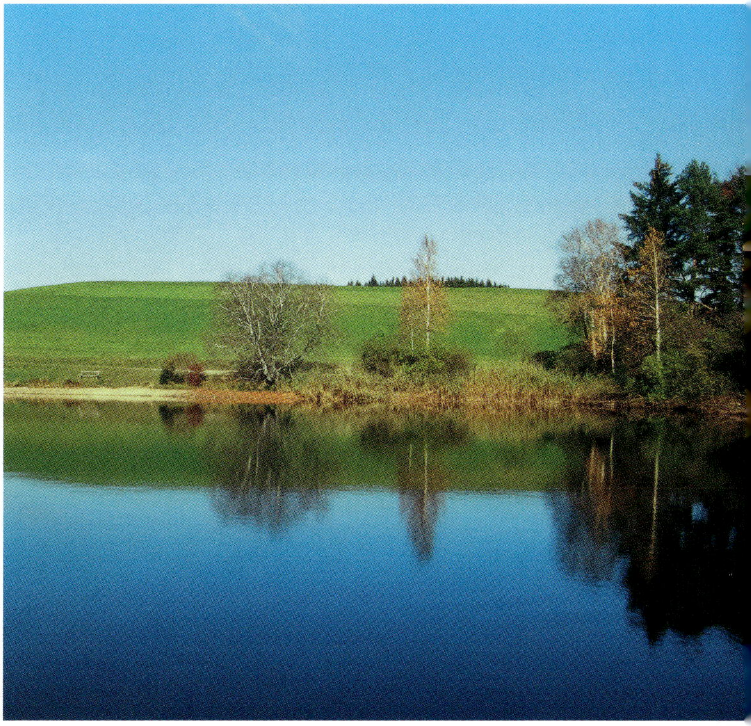

An heißen Sommertagen bietet der Luimoosweiher eine Bademöglichkeit.

Ein Feldweg leitet uns bergab zu einer Wegkreuzung, von der wir über eine Wiesenkuppe geradewegs zu einer schmalen Straße wandern. Auf ihr geht es kurz nach links und dann auf einem weiteren Feldweg bis zu einer schmalen Gemeindestraße. Sie führt uns auf einem Hügelkamm genau auf die markanten Felsgipfel der Tannheimer Berge zu, deren gezackte Silhouette am blauen Himmel »sägt«. Schnell ist der kleine 1 **Weiler Treffisried** erreicht, in dem unser Weg nach rechts knickt. Zuvor gehen wir jedoch noch wenige Schritte geradeaus zur wunderschönen holzgrauen Franz-Xaver-Kapelle. Das malerische Holzkirchlein wurde Mitte des 20. Jahrhunderts anstelle einer älteren Kapelle errichtet, aus der wohl der kleine ländliche Barockaltar stammt.

Durch Teichlandschaft zurück nach Rückholz Nun zurück zur nahen Kreuzung und bald auf einem Kiesweg nach Süden. Nach kurzer Zeit liegt der Trollweiher in einer parkartigen, durch Bäume und kleine Wäldchen strukturierten Wiesenlandschaft vor uns. Vorbei an einem Grillplatz erreichen wir eine Weggabelung, von der unser Rückweg nach rechts läuft. Wir gehen jedoch noch ein kurzes Stück geradeaus zu einer Bank am sandigen Ufer des Luimoosweihers. Im Gegensatz zu den anderen Weihern mit ihrem schlammigen Grund lässt sich hier im Sommer problemlos baden.

Nach einer ausgiebigen Rast geht es vom Luimoosweiher ein Stück den Weg zurück. Ein wundervoller Feldweg leitet uns am Trollweiher vorbei zu einer schmalen Teerstraße, der wir kurz nach links folgen. Dann nehmen wir rechts einen Feldweg, bis zu einer schmalen Gemeindestraße. Sie leitet uns über den aussichtsreichen Hügel, auf dem der Weiler Otten liegt, geradewegs ins nicht mehr allzu weit entfernte E **Rückholz**.

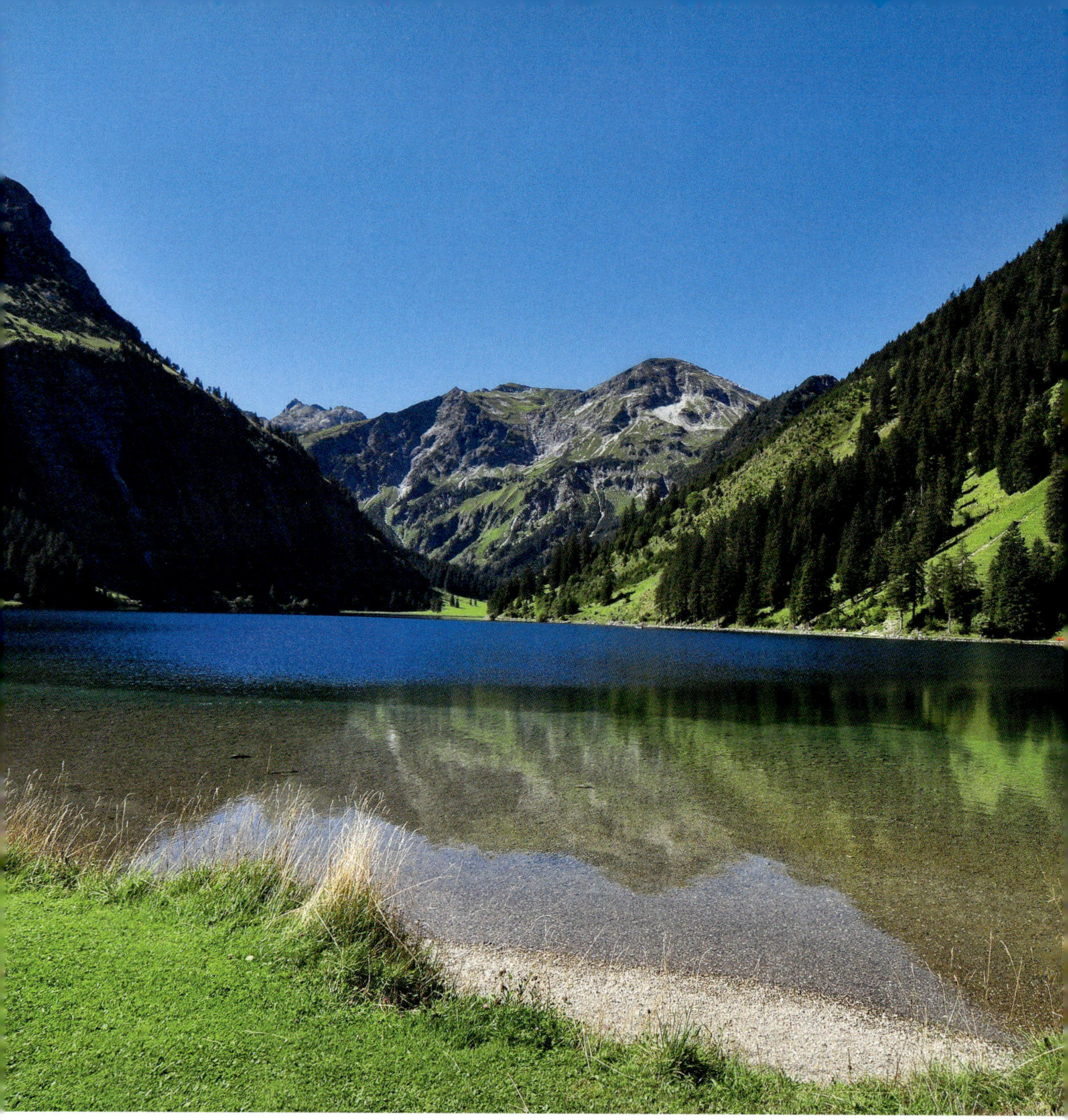

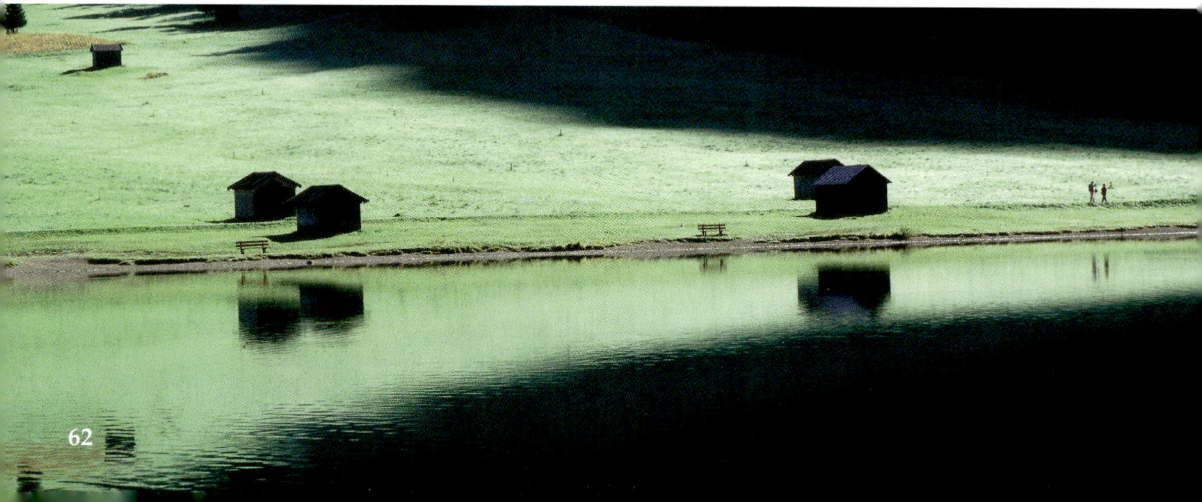

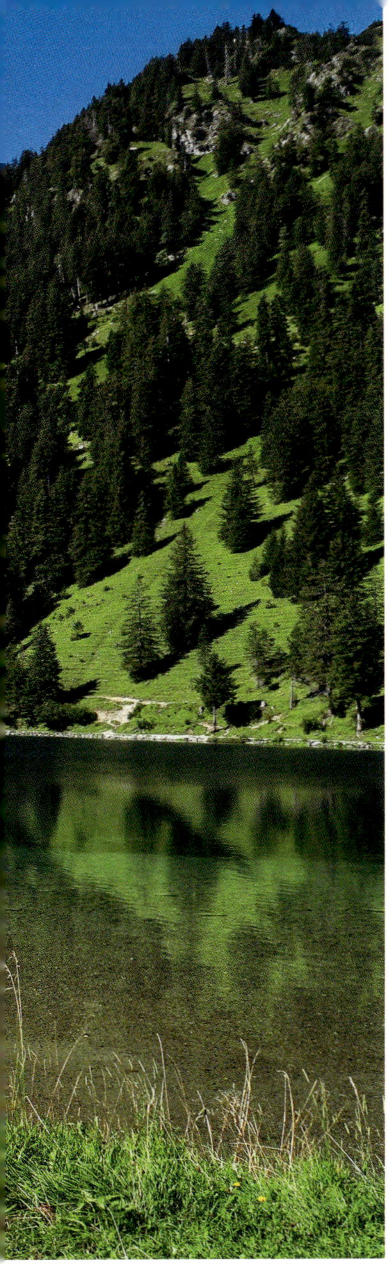

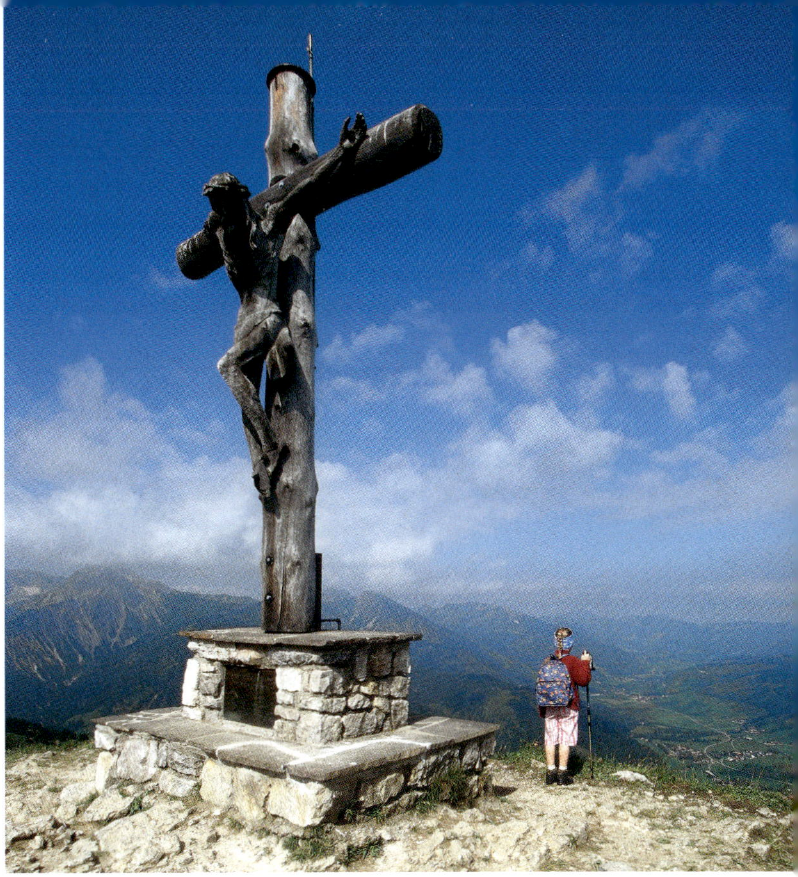

Touren im Tannheimer Tal

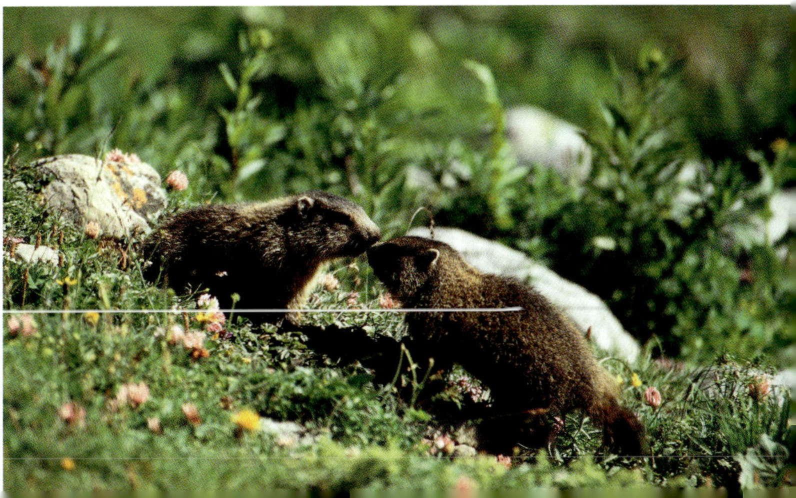

Oben links: Der Vilsalpsee wird von mächtigen Bergen eingerahmt (Tour 15). Oben rechts: Ein mächtiges Kreuz schmückt den Gipfel des Neunerkopfes (Tour 16). Unten rechts: Junge Murmeltiere spielen am Gräner Höhenweg (Tour 17). Unten links: Am Morgen spiegeln sich die Wiesen und Alphütten im Vilsalpsee (Tour 15).

14 Von Zöblen auf den Schönkahler

Stille Familientour mit Aussicht

mittel | 3:30 Std. | 450 m | 8 km

Besonderer Genuss: Ruhe und Natur

Tourencharakter
Eine einfache Bergwanderung auf einen sanft geformten Berg. Beginnt man die Wanderung in Zöblen, verlängert sich die Tour um 200 Höhenmeter bzw. eine Stunde Gehzeit.

Ausgangs-/Endpunkt
Der Gasthof Zugspitzblick nördlich oberhalb von Zöblen oder das Dorf Zöblen.
GPS: 47.5080, 10.4757

Anfahrt
Auto: Zöblen liegt im westlichen Tannheimer Tal an der B199, die vom Lechtal zum Oberjoch führt. Am westlichen Dorfrand beginnt die ausgeschilderte Zufahrtsstraße zum Gasthof Zugspitzblick.
Bus/Bahn: Zöblen liegt an der Buslinie, die von Reutte durch das Tannheimer Tal zum Oberjoch führt.

Gehzeiten
Gasthof Zugspitzblick bis Schönkahler 2 Std., zurück zum Gasthof Zugspitzblick 1:30 Std.

Einkehr
Im herrlich gelegenen Gasthof Zugspitzblick.

Karte
Topografische Karte 1:50 000 des Bayerischen Landesvermessungsamtes, Blatt Füssen

Information
Tourismusverband Tannheimer Tal, Tel. +43/5675/622 00, www.tannheimertal.com

Der sanft gerundete Schönkahler steht im Schatten der nahen Gipfel der Allgäuer Hochalpen und der wilden Tannheimer Kletterberge. Von Süden führt auf den unscheinbaren Gipfel jedoch ein bezaubernder Anstieg und bietet eine stille, aussichtsreiche Wanderung.

Von Zöblen zum Gasthof Zugspitzblick Die meisten Bergwanderer fahren mit ihrem Auto zum Gasthof Zugspitzblick hinauf. Da die Anfahrt mit öffentlichen Verkehrsmitteln jedoch in Zöblen endet, beginnen wir die Wegbeschreibung schon dort. Am westlichen Dorfrand zweigt von der B199 eine schmale, zum Gasthof Zugspitzblick ausgeschilderte Straße ab, die in weiten Kehren über aussichtsreiche Wiesenhänge zum Gasthof hinaufführt (zusätzlich 200 Höhenmeter).

Vom Zugspitzblick zum Hochmoor auf dem Wiesler Berg Am Parkplatz neben dem Ⓐ **Gasthof Zugspitzblick** beginnt eine Forststraße, die sanft durch die Wiesen ansteigt. Nach 100 Metern halten wir uns an der Weggabelung auf dem Weg 82 rechts in Richtung Schönkahler. Nach wenigen Minuten erreichen wir eine Kreuzung, von der wir links aufwärts wandern. Am Rand einer Alpweide treffen wir auf eine weitere Forstwegkreuzung. Wir gehen geradeaus und halten uns nach 100 Metern an der nächsten Kreuzung rechts. Die Straße führt uns kurz aufwärts und quert dann fast eben nach Westen. Bald sehen wir nach Schattwald hinab und finden rechts einen Pfad, der durch den Hang auf den lang gestreckten Rücken des Wiesler Berges führt. Der rot markierte Weg schwenkt am Rand der Hochfläche nach rechts und leitet uns durch ein schütter bewaldetes Hochmoor, das die sanfte Bergkuppe überzieht. Über die feuchtesten Stellen helfen uns einige Holzstege und am höchsten Punkt schlüpfen wir neben einem Baum durch einen Zaun.

Über den Pirschling zum Schönkahler Kurz darauf erreichen wir eine sumpfige Talmulde, in die uns ein kurzer Abstieg führt. Gegenüber ist der Weg schon deutlich auszumachen, der

durch den Wiesenhang des Pirschling bergan zieht. Der Pfad ist teilweise mit roten Pflöcken markiert und bald haben wir den einzigen steileren Anstieg des heutigen Tages hinter uns gebracht.
Auf dem Pirschling (1634 m) öffnet sich der Blick in alle Richtungen. Wir folgen dem Weg, der am linken Rand der Gipfelfläche entlangführt. Zum ersten Mal sehen wir nun unser Ziel vor uns, die behäbig breite Gipfelkuppe des Schönkahler. Nach einem kurzen Abstieg wandern wir über die Weideflächen eines Bergsattels geradewegs nach Norden. Ein harmloser Anstieg über weiche Bergmatten bringt uns schließlich zum Kreuz auf dem **1 Gipfel des Schönkahler (1688 m)**, der uns eine herrliche Rundumsicht bietet. Sie reicht vom Alpenvorland über die Tannheimer Berge und die Allgäuer Hochgipfel bis zu den Nagelfluhbergen. Nach einer langen Gipfelrast kehren wir auf dem bekannten Weg zurück zum **E Gasthof Zugspitzblick**.

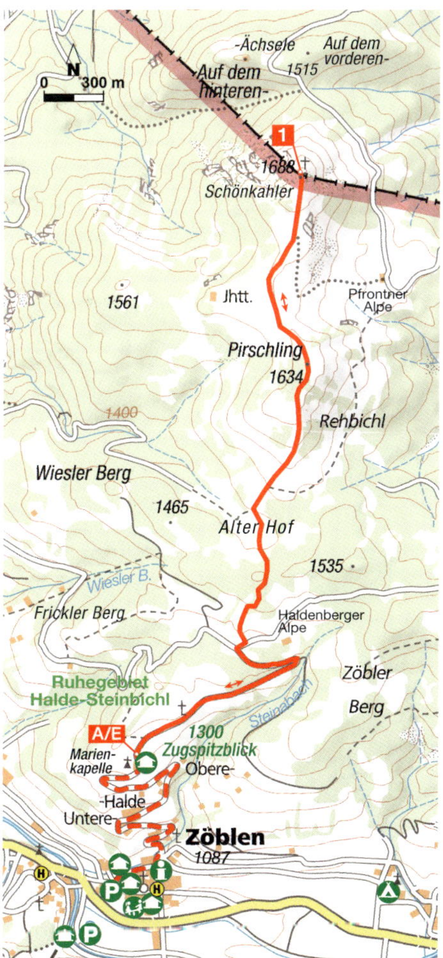

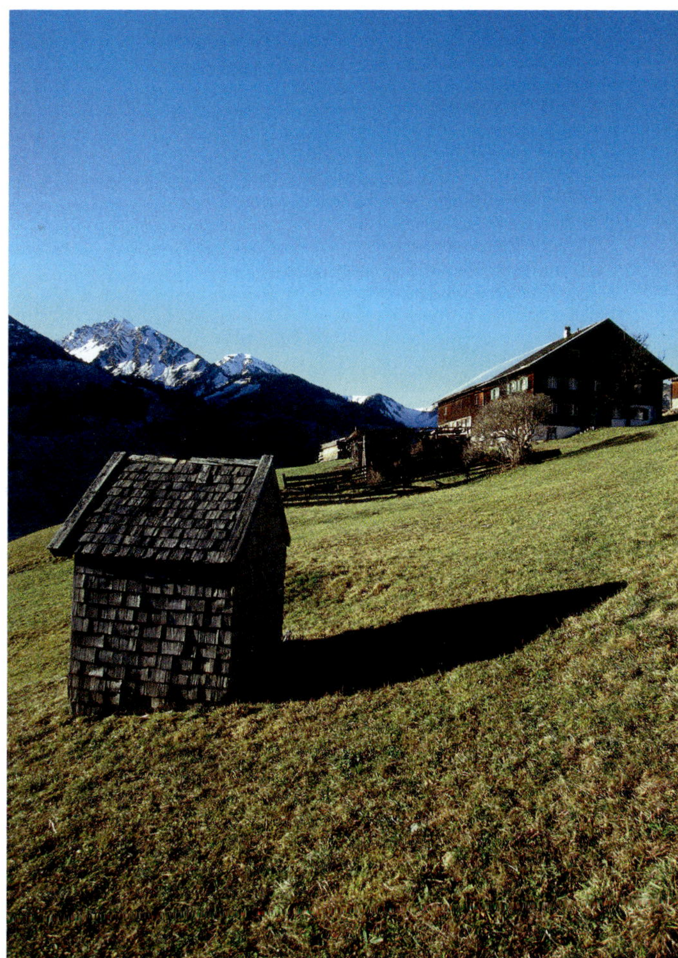
Herbststimmung auf dem Weg von Zöblen zum Gasthof Zugspitzblick

15

Vom Vilsalpsee zum Bärgacht-Wasserfall

Romantischer Bergsee zwischen wilden Bergen

leicht | 1:45 Std. | 100 m | 6,5 km

Besonderer Genuss: Aussicht

Tourencharakter
Eine einfache Wanderung auf breiten Wegen. Nur der Rückweg vom Bärgacht-Wasserfall führt anfangs über einen schmalen Steig. Im späten Frühjahr während der Schneeschmelze ist der Wasserfall besonders eindrucksvoll.

Ausgangs-/Endpunkt
Der Parkplatz am Nordende des Vilsalpsees.
GPS: 47.4698, 10.5065

Anfahrt
Auto: Auf der B199 durch das Tannheimer Tal nach Tannheim und dort der Beschilderung folgend auf der Zufahrtsstraße (gesperrt von 10–17 Uhr) zum Vilsalpsee (gebührenpflichtige Parkplätze).
Bus/Bahn: Zum Vilsalpsee gute Busverbindung von Tannheim.

Gehzeiten
Zur Vilsalpe 0:35 Std., weiter zum Bärgacht-Wasserfall 0:25 Std., zurück zur Vilsalpe 0:20 Std., zum Ausganspunkt 0:25 Std.

Einkehr
In der beliebten Vilsalpe und am Nordufer des Gaisalpsees.

Karte
Topografische Karte 1:50 000 des Bayerischen Landesvermessungsamtes, Blatt Füssen

Information
Tourismusverband Tannheimer Tal, Tel. +43/5675/622 00, www.tannheimertal.com

Tief eingebettet zwischen den Ostallgäuer Bergriesen liegt der malerische Vilalpsee. An seinen Ufern tummeln sich zahllose Ausflügler. Im wilden Talschluss, über dessen Steilwände der herrliche Bärgacht-Wasserfall rauscht, wird man dann allerdings nur noch wenigen Menschen begegnen.

Vom Vilsalpsee zum Bärgacht-Wasserfall Vom A **Parkplatz am Vilsalpsee** gehen wir zum Seeufer und wandern auf der Wirtschaftsstraße nach links. Im Morgenlicht erstrahlen die Gipfel im Süden und Westen des Sees und spiegeln sich auf der Wasserfläche. Der Weg führt uns am See entlang und passiert bald die Talstation der Materialseilbahn, die die Landsberger Hütte versorgt. Die Schotterstraße bringt uns dann an einem kleinen Kraftwerk vorbei und am steilen Südufer entlang. Schließlich schwenkt der Weg über Alpwiesen zu einer Wegkreuzung. Wir halten uns links und erreichen kurz darauf die 1 **Vilsalpe**.
Wir gehen geradewegs an der Alpe vorbei zu einer Weggabelung und folgen dem breiten, mit »Rundweg« ausgeschilderten Forstweg nach links zum Wald. Wir ignorieren die zwei rechts abzweigenden Wege und wandern geradewegs am linken Talrand aufwärts. Der Weg wird jetzt nach und nach schmaler und steiniger und leitet uns durch den Wald zum großen Schotterfeld am Fuß der Roten Spitze. Rund um uns schließt sich das Tal mit mächtigen Felswänden und steilen Geröllfeldern. Sanft abwärts geht es zum nahen Geröllbett der Vils, dem wir kurz bergan folgen, bis es nach links knickt und direkt auf den herrlichen 2 **Bärgacht-Wasserfall** zuläuft. Wer Zeit und Lust hat, der kann dem Bachbett bergauf bis zum Fuß des Wasserfalls folgen, der nahezu 300 Meter über die Felswand herabstürzt.

Durch einen Zauberwald zurück zum Vilsalpsee Für den Rückweg verlassen wir jedoch am Bachknick das Schuttbett der Vils. Wir folgen hier geradewegs den Steigspuren, die uns über eine Schotterzunge ein kurzes Stück aufwärts zu einigen Felsblöcken führen. Dort finden wir die ersten gelben Markierungen, die uns am nächsten Wegstück leiten werden. Der schmale

Steig windet sich zwischen Felsblöcken und Latschen hindurch und bringt uns anschließend über eine steinige Bergwiese abwärts ins Tal.

Der deutliche Steig hält sich nun immer an der linken Seite des breiten Talbodens, bis er am Waldrand in einen breiten Weg übergeht. Er führt uns durch den herrlichen Zauberwald. Am Rand der Alpweiden knickt er nach rechts und leitet uns zu unserem Anstiegsweg, auf dem wir links die nahe ❶ Vilsalpe erreichen.

Nach der Rast gehen wir an der Kreuzung nahe des Vilsalpsees geradeaus. Wir überqueren auf einer Brücke einen Bach und wandern schließlich auf dem angenehmen Westuferweg zurück zum Ⓔ Parkplatz an der Nordspitze des Vilsalpsees.

Nah- und Fernblicke am Vilsalpsee

Der Weg um den Vilsalpsee begeistert mit ganz unterschiedlichen Perspektiven. Auf seiner Wasserfläche spiegeln sich sanfte Alpwiesen und die wilde Bergumrahmung.

Hebt man den Blick, kann man die Wände und Grate von Gaishorn, Rauhhorn und Roter Spitze bewundern, die 1000 Meter über dem See am Himmel »kratzen«.

Und ganz hinten im von Felswänden umstellten Talschluss begeistert der 300 Meter lange Bärgacht-Wasserfall besonders im Frühling während der Schneeschmelze oder nach längeren Regenfällen.

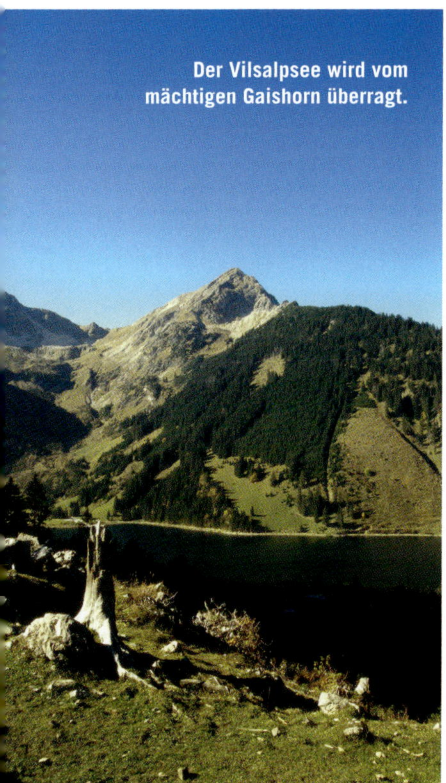

Der Vilsalpsee wird vom mächtigen Gaishorn überragt.

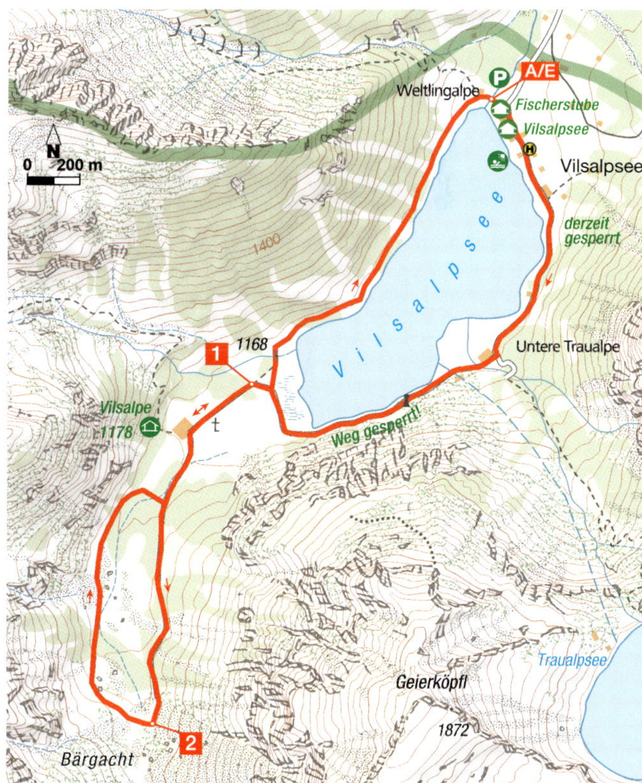

16

Vom Neunerkopf zur Sulzspitze

Hochgebirge light

mittel | 3:30 Std. | 450 m | 8,5 km

Besonderer Genuss: Aussicht

Tourencharakter
Die Tour verläuft auf breiten, bequemen Wegen. Nur für die Variante oberhalb der Oberen Strindenalpe und für den Gipfelanstieg zur Sulzspitze ist etwas Trittsicherheit erforderlich. Statt der Sulzspitze bietet sich als einfaches Alternativziel die Gappenfeldscharte an.

Ausgangs-/Endpunkt
Die Vogelhornbahn (Fahrplanauskunft unter Tel. +43/5675/6260). GPS: 47.4984, 10.5239

Anfahrt
Auto: Auf der B199 durch das Tannheimer Tal zur Vogelhornbahn in Tannheim.
Bus/Bahn: In Tannheim Haltestelle an der Buslinie von Reutte ins Oberallgäu.

Gehzeiten
Zum Abzweig auf die Sulzspitze 1:20 Std., auf die Sulzspitze 0:40 Std., über die Obere Strindenalpe zurück zur Bergstation 1:30 Std.

Einkehr
An der Bergstation der Vogelhornbahn und in der schönen Oberen Strindenalpe.

Karte
Topografische Karte 1:50000 des Bayerischen Landesvermessungsamtes, Blatt Füssen

Information
Tourismusverband Tannheimer Tal, Tel. +43/5675/62200, www.tannheimertal.com

Will man ohne allzu große Anstrengungen die Faszination des Hochgebirges erleben, bietet sich die Sulzspitze als ideales Ziel an. Aufgrund des einfachen Zustieges von der Bergstation der Tannheimer Vogelhornbahn ist dieser markante Gipfel auf aussichtsreichen Wegen problemlos zu erreichen.

Auf breiten Wegen oder schmalen Steigen zur Strindenscharte

Ohne Mühe gleiten wir von der **A Talstation der Vogelhorn-**

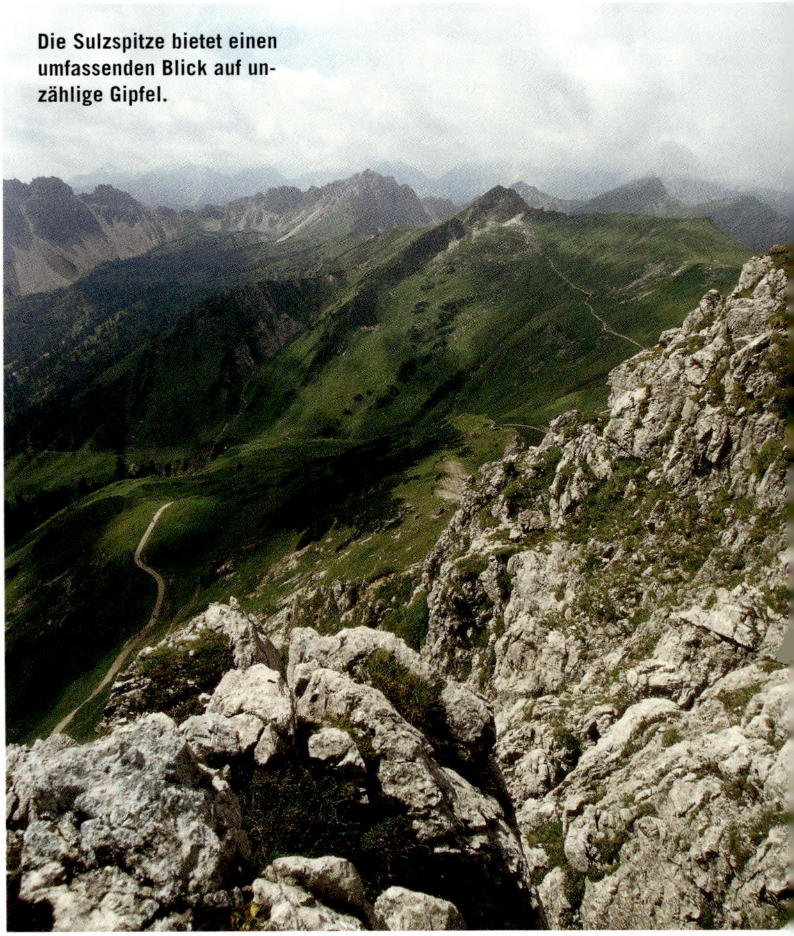

Die Sulzspitze bietet einen umfassenden Blick auf unzählige Gipfel.

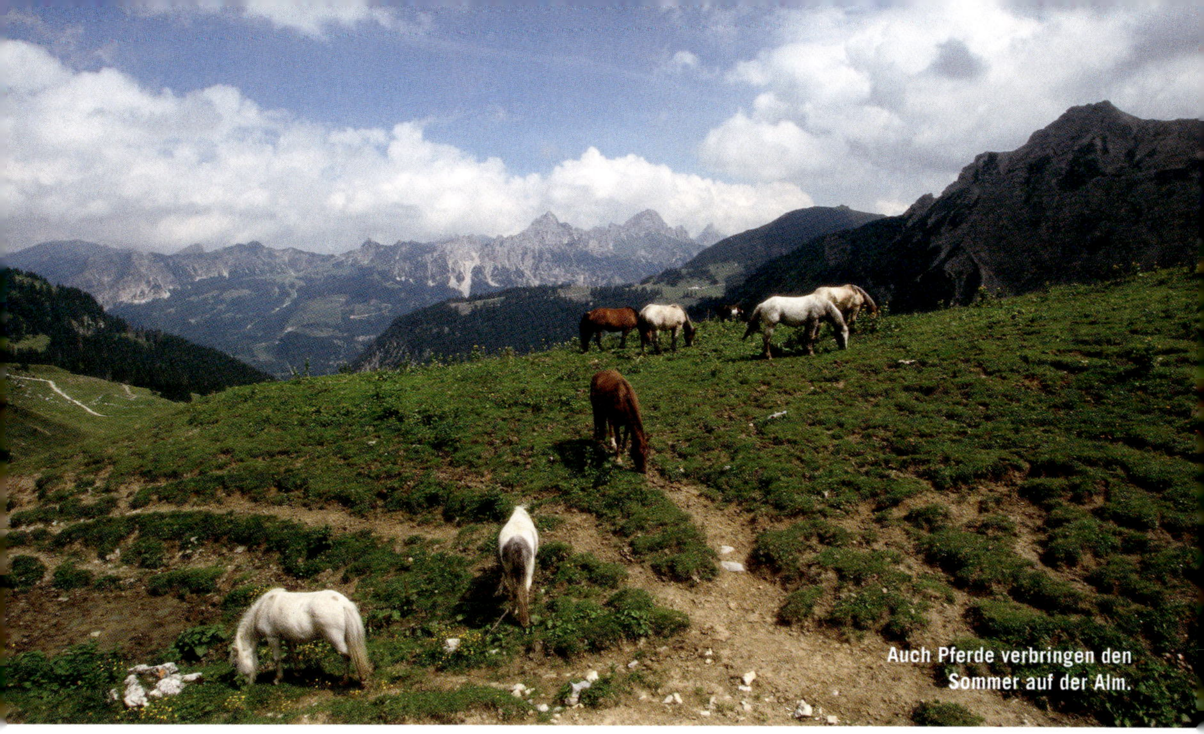

Auch Pferde verbringen den Sommer auf der Alm.

bahn bis in eine Höhe von 1790 Meter hinauf. Von der Bergstation gehen wir den Wegweisern zum Neunerkopf und zur Landsberger Hütte folgend bergauf auf den nahen Neunerkopf zu. Vor dem Startplatz der Fallschirm- und Drachenflieger erreichen wir eine Wegkreuzung. Geradeaus quert der breite Hauptweg, der die einfachere Variante bietet: die Westflanke des Neunerkopfes. Wir halten uns jedoch links und folgen dem schmalen Steig, der uns durch steileres Gelände zum aufwendig geschnitzten Gipfelkreuz auf dem Neunerkopf (1864 m) hinauf leitet. Von dort bietet sich uns ein prachtvoller Tiefblick auf das Tannheimer Tal mit dem Haldensee, über dem die Tannheimer Berge aufragen. Bei gutem Wetter scheinen die senkrechten Südwände der Roten Flüh, durch die zahlreiche Klettertouren führen, zum Greifen nahe. Auch die markanten Felshörner von Schartenschrofen, Gimpel, Köllenspitze und Gehrenspitze wissen zu beindrucken. Vom Gipfel steigen wir kurz in den

Paradeaussicht von der Sulzspitze

Am gesamten Weg von der Seilbahn zur Sulzspitze begeistert die Aussicht, die mit abwechslungsreichen Nah- und Fernblicken in unterschiedliche Richtungen verwöhnt. Dank ihrer freien Alleinlage bietet schließlich die Sulzspitze eine umfassende Rundumsicht. Ein großer Teil der östlichen Allgäuer Bergwelt mit ihren unzähligen Gipfeln ist zu überblicken. Ganz nah sind die wilde Leilachspitze, das markante Gaishorn und die steilen Wände der Tannheimer Berge. Im Osten geht der Blick über die Ammergauer Alpen zur Zugspitze und zu den einsamen Gipfeln der Lechtaler Alpen, und im Westen verlieren sich die Bergwälle in der Unendlichkeit. Schnell kann man auf der Sulzspitze die Zeit vergessen bei dem Versuch, möglichst viele umstehende Gipfel zu identifizieren.

Sattel vor dem nächsten Kammaufschwung ab und wandern dann rechts auf breitem Weg zum Hauptweg hinab. Er führt links an einem breiten Wiesenkamm entlang, auf dem vor allem der Blick über das Vilsalpseetal zum Gaishorn und zum Rauhhorn begeistern, und bald abwärts zu einer Wegkreuzung. Hier muss man sich zwischen zwei Wegvarianten entscheiden. Die einfachere und etwas weitere leitet abwärts zur Oberen Strindenalpe. Von dort folgt man der Alpstraße zu einer Kreuzung, von der man auf einer Schotterpiste rechts aufwärts wandert und auf den beschriebenen Weg trifft. Für den Rückweg ist die Variante beschrieben, die zwar einige zusätzliche Höhenmeter aufweist, dafür aber mit einer Rast in der wunderbaren Oberen Strindenalpe entschädigt.

Wir schwenken jedoch jetzt rechts auf den schmalen, etwas anspruchsvolleren Steig, der mit dem Hinweisschild »Nur für Geübte« versehen ist. In leichtem Auf und Ab zieht er durch die Hänge. Es sind kurze felsige Abschnitte zu überwinden und auf den Alpwiesen müssen wir mehrmals feuchte, morastige Stellen überlisten. Kurz unterhalb der Strindenscharte treffen wir auf das Schottersträßchen, auf dem die einfachere Wegvariante von der Oberen Strindenalpe heraufführt. Nun kürzen wir zwei weite Kehren der Schotterstraße ab, indem wir auf einem steinigen Weg geradeaus zur Strindenscharte hinaufsteigen.

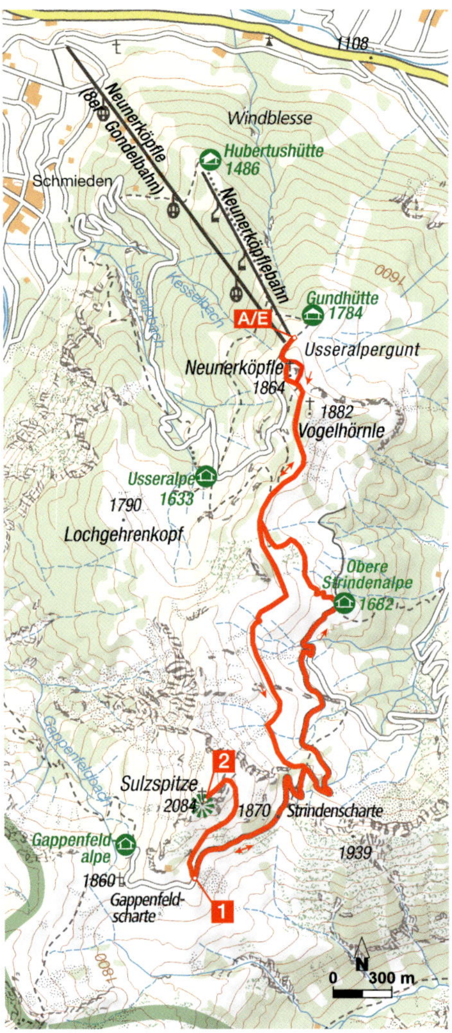

Zur Sulzspitze oder zur Gappenfeldscharte

In der Strindenscharte treffen wir wieder auf die Alpstraße, der wir nach links folgen. Sie leitet uns leicht ansteigend durch die steile Südostflanke der Sulzspitze. Im Süden ragt jenseits des Birkentales die wilde Gipfelgestalt der Leilachspitze auf, deren Dolomitgestein in zahllose Felstürme zerbröselt ist. Kurz vor der Gappenfeldscharte erreichen wir den ❶ **Abzweig zur Sulzspitze**, die auf steilem Bergpfad erstiegen wird. Wer eine einfachere Wegvariante sucht, der geht auf dem Sträßchen zu den Wiesen in der nahen Gappenfeldscharte, die dank der wundervollen Aussicht ein perfektes Ersatzziel darstellt.

Wir folgen jedoch dem Wegweiser zur Sulzspitze nach rechts. Der schmale, teils steile und abschüssige Steig führt uns oberhalb der Schotterstraße durch den Südosthang der Sulzspitze zu einer

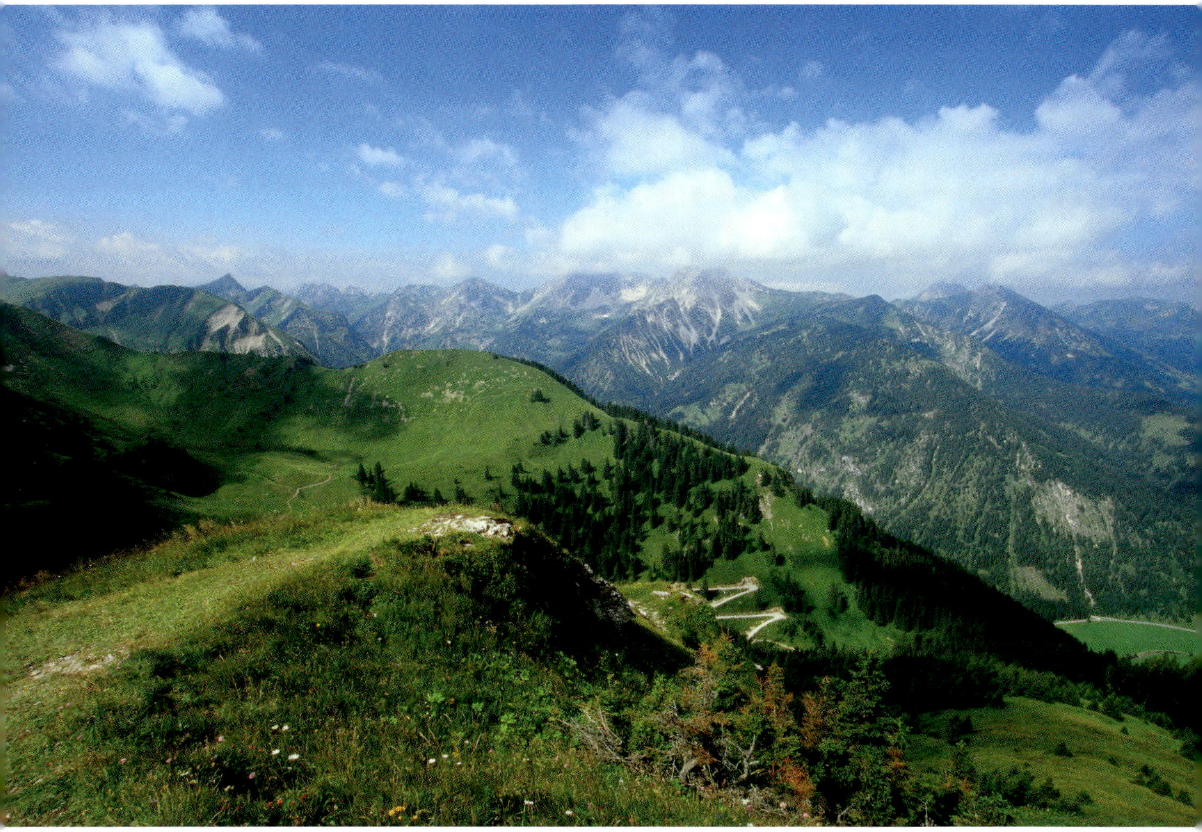

Über das tief eingeschnittene Vilsalptal geht der Blick zum Gaishorn.

sanften Bergwiese. Oberhalb der Wiese wird der Hang wieder steiler und verlangt nochmals etwas Trittsicherheit. In Serpentinen schlängelt sich der Steig durch eine Mulde bergan, bis wir über harmloses Gelände zum nahen, aussichtsreichen Gipfel der ❷ **Sulzspitze (2084 m)** schlendern können.

Über die Obere Strindenalpe zurück zur Seilbahn Vom Gipfel wandern wir auf dem Steig wieder zum breiten Wirtschaftsweg hinab und auf ihm links zur Strindenscharte. Unterhalb der Straßenkehren biegen wir diesmal aber nicht links in den schmalen Weg, sondern wandern auf der Kiesstraße noch kurz abwärts. Dann biegen wir links in die Alpstraße ein, die durch den Hang zur Oberen Strindenalpe quert. In der gemütlichen, aussichtsreich gelegenen Alpe legen wir schließlich eine wohlverdiente Rast ein. Anschließend müssen wir allerdings unseren Abstecher mit einem Gegenanstieg büßen, der uns wieder zum morgendlichen Hinweg hinaufführt. Rechts haltend erreichen wir nun über den aussichtsreichen Weg ohne weitere Mühen die Ⓔ **Bergstation der Vogelhornbahn**, mit der wir wieder nach Tannheim hinabschweben.

17

Auf dem Gräner Höhenweg

Aussichtswege am Füssener Jöchle

mittel | 4:15 Std. | 240/920 m | 9 km

Besonderer Genuss: Aussicht

Tourencharakter
Anfangs auf schmalem Steig, dann auf guten Wegen leitet der wundervolle Panoramaweg meist bergab.

Ausgangs-/Endpunkt
Die Seilbahn zum Füssener Jöchle (Fahrbahnauskunft Tel. +43/5675/6363). GPS: 47.5051, 10.5636

Anfahrt
Auto: Mit eigenem Fahrzeug von der B199, die durch das Tannheimer Tal läuft, auf die nach Pfronten ausgeschilderte Straße durch das Engetal abbiegen. Am Ortsrand von Grän der Beschilderung zur Füssener-Jöchle-Bahn folgen und kurz aufwärts zum großen Parkplatz an der Talstation. Bus/Bahn: Grän liegt an der Buslinie, die von Reutte durch das Tannheimer Tal zum Oberjoch verkehrt.

Gehzeiten
Zur Sebenalm 1:20 Std., weiter zur Bad Kissinger Hütte 1 Std., Abstieg nach Grän 1:55 Std.

Einkehr
An der Bad Kissinger Hütte und in Grän.

Karte
Topografische Karte 1:50 000 des Bayerischen Landesvermessungsamtes, Blatt Füssen

Information
Tourismusverband Tannheimer Tal, Tel. +43/5675/62200, www.tannheimertal.com

Der Gräner Höhenweg, der herrliche Weitblicke bietet, führt uns im Auf und Ab zur Bad Kissinger Hütte. Wie ein Adlerhorst klammert diese sich an die steile Südflanke des Aggensteins, von der uns ein langer Abstieg wieder ins Tannheimer Tal bringt.

Vom Füssener Jöchle zur Bad Kissinger Hütte Vor der **Ⓐ Bergstation der Seilbahn** folgen wir dem zur Bad Kissinger Hütte ausgeschilderten Weg nach Nordwesten. Der bequeme, sanft bergauf laufende Weg hält sich etwas links des Bergrückens. Nach wenigen Minuten führt er auf die rechte Seite des Kammes und steigt an Lawinenverbauungen vorbei zu einem flachen Abschnitt des Bergrückens an. Wir wandern links an der Bergstation des Jochalmliftes vorbei und auf nun schmalem Weg durch die Südflanke der Sefenspitze, von der wir herrliche Blicke zurück zu den Tannheimer Kletterbergen genießen.

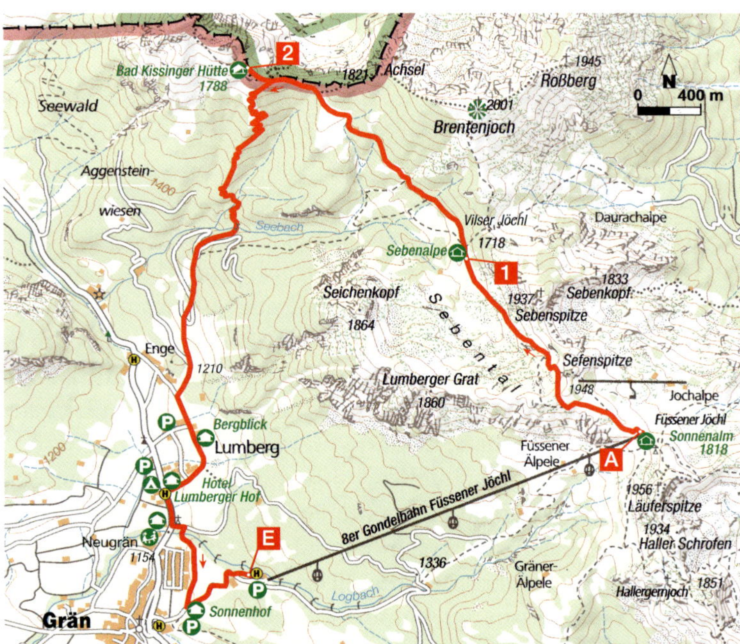

Wir erreichen eine Wegkreuzung und folgen der Beschilderung zur Bad Kissinger Hütte. Eindrucksvoll ragen hinter dem kleineren Schartenschrofen die grauen Wände von Gimpel und Roter Flüh in den Himmel. Ein kurzer steilerer Anstieg bringt uns zum Sefenjoch, auf dem sich der Blick über die weit geschwungene Mulde des Sebentales zum steilen Felshorn des Aggensteins öffnet. Schon deutlich ist an seiner Südflanke un-

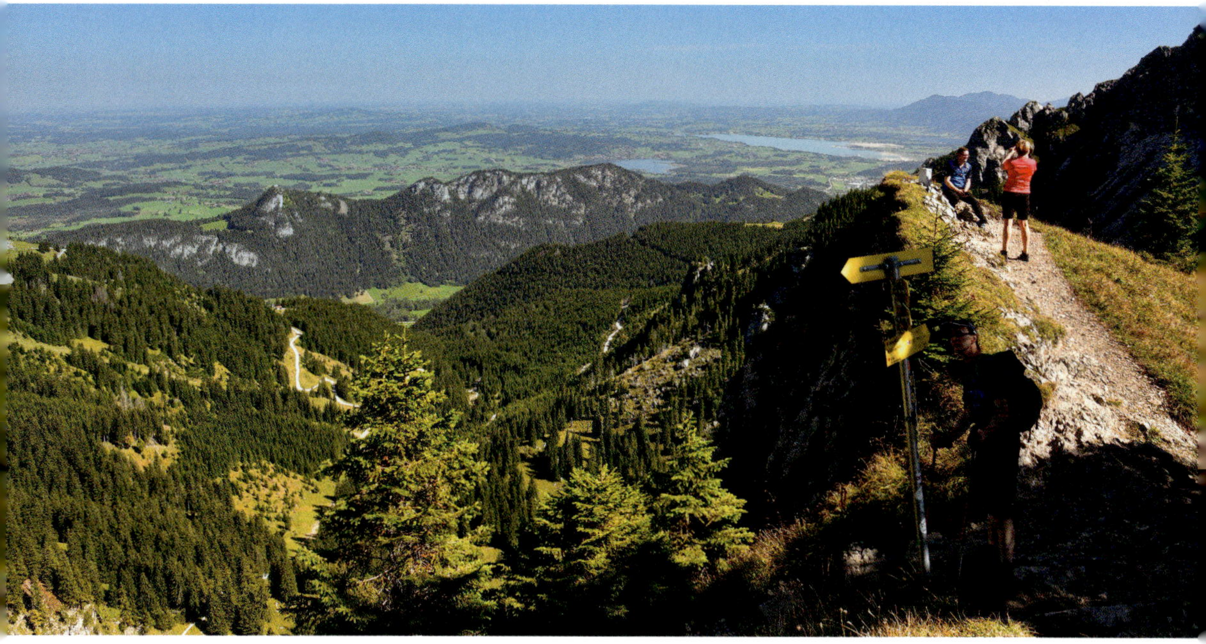

Unterhalb der Bad Kissinger Hütte geht der Blick hinaus aufs Alpenvorland.

ser Etappenziel, die Bad Kissinger Hütte, zu erkennen. Tief unter uns liegt auf 1000 Metern Höhe das grüne Tannheimer Tal, das als eines der schönsten Hochtäler der Alpen gilt. Der teils steile und recht steinige Weg schlängelt sich durch die Talmulde abwärts und führt dann am Fuß der markanten Sebenspitze durch Latschen und über Alpwiesen zur malerisch gelegenen 1 **Sebenalm**, an der man nach dem schwierigsten Abschnitt der Wanderung eine verdiente Rast einlegen kann. Neben der letzten kleinen Alphütte erreichen wir eine Wegkreuzung. Rechts hoch führt ein schmaler Weg ins nahe Vilser Jöchle, von dem aus man über den Südrücken einen Abstecher zum Gipfel des Brentenjochs (2000 m) unternehmen kann.

Wir folgen jedoch geradewegs dem schönen Steig, der sanft fallend am Südwestfuß des Brentenjochs zu einer weiteren Wegkreuzung läuft. Wer in Zeitnot ist, kann sich hier links halten und am Seebach entlang absteigen. Weiter unten trifft dieser Weg auf den Hüttenweg der Bad Kissinger Hütte, auf dem es dann hinab nach Grän geht.

Wir folgen aber weiterhin dem Gräner Höhenweg, der uns sanft ansteigend durch den Waldhang zu aussichtsreichen Bergwiesen führt. Wenig später erreichen wir den Bergkamm, der das Brentenjoch mit dem Aggenstein verbindet. Unser Weg läuft auf der Südseite des Bergkammes zu einer Wegkreuzung, von der wir geradewegs zur nahen, herrlich auf einem Steilfels gelegenen ❷ **Bad Kissinger Hütte (1788 m, früher Pfrontner Hütte)** aufsteigen. Von hier kann man einen steilen Abstecher auf den markanten Aggenstein unternehmen, der über der Hütte aufragt und für den man zusätzlich ca. eine Stunde einplanen sollte. An der Hütte liegen alle Anstiege des heutigen Tages hinter uns und so können wir ausgiebig die herrliche Aussicht über das Tannheimer Tal auf die Allgäuer und Lechtaler Alpen genießen. Besonders eindrucksvoll setzen sich die Berge über dem Vilsalpsee wie Gaishorn, Rauhhorn und Lachenspitze in Szene.

Kletterberge, Wanderberge

Im Nordosten des Tannheimer Tales erhebt sich die gleichnamige Berggruppe, die morphologisch gesehen zu den Allgäuer Alpen gehört. Doch die herrlichen Felszinnen der Tannheimer Berge besitzen einen ganz eigenen Charakter. Nirgendwo sonst in den Allgäuer Bergen findet man bessere Felsqualität als an den aus festem Wettersteinkalk aufgebauten Steilwänden von Roter Flüh, Gimpel oder Köllenspitze. Und so sind diese herrlichen Berge eines der beliebtesten Klettergebiete in weitem Umkreis. Uns mag auf der heutigen Tour die Sicht auf die edlen Berggestalten genügen, die auf den Touren rund ums Füssener Jöchle ständig im Blickfeld bleiben. Nicht so unnahbar sind die Berge, die wir auf unserem Weg im Süden erblicken. Zwar schiebt sich auch hier so manches Felshorn ins Bild, aber diese Berge sind fast allesamt auch für den wandernden Normalverbraucher mit entsprechender Kondition zu bezwingen. Besonders gut genießen kann man die fantastische Aussicht natürlich bei einer Brotzeit auf der Bad Kissinger Hütte, wenn die Anstiege der Tour hinter einem liegen.

Der Abstieg nach Grän Von der Hütte steigen wir auf dem Weg, auf dem wir zuvor aufgestiegen sind, zur letzten, etwas unterhalb gelegenen Wegkreuzung ab. Wir biegen rechts auf den nach Grän ausgeschilderten Hüttenweg ein, der sich parallel zur Materialseilbahn durch den steilen Waldhang abwärts windet. Viele Kehren gilt es am schweißtreibenden Südhang zu überwinden, ehe wir flacheres Gelände erreichen. Hier führt uns eine Brücke über den Seebach und auf der linken Seite des

Baches bringt uns ein angenehmer Weg zu einer Forststraße, die geradewegs überquert wird. Wir steigen nun links der Materialbahn wieder zu einer Wirtschaftsstraße ab, folgen ihr kurz nach links und wandern dann rechts zu einer nahen Kreuzung hinab. Das linke, sanft fallende Sträßchen führt uns geradewegs über die Wiesen. Bei den Häusern von Enge treffen wir auf eine schmale Teerstraße, die uns links bald an den Häusern von Lumberg und am Hotel Lumberger Hof vorbeiführt.
Das Sträßchen knickt nun nach rechts um und bringt uns zur Hauptstraße hinab. An ihr entlang wandern wir nach links und überqueren nach kurzer Strecke den Logbach. Folgt man hier geradewegs der Hauptstraße, ist das Ortszentrum von Grän schnell erreicht. Da wir unser Auto an der Talstation der Füssener-Jöchle-Bahn geparkt haben, durchqueren wir links ein schmales Gatter und wandern auf einem Weglein am Bach entlang aufwärts zum großen E **Parkplatz an der Talstation**.

Links: Am Beginn des Weges dominieren die Tannheimer Berge die Szenerie.

Rechts: Die Bad Kissinger Hütte

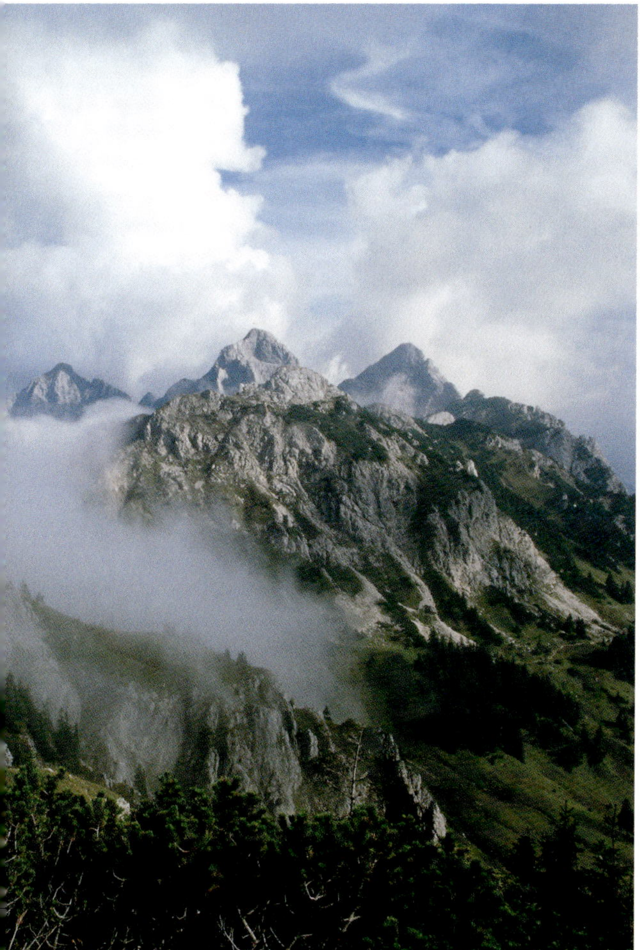

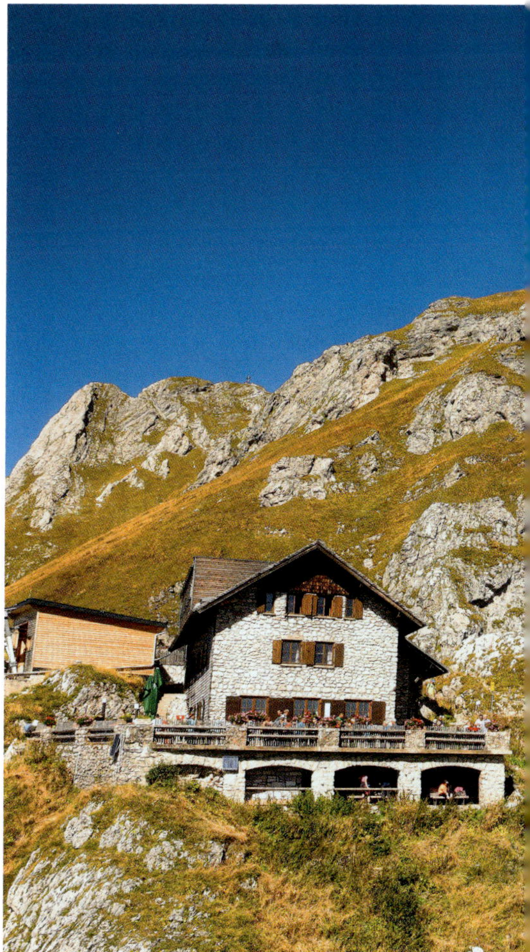

18

Von der Krinnenalp zum Haldensee

Panoramaweg über Nesselwängle

mittel | 3 Std. | 150/550 m | 7 km

Besonderer Genuss: Aussicht

Tourencharakter
Eine weitgehend einfache Wanderung, die zu Beginn herrliche Ausblicke über das Tannheimer Tal bietet. Bei feuchter Witterung empfiehlt sich für den Abstieg der Umweg von der Edenalpe über die Gräner Ödenalpe.

Ausgangs-/Endpunkt
Der große Parkplatz an der Krinnenspitzbahn westlich von Nesselwängle (Fahrplanauskunft Krinnenspitzbahn unter Tel. +43/5675/8250).
GPS: 47.4857, 10.6013

Anfahrt
Auto: Nahe Nesselwängle von der B199 der Beschilderung folgend zum großen Parkplatz an der Krinnenspitzbahn.
Bus/Bahn: Busverbindung vom Oberjoch durch das Tannheimer Tal nach Reutte (Bahnstation).

Gehzeiten
Zur Edenalpe 0:40 Std., abwärts nach Haldensee 1:35 Std., zurück zur Talstation 0:45 Std.

Einkehr
In der Krinnenalpe, der Edenalpe und in Haldensee.

Karte
Topografische Karte 1:50000 des Bayerischen Landesvermessungsamtes, Blatt Füssen

Information
Tourismusverband Tannheimer Tal, Tel. +43/5675/62200, www.tannheimertal.com

Hoch über Nesselwängle ragt auf der Südseite des Tannheimer Tales die Krinnenspitze auf. Sie ist zwar nicht so markant wie die gegenüberliegenden Berge, dafür ist sie aber mit einer kleinen Seilbahn erschlossen und bietet beeindruckende Blicke auf die Tannheimer Felsriesen.

An der Nordflanke der Krinnenspitze Ausgangspunkt unserer Tour ist der große Parkplatz an der Ⓐ **Talstation der Krinnenspitzbahn**. Wer die ganze Tour zu Fuß bewältigen will, der folgt von der Talstation in östlicher Richtung der Beschilderung Richtung Haldensee und findet nach kurzer Strecke den Anstiegsweg zur Krinnenalpe. Teils auf oder nahe der Skipiste müssen 400 Höhenmeter überwunden werden, ehe man an der Krinnenalpe auf den Panoramaweg trifft.
Wir machen es uns heute einfacher und lassen uns von der alten Sesselbahn bis in eine Höhe von über 1500 Metern hin-

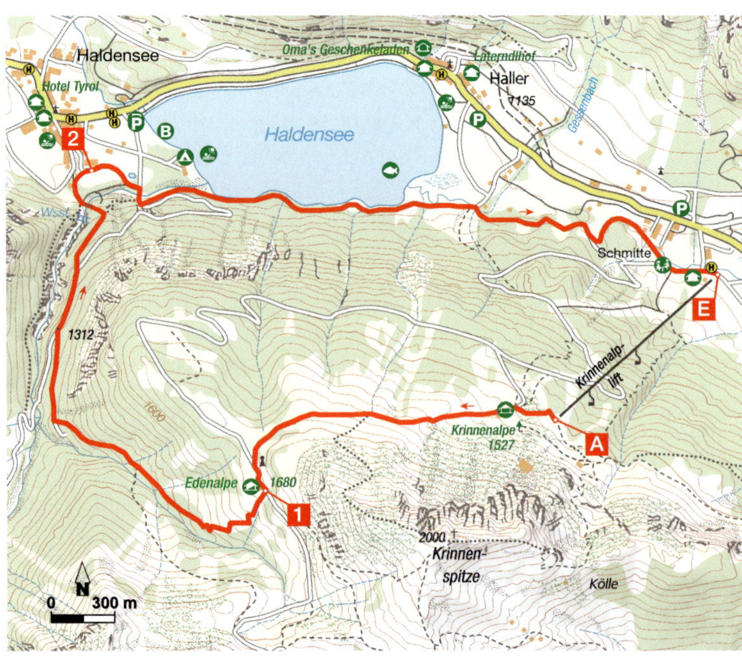

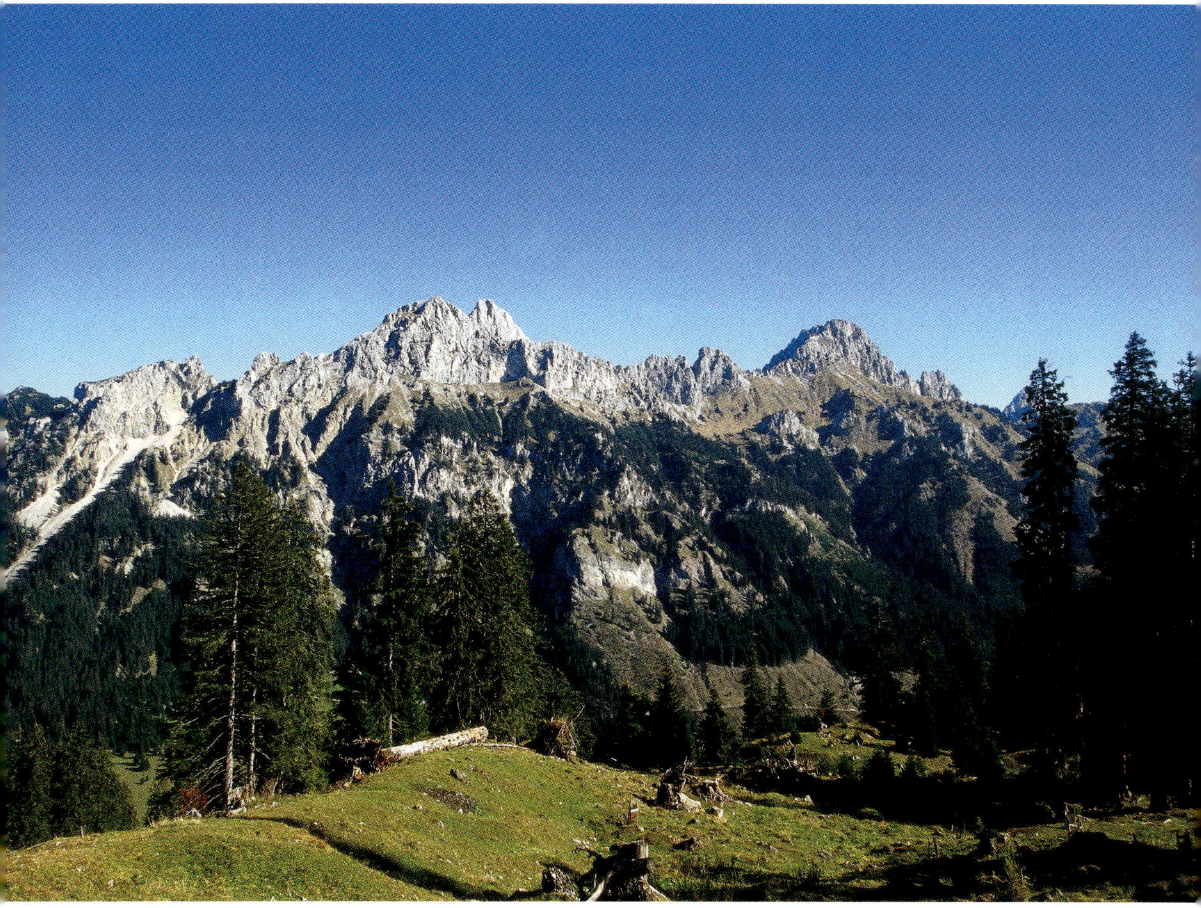

auftragen. Unter den finsteren Nordwänden der Krinnenspitze führt uns der Weg rechts zur nahen Krinnenalpe, die eine erste Einkehrmöglichkeit bietet. Hier treffen wir auch auf den Anstiegsweg, der vom Tal heraufkommt. Von der Alpe führt uns ein breiter Weg ein kurzes Stück steil bergan. Doch schon an der nahen Bergstation eines Schleppliftes legt sich der Anstieg merklich zurück und der Weg führt uns ohne weitere Mühen durch die teils mit Latschen bewachsenen Wiesenhänge. In vollen Zügen können wir nun die herrliche Aussicht genießen. Über Tannheim ragt der markante Einstein auf und direkt gegenüber türmen sich über Nesselwängle die imposanten Felshörner der Tannheimer Berge. An die Steilhänge klammert sich das moderne Gimpel-Haus, das für Kletterer ein idealer Ausgangspunkt zu den mauerglatten Wänden von Roter Flüh und Hochwiesler und zu den Genussklettereien am Gimpel ist.
Immer wieder unterbrechen wir den sanften Anstieg für einen Rundblick, bis wir nach einer Kuppe auf eine Alpstraße treffen, auf der wir nach wenigen Metern die bewirtschaftete

Jenseits des Tannheimer Tales beeindrucken die steilen Kletterberge.

❶ **Edenalpe** erreichen. Von der Terrasse öffnet sich der Blick nach Westen zur Sulzspitze und nach Süden auf die zerfurchten Steilwände des Lintisschrofen.

Zwei Wege zum Strindenbach Von der Edenalpe bieten sich zwei Weiterwege Richtung Haldensee an. Der kürzere, der direkt an der Edenalpe beginnt, kann nach längeren Regenfällen unangenehm feucht werden. Er führt auf schmalem Pfad über die Alpwiesen und dann durch den Wald teils steil abwärts bis an den Rand eines Bachtobels. Am rechten Rand des tief eingeschnittenen Baches leitet der Weg über mehrere sumpfige Abschnitte talwärts.

Wer diese feuchten Stellen umgehen möchte, der kann von der Edenalpe der Beschilderung zur ebenfalls bewirtschafteten Gräner Ödenalpe folgen. Dort beginnt ein Weg, der über aussichtsreiche Alpwiesen abwärts Richtung Haldensee läuft. Ein kurzer, steiler Abstieg bringt uns zu einer Brücke und kurz nach dem Bach treffen wir auf den direkten Abstieg von der Edenalpe. Für den Umweg über die Gräner Ödenalpe muss man zusätzlich eine halbe Stunde einrechnen.

Gemeinsam geht es auf gutem und trockenem Weg am Talrand abwärts zur Talstation einer Materialseilbahn und auf dem Zufahrtssträßchen zu einer Forststraße. Unter uns liegt jetzt der wilde, weitgehend unzugängliche Strindenbachtobel. Nur das Rauschen des Wildbaches ist leise zu vernehmen und der Lauf der tief in die Felsen eingeschnittenen Schlucht ist zu erahnen.

Vorbei am Strindenbachtobel nach Haldensee Für den Weiterweg stehen uns wiederum zwei Wegvarianten zur Verfügung. Abenteuerlustige Wanderer, die schmale Steige lieben, können dem Forstweg nach links folgen. Nach der Brücke über den munter plätschernden Strindenbach steigt man auf der Alpstraße noch kurz bergan, bis sie in einer Kehre nach links knickt. Hier rechts auf einen unbeschilderten, aber breiten Weg wechseln, der in gleichbleibender Höhe durch ein Aufforstungsgebiet führt. Am Ende der Kahlfläche geht es auf einen schmalen Steig, der hoch über dem Strindenbachtobel durch die bewaldeten Steilhänge quert. Nach einem steileren Abstieg erreicht man direkt an der Brücke über den Strindenbach den einfacheren Weg. Wir wollen den etwas anspruchsvolleren Weg westlich des Strindenbachtobels meiden und folgen der Forststraße nach rechts, die oberhalb der steilen Tobelwände durch den Hang quert und dann bergab läuft. Bald können wir links auf einen Weg wechseln, der durch den Waldhang zum Ausgang des Strindbachtobels hinabführt. Von der Brücke über den

Strindbach bietet sich ein beeindruckender Blick auf die Wasserfälle und Gumpen in der wilden Schlucht, die nur mit Spezialausrüstung von oben her erkundet werden kann. Nach der Brücke bringt uns der Weg schnell an den südlichen Ortsrand von 2 **Haldensee**.

Vorbei am Haldensee Vor den ersten Häusern von Haldensee spazieren wir rechts zu einem nahen Teerweg, der uns am Rand der Wiesen nach Osten führt. Bald geht es links zum Strandbad am Haldensee. Wir aber überqueren rechts auf einer Brücke den Strindbach und folgen anschließend dem breiten Weg, der uns zum Südufer des Haldensees bringt. Vorbei an den Kiesbänken, die der Strindbach in den See geschüttet hat, schlendern wir am Ufer entlang nach Osten. Auf der glatten Wasserfläche des Sees spiegeln sich die grünen Talwiesen und die steilen Felshörner der Tannheimer Berge und mehrmals laden herrlich aussichtsreiche Rastplätze zu einer Pause. Vom Ostende des Sees folgen wir geradeaus einem geteerten Weg, der sanft auf die bewaldeten Hügel am Nordfuß der Krinnenspitze ansteigt. Bald können wir geradewegs auf eine Kiesstraße wechseln, die uns auf einen Wiesensattel führt. Jenseits steigen wir über die Weiden zur nahen E **Talstation der Krinnenspitzbahn** hinab.

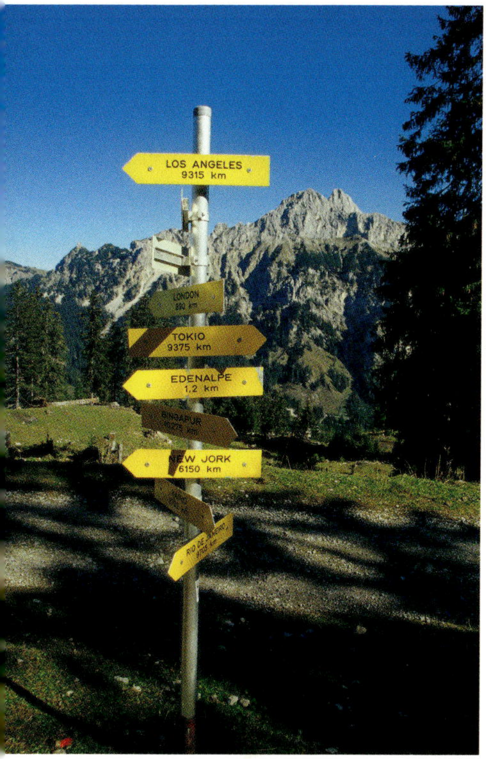

Ein etwas anderer Wegweiser nahe der Krinnenalpe

Steilwände und wilde Kletterzinnen

Die Stars auf dieser Tour sind eindeutig die Tannheimer Berge, die hoch über dem auf 1000 Meter Seehöhe gelegenen Tannheimer Tal in den Himmel ragen. Anfangs ist man auf dem Panoramaweg fast auf Augenhöhe mit den senkrechten Felswänden und Bergspitzen. Mit einem guten Fernglas kann man Kletterer in den Steilwänden von Roter Flüh und Hochwiesler beobachten. Noch höher sind die markanten Felshörner von Gimpel und Köllenspitze, deren harmlosere Südseiten schon beeindruckend genug aussehen. Ihre richtig steilen und wilden Wände zeigen jedoch nach Norden. Den wohl schönsten Blick auf diese beindruckenden Berggestalten hat man vom Haldensee, wenn sich ihre von der Nachmittagssonne angestrahlten Wände auf der Wasserfläche spiegeln.

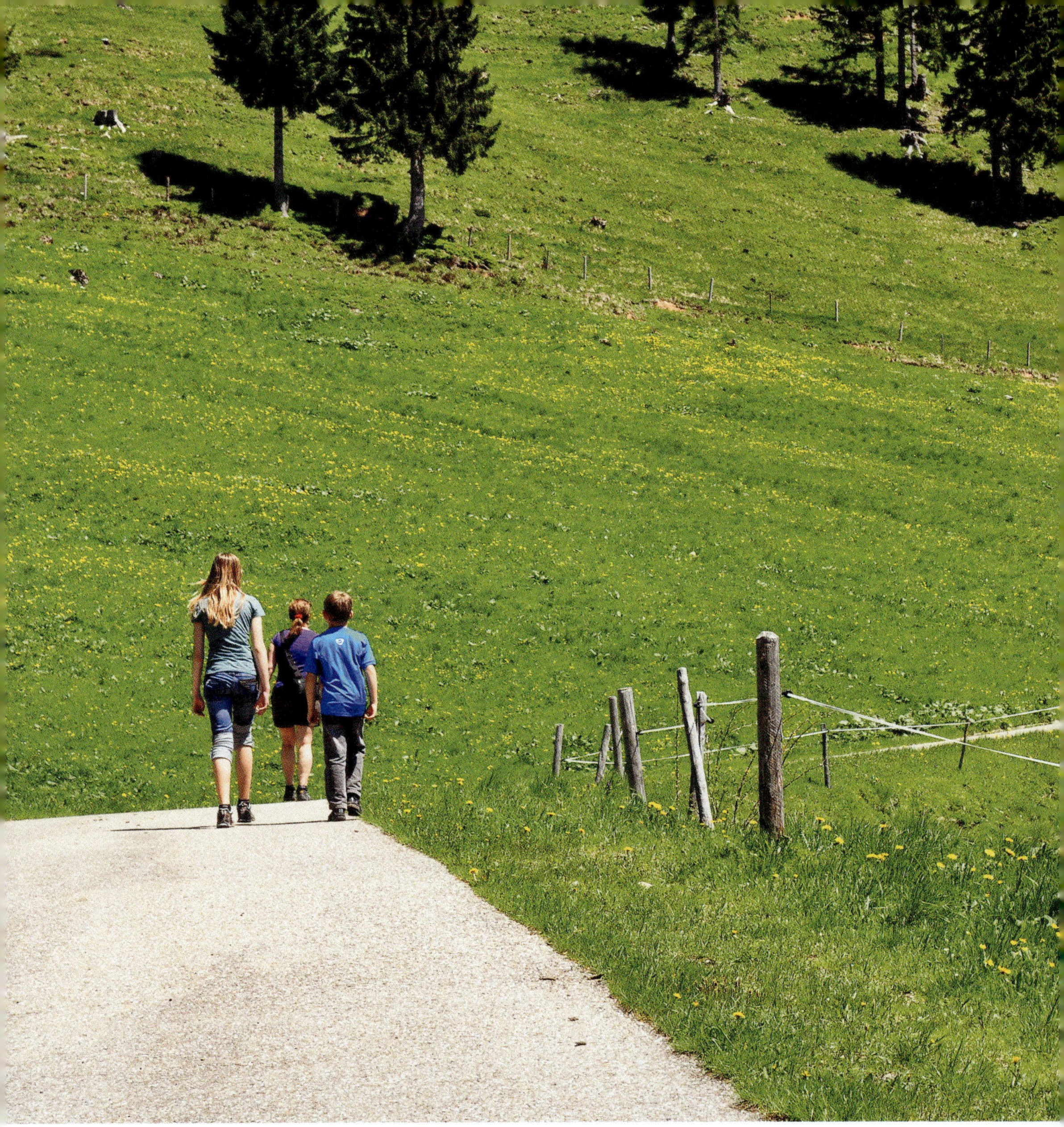

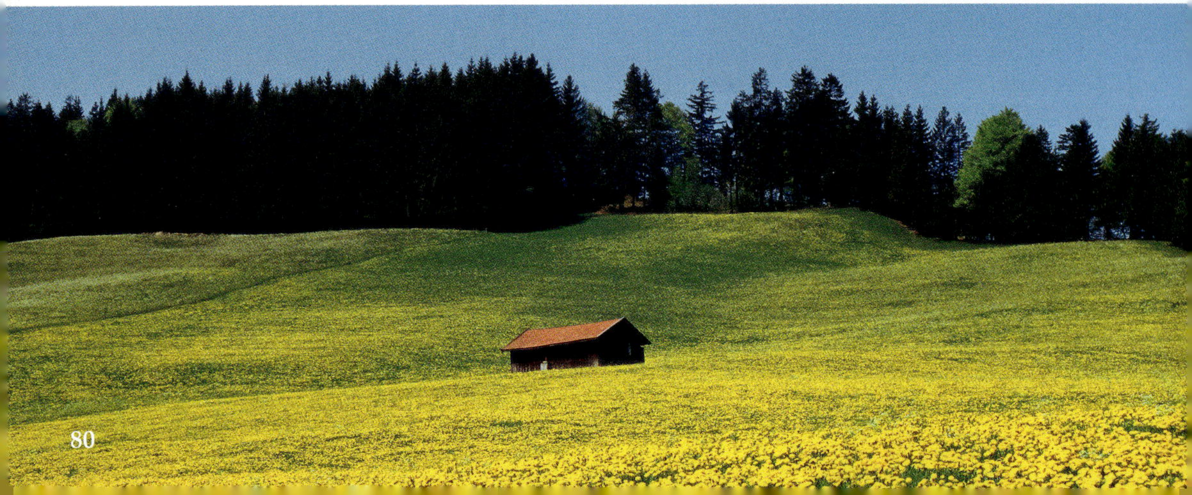

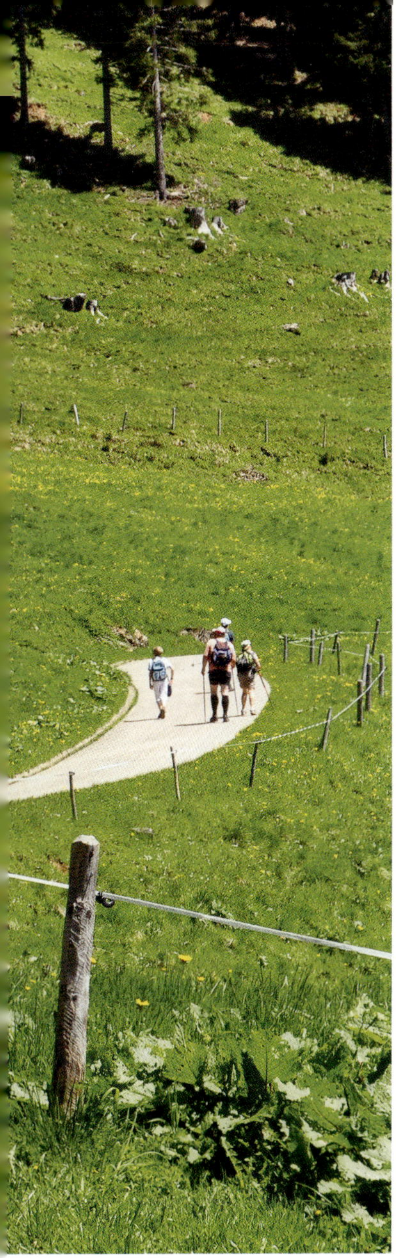

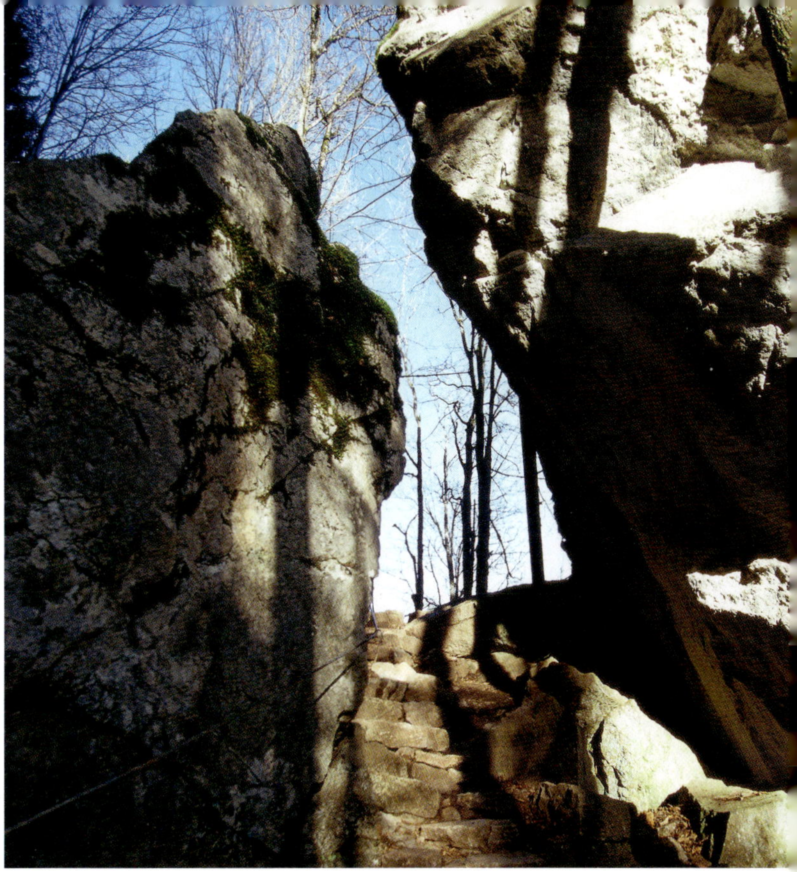

Touren im Oberallgäu und Kleinwalsertal

Oben links: Auf dem Weg zum Siplingerkopf (Tour 32). Oben rechts: Der schmale Weg durch die Starzlachklamm (Tour 22). Unten rechts: Ein alter Hof im malerischen Gerstruben (Tour 26). Unten links: Im Frühling blühen die Wiesen rund um den Stoffelberg (Tour 40).

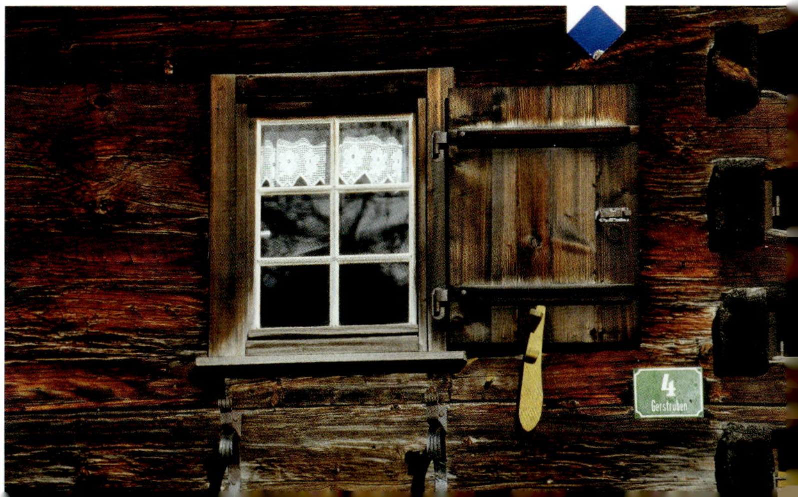

19

Auf das Wertacher Hörnle

Sanfter Wanderberg mit großer Aussicht

mittel | 4:15 Std. | 650 m | 9,5 km

Besonderer Genuss: Aussicht

Tourencharakter
Einfache Wanderung auf breiten Alpwegen und Bergsteigen. Nur oberhalb der Buchelalpe ist der Weg etwas steiniger.

Ausgangs-/Endpunkt
Der Wanderparkplatz am nördlichen Ortsrand von Obergschwend direkt neben der B310.
GPS: 47.5396, 10.4149

Anfahrt
Auto: Mit dem Auto von Oy-Mittelberg oder von Sonthofen auf der B310 bis zum Parkplatz bei Obergschwend.
Bus/Bahn: In Obergschwend Haltestelle der Buslinie von Unterjoch nach Sonthofen (Bahnanschluss).

Gehzeiten
Zur Buchelalpe 0:50 Std., aufs Wertacher Hörnle 1:40 Std., zurück zur Buchelalpe 1:10 Std., bis Obergschwend 0:35 Std.

Einkehr
Auf der gemütlichen und schön gelegenen Buchelalpe und in Obergschwend.

Karte
Topografische Karte 1:50 000 des Bayerischen Landesvermessungsamtes, Blatt Allgäuer Alpen

Information
Gästeinformation Bad Hindelang, Tel. 08324/89 20, www.bad-hindelang.de

Zwischen dem Grünten und dem Tal der Wertach erhebt sich ein sanfter Höhenzug, dessen höchster Gipfel das Wertacher Hörnle ist. Über Alpweiden, durch Wälder und am Hörnlesee vorbei führt diese Tour vom Wertachtal auf den Gipfel, der eine beeindruckende Aussicht bietet.

Über Alpweiden zum Wertacher Hörnle Am Ⓐ **Parkplatz bei Obergschwend** beginnt eine teils geteerte Alpstraße, die uns anfangs durch Wiesen und dann in weiten Serpentinen durch den Wald aufwärts führt. Bald sind die Weiden an der ❶ **Buchelalpe erreicht**. Vor der bewirtschafteten Alphütte flattert eine Fahne im Wind und Tische locken zu einer Rast. Wir verschieben die Einkehr allerdings auf den Abstieg und wandern von der Alpe auf einem groben Wirtschaftsweg links aufwärts zu einer Weggabelung. Wir halten uns rechts und folgen nach wenigen Metern hinter einem Zaun dem roten Pfeil nach rechts. Den steilen Anstieg über die Alpweiden können wir immer wieder guten Gewissens unterbrechen, denn die mit zuneh-

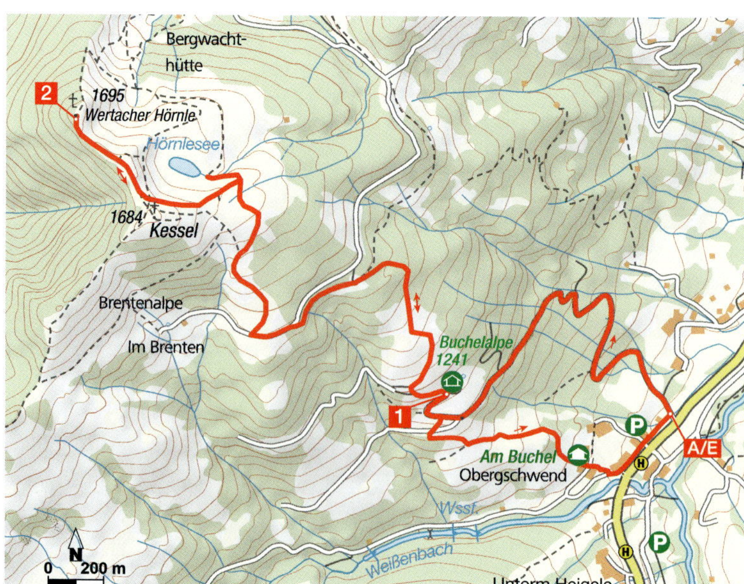

mender Höhe neu gewonnenen Ausblicke wollen gebührend bewundert werden.

Durch Wald geht es anschließend zu einer kleinen Waldweide hinauf. Wir halten uns rechts, überqueren einen Wirtschaftsweg und erreichen nach wenigen Metern einen Wegweiser an einer breiten Alpstraße. Sie führt uns links in gleichbleibender Höhe durch den Wald und über Alpwiesen zu einer Wegkreuzung. Wir wandern rechts auf teils geteertem Weg steil aufwärts zu einer Wegkreuzung in den Wiesen unter dem Wertacher Hörnle. Hier biegt rechts der Weg ab, der uns einen kurzen Abstecher zum idyllischen Hörnlesee gestattet. Nur wenige Leute zweigen vom Hauptweg zum See ab und so können wir ungestört den in einer sanften Mulde eingebetteten See bewundern.

Vom See gehen wir ein kurzes Stück zurück und steigen dann über Wegspuren rechts hinauf bis kurz unter den niedrigeren Südgipfel, der ebenfalls problemlos bestiegen werden kann. Wir halten uns jedoch rechts und wandern über den Bergkamm zum kreuzgeschmückten höchsten Punkt des ❷ **Wertacher Hörnles (1695 m)**, der traumhafte Ausblicke in das Alpenvorland und ins Hochgebirge bietet.

Der lange Abstieg nach Obergschwend

Vom Gipfel geht es auf dem Aufstiegsweg wieder hinab bis zur ❶ **Buchelalpe**. Wir folgen von der Hütte dem Fußweg über die Wiese hinab, queren geradeaus über die Alpstraße und einen Kiesweg und wandern auf breitem Weg abwärts. Nach kurzer Strecke wechseln wir auf einen schmalen Steig, der uns über teils feuchte Wiesen nach Obergschwend hinabführt. Hier geht es auf einer Kiesstraße kurz nach rechts, dann links auf einem Wiesenweg zu einer nahen Teerstraße hinab und auf ihr links bis vor die Bundesstraße. Links gehen wir an der Bushaltestelle vorbei zurück zum Ⓔ **Parkplatz bei Obergschwend**.

Sanfter Berg mit großer Aussicht

Dank seiner freien Gipfelhänge bietet das Wertacher Hörnle eine beeindruckende Rundumsicht. Nach Westen geht der Blick am mächtigen Grünten vorbei auf die Bergwelten der Hörnergruppe. Im Süden zwängt sich das Stillachtal in die Berge und öffnet den Blick hin zum Großen Daumen, Nebelhorn und dem unnahbaren Felshorn des Hochvogel. Und im Osten wird das grüne Tannheimer Tal von markanten Berggestalten wie dem Gaishorn, dem Aggenstein und den Tannheimer Kletterbergen rund um den Gimpel überragt.

Unten: Blick vom Hörnlesee zum Gipfel des Wertacher Hörnle

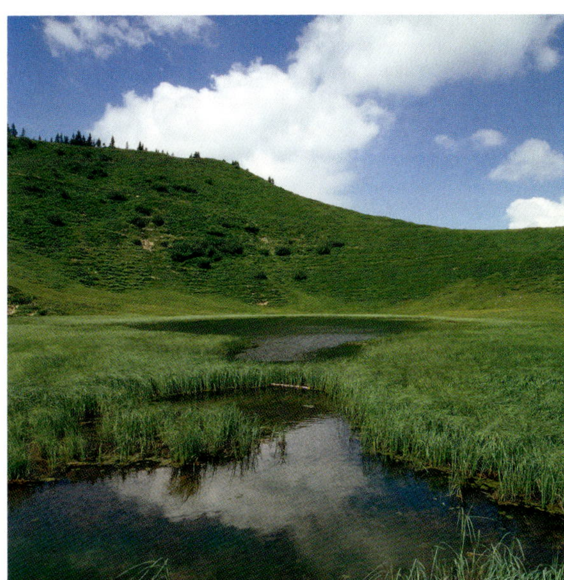

20

Zipfelsbachfälle bei Hinterstein

Wasserfälle über dem Bergsteigerdorf

mittel | 4 Std. | 670 m | 6 km

Besonderer Genuss: Ruhe und Natur

Tourencharakter
Auf der ersten Hälfte des Anstieges folgt der Weg den Zipfelsbachfällen, anschließend geht es über Alpweiden zur Zipfelsalpe.

Ausgangs-/Endpunkt
Die Kirche im Dorfzentrum von Hinterstein.
GPS: 47.4806, 10.4064

Anfahrt
Auto: Mit eigenem Fahrzeug von der B308 bei Bad Hindelang der Beschilderung folgend nach Hinterstein. Sind die Parkplätze an der Kirche von Hinterstein belegt, kann man auf dem großen, ca. 700 Meter entfernten Wanderparkplatz am südlichen Ortsende parken.
Bus/Bahn: Gute Busverbindungen von Sonthofen (Bahnanschluss) über Bad Hindelang nach Hinterstein.

Gehzeiten
Hinauf zur Zipfelsalpe 2:30 Std., zurück nach Hinterstein 1:30 Std.

Einkehr
In Hinterstein und besonders gut in der Zipfelsalpe.

Karte
Topografische Karte 1:50 000 des Bayerischen Landesvermessungsamtes, Blatt Allgäuer Alpen

Information
Gästeinformation Bad Hindelang, Tel. 08324/89 20, www.bad-hindelang.de

Der Zipfelsbach rauscht in zahlreichen Kaskaden direkt ins Dorfzentrum von Hinterstein. An der Kirche beginnt ein wundervoller Wanderweg, der dem Lauf der Wasserfälle folgt und so einen malerischen Weg zur Zipfelsalpe öffnet, an der sich herrlich rasten lässt.

Der Weg entlang der Kaskaden Wenige Meter neben der Ⓐ **Kirche von Hinterstein** rauscht der Zipfelsbach durch das kleine Dorf. Hier finden wir links neben dem Feuerwehrhaus den Beginn des Steiges, der uns zu den nahen Wasserfällen hinaufführt. Er läuft links des Baches am Rand einer Wiese bergwärts zu einer Weggabelung und dann schon recht steinig und steil zum untersten Wasserfall hinauf. Über eine hohe Felsstufe rauscht er in ein kleines Becken und anschließend über erodierte Felsen weiter talwärts. Durch den steilen Waldhang links des Baches führt uns der schmale, aber gut angelegte Steig weiter bergauf. Bald ist die herrliche zweite Kaskade erreicht, die über überhängende Felsen in ein grünes Wasserbecken stürzt. Ein Weg zweigt hier rechts ab und führt auf einer Metallbrücke über den Bach. Wer am großen Wanderparkplatz am Ortsende von Hinterstein geparkt hat, der kann später für den Rückweg diesem Steig folgen, der oberhalb des Dorfes zurück zum Parkplatz leitet.
Wir bleiben hier aber links des Baches und folgen dem schmalen Steig, der uns vorbei an der Absturzkante des Wasserfalls nach oben führt. Anschließend holt der Steig ein Stück nach links aus, um eine Felsstufe zu umgehen, und bietet uns eindrucksvolle Tiefblicke auf Hinterstein. Bald jedoch führt der Weg zurück zum Bach, den wir bei einem weiteren herrlichen Wasserfall wieder erreichen. Zahlreiche Kaskaden und Wasserbecken glitzern hier in der Nachmittagssonne.

In weitem Bogen zur Zipfelsalpe Der Weg windet sich jetzt in Serpentinen durch den Wald aufwärts und bietet noch einige Einblicke in die Bachschlucht, ehe er sich endgültig nach links hinauf wendet. Nach einem dichteren Waldstück öffnet sich der

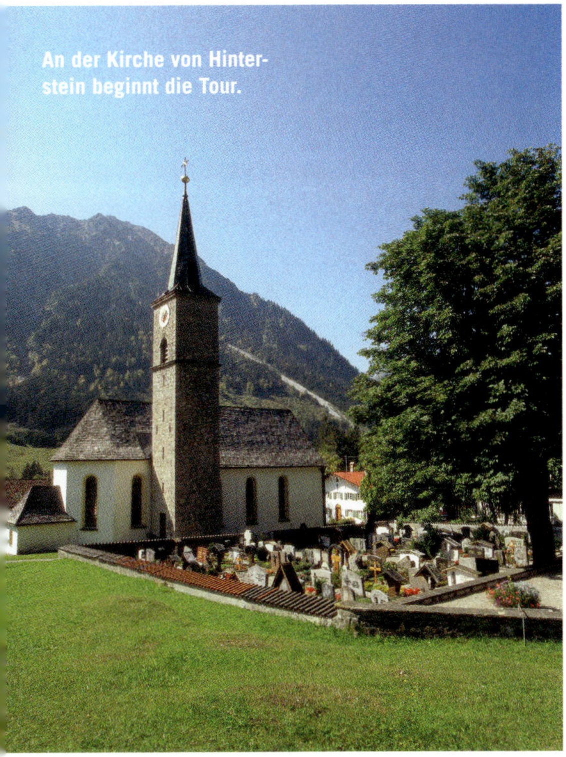

An der Kirche von Hinterstein beginnt die Tour.

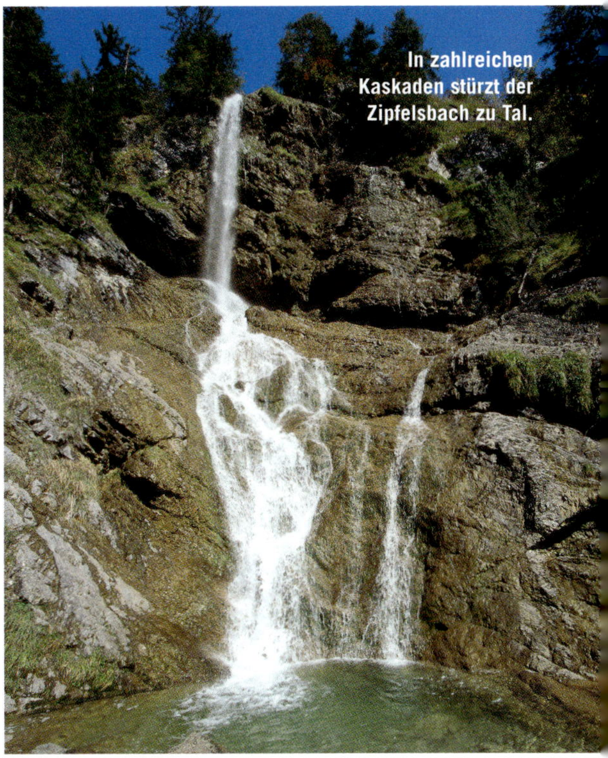

In zahlreichen Kaskaden stürzt der Zipfelsbach zu Tal.

Blick nach oben und unser Ziel, die Zipfelsalpe, ist zum ersten Mal zu sehen. Der Steig verlässt den Wald und quert in weitem Bogen durch die freien Hänge an der Nordseite des Tales, bis wir den Talgrund erreichen. An dieser Stelle knickt der Weg nach rechts und führt uns über die Alpweiden zur **1 Zipfelsalpe (1534 m)** hinauf, an der sich herrlich rasten und einkehren lässt. Wer noch nicht ausgelastet ist, der kann von der Alpe aus auf gut zu begehenden Wegen den Iseler (1876 m) oder den Bschießer (2006 m) ohne große Probleme besteigen. Wir begnügen uns jedoch mit dem wundervollen Weg entlang der Zipfelsbachfälle, auf dem wir auch wieder zur **E Kirche von Hinterstein** absteigen.

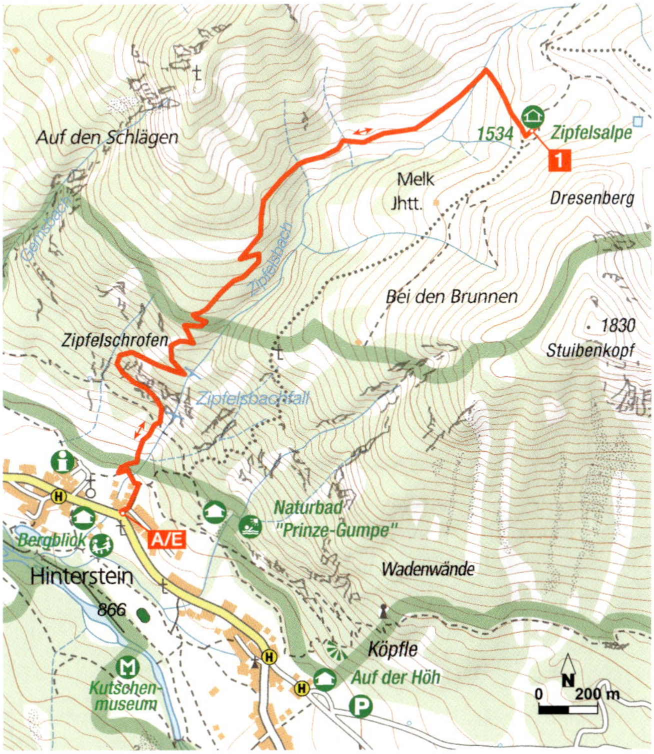

21

Von Vorderburg zum Falkenstein

Kleiner Berg mit großer Aussicht

mittel | 4:15 Std. | 430 m | 10,5 km

Besonderer Genuss: Kultur am Wegrand

Tourencharakter
Eine einfache Tour auf Wander- und Wirtschaftswegen. Während der gesamten Wanderung bieten sich immer wieder herrliche Ausblicke in das Alpenvorland und zu den Hochgipfeln der Allgäuer Alpen.

Ausgangs-/Endpunkt
Der Parkplatz bzw. die Bushaltestelle im Vorderburger Ortsteil Großdorf.
GPS: 47.6137, 10.3367

Anfahrt
Auto: Mit eigenem Fahrzeug entweder aus dem Illertal (B19) über Rettenberg oder von Oy-Mittelberg (A7) über Wertach nach Kranzegg und dort auf die Nebenstraße, die nördlich nach Vorderburg und Großdorf führt.
Bus/Bahn: In Großdorf Bushaltestelle der Linie Immenstadt–Wertach.

Gehzeiten
Nach Hinterberg 1:45 Std., auf den Falkenstein 0:40 Std., zurück nach Vorderburg 1:50 Std.

Einkehr
In Großdorf.

Karte
Topografische Karte 1:50 000 des Bayerischen Landesvermessungsamtes, Blatt Kempten

Information
Tourist-Info Rettenberg, Tel. 08327/920 40, www.alpsee-gruenten.de

Nördlich des Grünten erstreckt sich ein langgezogener Vorgebirgsrücken. Wir wandern hinauf zur Ruine Vorderburg und folgen dem Bergkamm bis zum steil abfallenden Nagelfluhgipfel des Falkenstein, der herrliche Ausblicke auf Alpenvorland und die Berge bietet.

Zur Ruine Vorderburg Vom Ⓐ **Wanderparkplatz in Großdorf** gehen wir auf der Hauptstraße wenige Meter nach rechts und biegen dann links in den Kapellenweg. Wir folgen nach wenigen Metern den Wegweisern zur Burgruine nach rechts und halten uns an der Weggabelung nach der Kapelle links. Nun gehen wir zwischen den Höfen zu einer Querstraße und finden rechts neben einem alten Haus mit bemalter Fassade die Fortsetzung unseres Weges. An der folgenden Gabelung wandern wir geradeaus. Der Weg schwenkt bald nach rechts und leitet uns zu einer Wiese. Vor einem Zaun wechseln wir links auf ei-

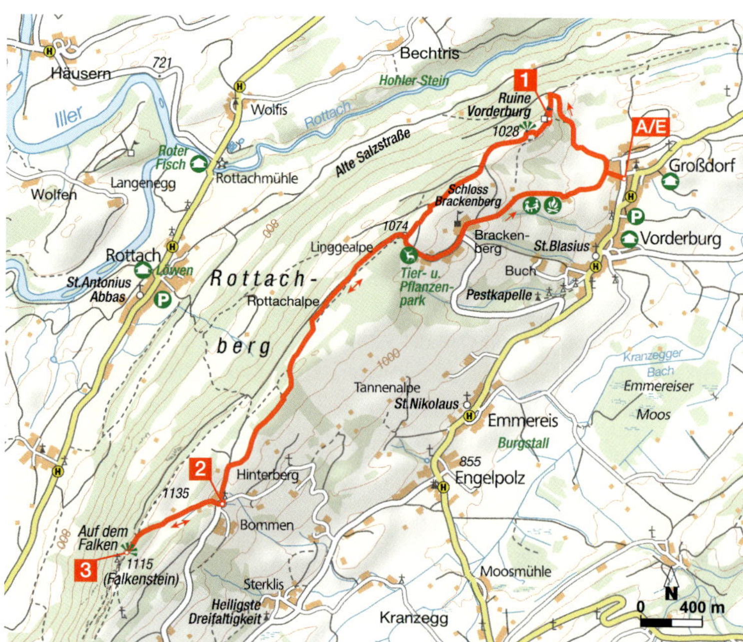

nen schmalen Steig, der uns problemlos durch den steilen Hang zur ❶ **Ruine Vorderburg (1028 m)** hinaufbringt.

Über den breiten Höhenrücken zum Falkenstein Von der Ruine erreichen wir nach kurzer Strecke einen am nördlichen Steilabfall errichteten Aussichtspavillon. Wir folgen den Wegweisern zum Falkenstein auf einen schmalen Pfad, der uns zu einer

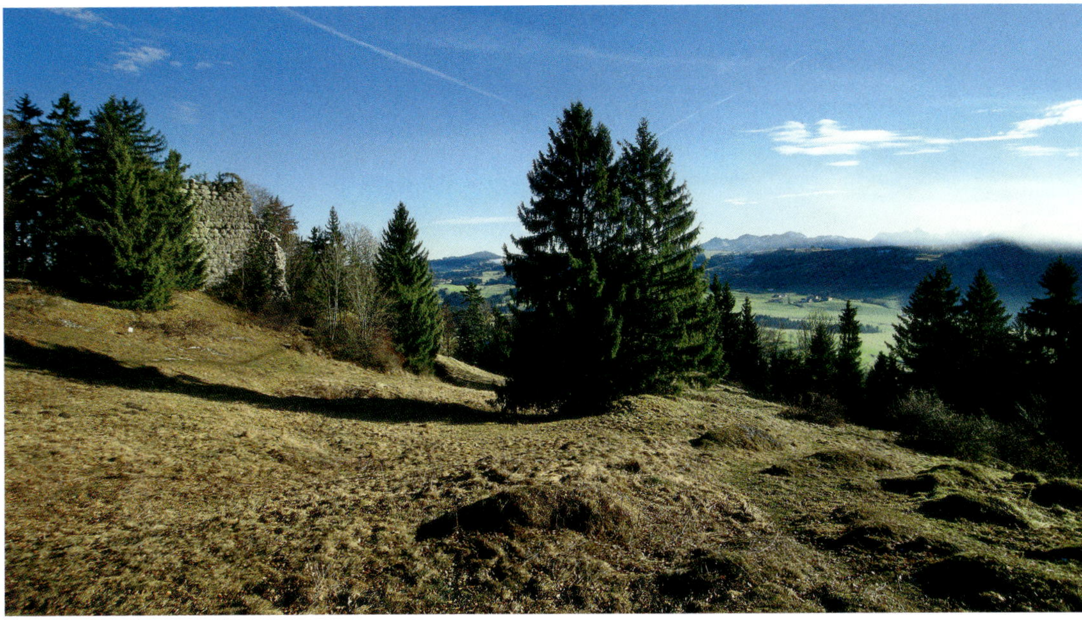

Immer wieder begeistern auf der Tour die weiten Ausblicke.

Wegkreuzung führt. Bald wandern wir über die aussichtsreichen Wiesen geradewegs aufwärts und dann oberhalb von Brackenberg am Waldrand entlang zu einem Feldweg. Nach wenigen Metern leitet uns ein Weg rechts zu einer nahen Forststraße, der wir am Rückweg links nach Brackenberg folgen werden.
Wir halten uns hier jedoch rechts und wandern durch den Wald. Nach einigen Minuten biegen wir links auf einen Steig ab, der uns über den Kamm auf eine Wiese führt. Ein schmaler Weg bringt uns über den Wiesengrund zu einem Aussichtsplatz mit Bank. Wir ersteigen links haltend den höchsten Kamm und folgen der Wegspur, die am Bergrücken entlangläuft. Wir überqueren einen Weg und wechseln nach wenigen Minuten auf einen Feldweg, der uns zu einer Wegkreuzung leitet. Auf breitem Weg wandern wir links ins nahe ❷ **Hinterberg**.
Hinter dem ersten Bauernhof biegen wir rechts in einen Wirtschaftsweg, halten uns an der ersten Gabelung links und an der zweiten rechts. Nach wenigen Metern setzt links ein Steig an, der uns durch den Wald aufwärts zum Bergrücken führt. Der

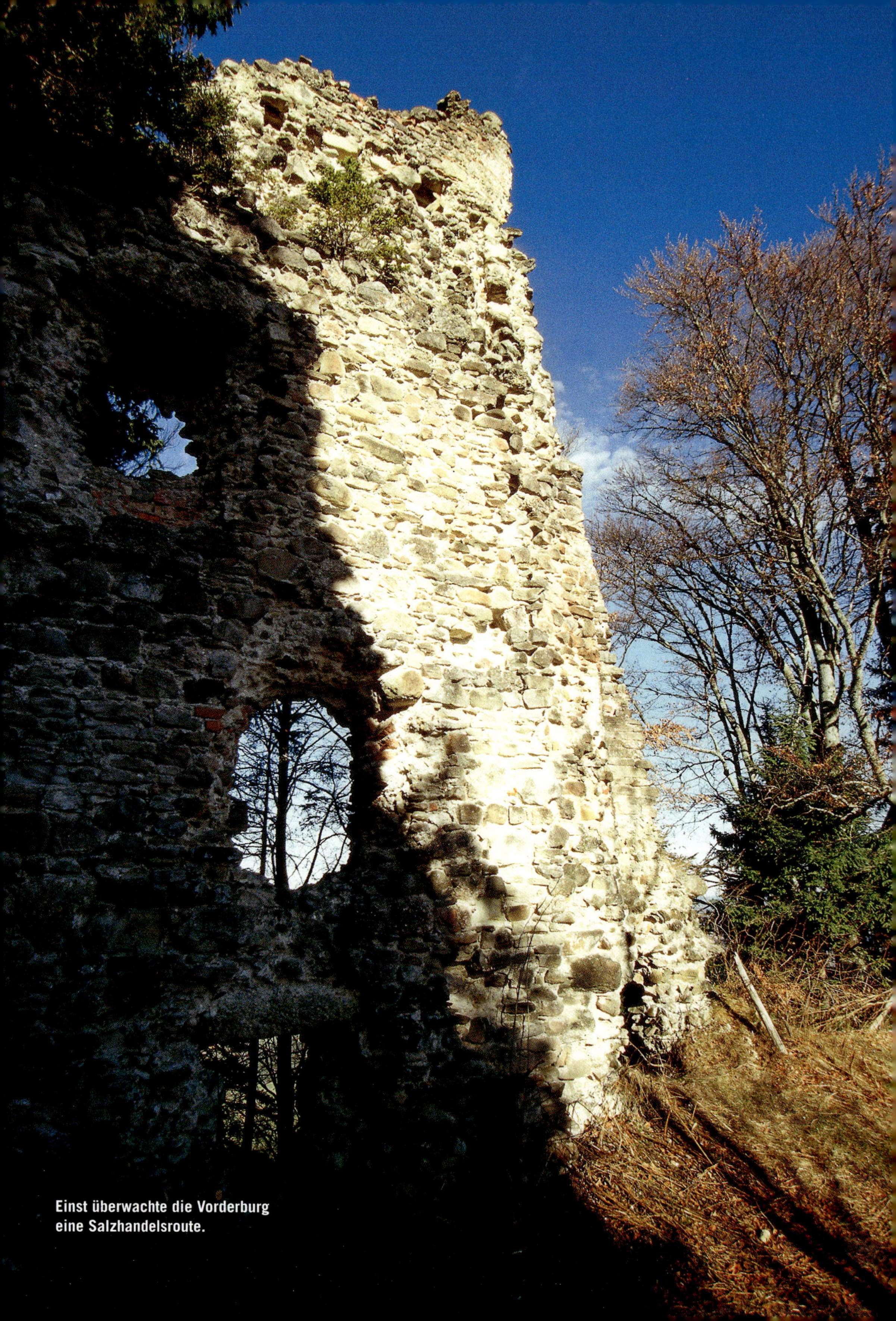

Einst überwachte die Vorderburg
eine Salzhandelsroute.

teils felsige Weg bringt uns nun auf dem schmalen, aus Nagelfluhgestein aufgebauten Kamm zum Kreuz auf dem aussichtsreichen 3 **Falkenstein** (»Auf dem Falken«, 1115 m).

Zurück nach Großdorf Vom Falkenstein wandern wir auf dem bekannten Weg zur erwähnten Kreuzung oberhalb von Brackenberg. Wir folgen geradewegs dem nach Brackenberg ausgeschilderten Wirtschaftsweg in den nahen Weiler. Wir wechseln auf eine schmale Teerstraße, gehen nach kurzer Strecke geradeaus und vom letzten Hof auf einem Feldweg abwärts. Die Wegweiser nach Vorderburg leiten uns über die Wiesen zum Ortsrand von Großdorf. Wir gehen auf einem Teersträßchen rechts abwärts und biegen an der nächsten Kreuzung nach links. Nach wenigen Metern wandern wir rechts ins nahe Dorfzentrum und zum E **Wanderparkplatz von Großdorf** hinab.

Burgruine und Kapelle

Nach einem kurzen Anstieg erreichen wir auf unserer Wanderung die Ruine Vorderburg, die einst das nördlich gelegene Rottachtal überwachte. Dort verlief die Alte Salzstraße, auf der im Mittelalter das »Weiße Gold« in Richtung Bodensee transportiert wurde.

Kulturinteressierten sei bei der Anfahrt nach Großdorf ein Zwischenstopp im Vorderburger Ortsteil Emmereis ans Herz gelegt. Unübersehbar steht dort nahe der Straße die romanische Kapelle St. Nikolaus, eines der ältesten Gotteshäuser im Allgäu. Sie wurde Mitte des 12. Jahrhunderts als Wehrkirche mit zwei Meter dicken Mauern erbaut und erhielt im 13. Jahrhundert die eindrucksvollen Fresken, die in den 70er-Jahren des letzten Jahrhunderts bei Renovierungsarbeiten entdeckt wurden und deren Reste man im Innenraum bewundern kann.

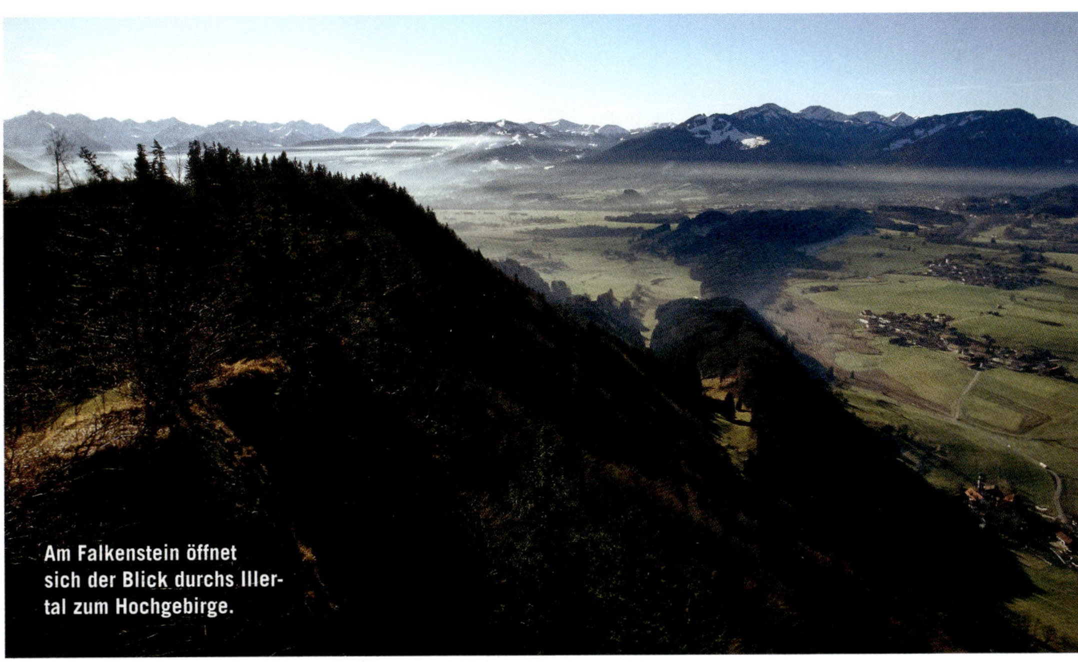

Am Falkenstein öffnet sich der Blick durchs Illertal zum Hochgebirge.

22

Starzlachklamm bei Sonthofen

Felsschlucht am Fuße des Grünten

Beim Weiler Winkel zwängt sich die Starzlach in einer engen Schlucht durch tertiäre Gesteinsschichten. Mithilfe von Stegen und einem Tunnel erschließt ein schmaler, aber gut gesicherter Weg die wundervolle Klamm, die mit Wasserfällen, Strudellöchern und Stromschnellen begeistert.

mittel | 2 Std. | 220 m | 4 km

Besonderer Genuss: Ruhe und Natur

Tourencharakter
Eine nicht allzu schwierige Wanderung durch die eindrucksvolle Klamm zum aussichtsreich gelegenen Gasthof Alpenblick. In der Klamm führt der schmale Weg über felsigen und teils glitschigen Untergrund.

Ausgangs-/Endpunkt
Der Parkplatz am Eingang zur Starzlachklamm im Sonthofener Ortsteil Winkel.
GPS: 47.5306, 10.2990

Anfahrt
Auto: Mit eigenem Fahrzeug in Sonthofen von der B308 auf die nach Winkel und Berghofen ausgeschilderte Straße abbiegen und in Winkel rechts zum nahen Wanderparkplatz.
Bus/Bahn: Stadtbusse vom Bahnhof Sonthofen nach Winkel.

Gehzeiten
Durch die Klamm zum Gasthof Alpenblick 1:20 Std., zurück nach Winkel 0:40 Std.

Einkehr
Am Klammkiosk und im Gasthof Alpenblick.

Karte
Topografische Karte 1:50 000 des Bayerischen Landesvermessungsamtes, Blatt Allgäuer Alpen

Information
Tourist-Info Sonthofen,
Tel. 08321/61 52-91 oder -92,
www.alpsee-gruenten.de

Durch die malerische Klamm Vom Ⓐ **Parkplatz in Winkel** leitet uns ein breiter Wirtschaftsweg ins Tal der Starzlach. Schon nach wenigen Metern biegt nach einer Brücke links der Nothaldeweg ab, über den die Alternativroute für den Rückweg verläuft. Wir folgen jedoch weiter dem breiten Weg, bis wir vor einem Anstieg rechts auf einen schmalen Wanderweg überwechseln können. Er leitet uns am Bach entlang bis zum Eingang in die Klamm, an dem ein malerischer Wasserfall in ein großes Wasserbecken rauscht. Links liegt das Kassenhäuschen, neben dem ein überdachter Brotzeitplatz in einem geräumigen Strudelloch untergebracht ist.

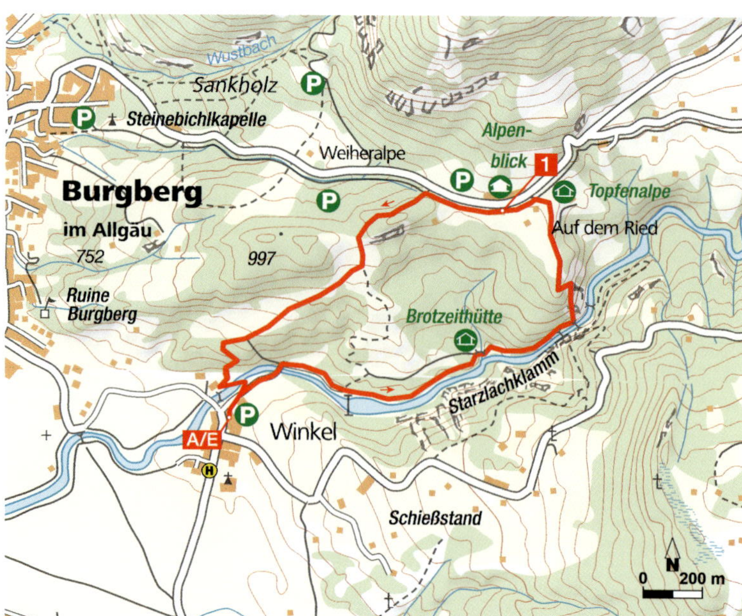

Der Weg führt nun über teils glatt geschliffene Felsen an der Starzlach entlang, die die Gesteinsschichten zu bizarren Kunstwerken modelliert hat. Vor dem engsten Teil der Klamm hilft uns eine Brücke über tiefe Strudellöcher, in denen das Wasser geheimnisvoll grün schimmert. Der schmale, felsige Steig ist teils in die senkrechten Felswände gesprengt, ehe sich das Tal wieder weitet. Ein weiterer Steg bringt uns wieder auf die linke Seite der Schlucht. Bald umgehen wir in einem düsteren Tunnel einen Wasserfall und erreichen kurz darauf das obere Ende der Starzlachklamm.

Über den Gasthof Alpenblick zurück nach Winkel Wir gehen nicht auf dem Steg rechts über die Starzlach, sondern steigen auf dem gut ausgebauten Weg zwischen Felstürmen den steilen Waldhang hoch. Unter den Steilwänden eines Klettergartens knickt der Weg nach links und bringt uns zum oberen Talrand hinauf. Ohne weitere Mühen wandern wir über eine Wiese zum nahen ❶ **Gasthof Alpenblick**, der eine gemütliche Einkehr und weite Blicke über das Illertal zu den Hochgipfeln der Allgäuer Alpen bietet.
Nach der Rast kann man natürlich wieder durch die malerische Starzlachklamm nach Winkel wandern. Als Alternative bietet sich ein etwas steilerer und schnellerer Abstiegsweg an. Um ihn zu erreichen, folgen wir kurz der Teerstraße nach Westen und biegen nach ca. 300 Metern links auf den Nothaldeweg ein. Er leitet uns anfangs durch Wald und dann über aussichtsreiche Wiesen steil zur Starzlach hinab. Vor dem Flüsschen wenden wir uns nach links und gehen zur Brücke, die zum Ⓔ **Parkplatz Winkel** am gegenüberliegenden Ufer führt.

Naturdenkmal Starzlachklamm

Nordöstlich von Sonthofen liegt zwischen Grünten, Wertacher Hörnle und Tiefenbacher Eck ein waldreiches Tal, das von der Starzlach entwässert wird. Kurz bevor das Flüsschen das breite Illertal erreicht, zwängt es sich beim Weiler Winkel in einer engen Schlucht durch tertiäre Gesteinsschichten. Mithilfe von Stegen und einem Tunnel erschließt ein herrlicher Weg die Starzlachklamm, die bei Geologen aufgrund der zahlreichen hier zu findenden Versteinerungen bekannt ist. Teile der Felsen sind aus großen Einzellern, sogenannten Nummuliten, aufgebaut. Im Tertiär bevölkerten diese Tiere, deren Versteinerungen im Volksmund Pfennigsteine genannt werden, ein warmes Meer. Zur gleichen Zeit lebte auch die Krabbenart, deren versteinertes Gehäuse zum ersten Mal an der Starzlach entdeckt wurde. Nach dem Fundort erhielt das Tier, das heute im Sonthofener Heimathaus ausgestellt ist, den Namen Cancer sonthofensis.

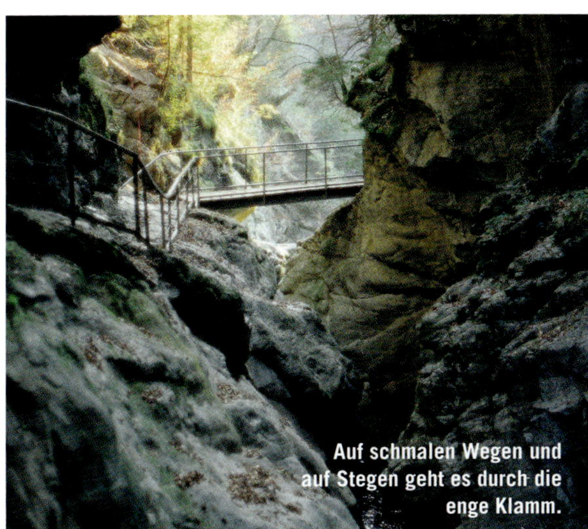
Auf schmalen Wegen und auf Stegen geht es durch die enge Klamm.

23

Zum Hinanger Wasserfall

Rauschendes Wasser im Abendlicht

leicht | 1 Std. | 100 m | 2 km

Besonderer Genuss: Ruhe und Natur

Tourencharakter
Eine kurze Wanderung zu einem der schönsten Naturschauspiele im Allgäu.

Ausgangs-/Endpunkt
Das Ortszentrum von Hinang oder der oberhalb gelegene Parkplatz.
GPS: 47.4747, 10.2917 oder 47.4760, 10.2959

Anfahrt
Auto: Von der Kreisstraße, die östlich der Iller Sonthofen und Oberstdorf verbindet, nach Hinang abbiegen. Im Ortszentrum von Hinang neben der Kapelle Richtung Hochweiler aufwärts zum Parkplatz.
Bus/Bahn: Im Ortszentrum von Hinang Haltestelle an der häufig befahrenen Buslinie von Oberstdorf (Bahnstation) über Reichenbach und Altstädten nach Sonthofen (Bahnstation).

Gehzeiten
Zum obersten Wasserfall 0:35 Std., zurück nach Hinang 0:25 Std.

Einkehr
In Hinang.

Karte
Topografische Karte 1:50 000 des Bayerischen Landesvermessungsamtes, Blatt Allgäuer Alpen

Information
Tourist-Info Sonthofen,
Tel. 08321/61 52-91 oder -92,
www.alpsee-gruenten.de

Ein wunderschön angelegter Steig erschließt die romantische Landschaft rund um den Hinanger Wasserfall, der mit seinen rauschenden Kaskaden und den von Moospolstern überzogenen Felsen sicherlich zu den beeindruckendsten Naturschauspielen im Allgäu zählt.

Von Hinang zum romantischen Wasserfall Neben dem kleinen Kirchlein im Ⓐ **Ortszentrum von Hinang** führt die schmale, nach Hochweiler ausgeschilderte Straße bergauf aus dem Ort. Wir wandern auf ihr über die Wiesen und dann unter der Landstraße hindurch. Rechts findet man nach der Unterführung einige Parkplätze, ehe der Weg zum Hinanger Wasserfall rechts abzweigt. Wir folgen nur ca. 100 Meter einem Wirtschaftsweg und überqueren dann auf einem Holzsteg den Bach. Auf einem Wanderweg geht es nun bergan. Durch den Wald leuchtet schon bald das weiße Band des Hinanger Wasserfalls.

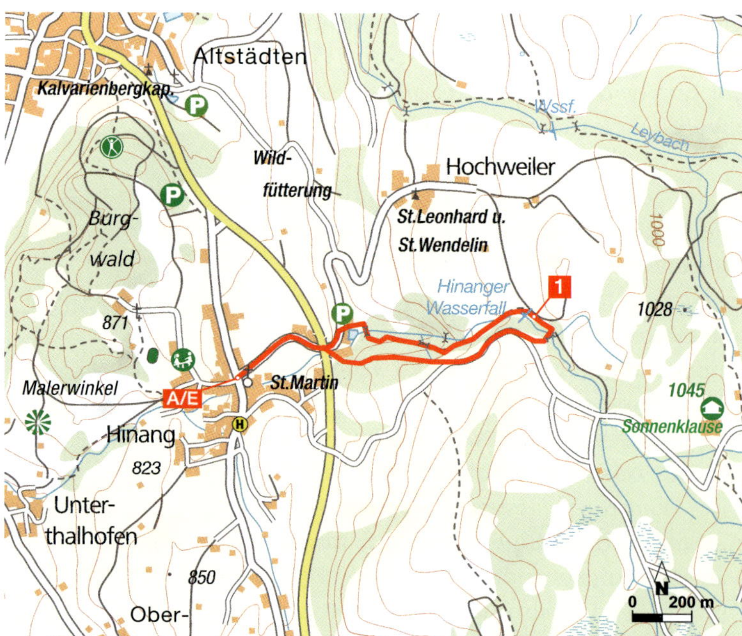

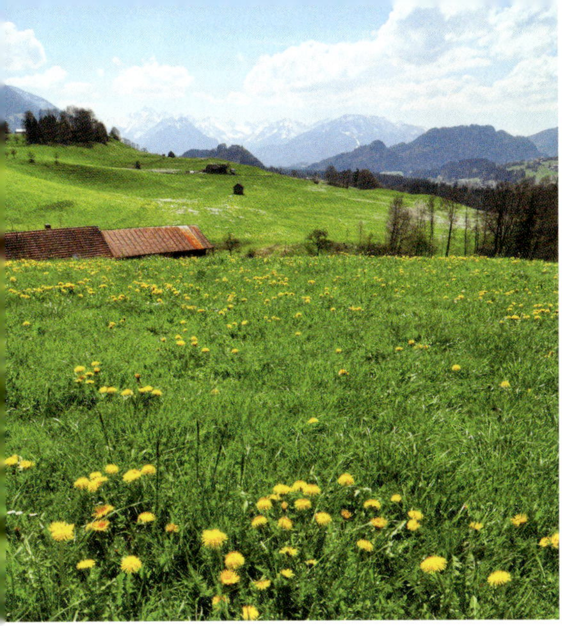

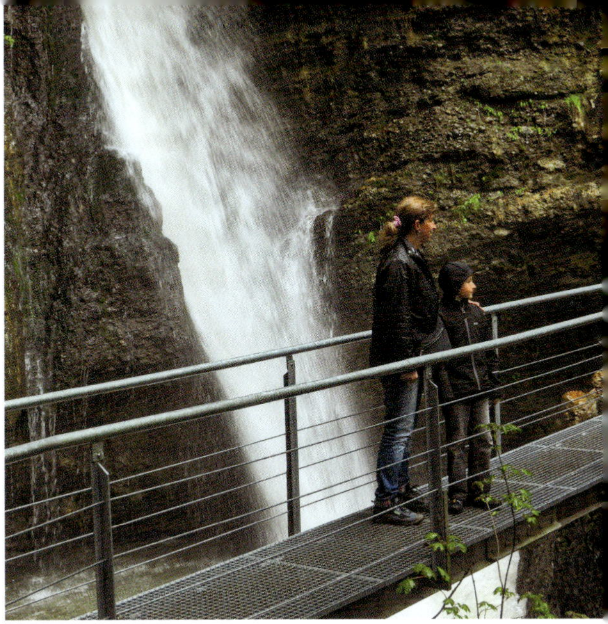

Stege führen ganz nahe am gischtenden Wasserfall vorbei.

Links: Rund um Hinang blühen im Frühling die Wiesen.

Zwischen mächtigen Felsblöcken sprudelt und gurgelt der Bach zu Tal und auf steilem Treppenweg geht es jetzt bergauf. Weiter oben verbindet der herrlich angelegte Weg mithilfe einiger Stege die großen Felsblöcke, die im Laufe der Jahrtausende von der Wasserfallwand abgebrochen sind. Von Links erreichen wir den Fuß des 1 **Hinanger Wasserfalls**, der wohl eine der bezauberndsten Naturschönheiten des Allgäus bildet und jetzt am späten Nachmittag in zaubervolles Licht getaucht ist. Rundum tropft es aus langen, sattgrünen Moospolstern. Tropfsteine zieren die Felswände rechts und links des mächtig tosenden Wasserfalls, der in ein tiefgrünes Wasserbecken rauscht. Geheimnisvolle Höhlen schneiden in den Fels und am Fuß der Abbruchwand hat das unablässige Tropfen den gelösten Kalk zu farbenfrohen Sinterbecken erstarren lassen.

Am Fuß der Wände zurück nach Hinang Wir wollen nicht auf demselben Weg wieder absteigen und gehen deshalb vom Wasserfall auf einem eindrucksvollen Weg am Fuß der senkrechten Felswände nach rechts aus dem Talkessel. Auf der Randhöhe erreichen wir eine Wegkreuzung, an der man nach links ansteigend weiter die Hänge über dem Illertal erkunden kann. Wir wollen uns heute jedoch mit dem Naturwunder der Hinanger Wasserfälle begnügen und folgen einem unbeschilderten Weg, der am Waldrand bergab läuft. Nach einem kurzen Abstieg führt er von den aussichtsreichen Wiesen rechts in den Wald und dann abwärts zur nahen Landstraße. Wir gehen rechts über die Brücke und finden eine Treppe, die uns zu unserem Anstiegsweg hinabführt. Auf der Nebenstraße geht es in wenigen Minuten zurück ins E **Dorfzentrum von Hinang**.

24

Bergseen am Weg zum Großen Daumen

Panoramaweg am Nebelhorn

schwer | 4:45 Std. | 550 m | 9 km

Besonderer Genuss: Aussicht

Tourencharakter
Der Weg über das sogenannte Koblat zum Großen Daumen ist eine häufig begangene alpine Wanderung auf steinigen Pfaden. Für diese Wanderung sollte man ein wenig mit den Verhältnissen im Hochgebirge vertraut sein und keinesfalls bei unsicheren Wetteraussichten losmarschieren.

Ausgangs-/Endpunkt
Die Nebelhornbahn (www.ok-bergbahnen.com). GPS: 47.4053, 10.2857

Anfahrt
Auto: Mit dem Auto auf der B19 nach Oberstdorf und zur ausgeschilderten Talstation der Nebelhornbahn.
Bus/Bahn: Oberstdorf ist mit der Bahn und mit verschiedenen Buslinien zu erreichen.

Gehzeiten
Zum Laufbichelsee 1:35 Std., auf den Großen Daumen 0:55 Std., zurück zur Bergstation Nebelhornbahn 2:00 Std.

Einkehr
An der Bergstation der Nebelhornbahn.

Karte
Topografische Karte 1:50000 des Bayerischen Landesvermessungsamtes, Blatt Allgäuer Alpen

Information
Tourismus Oberstdorf, Tel. 08322/7000, www.oberstdorf.de

Am Südfuß des Grates, über den der Hindelanger Klettersteig führt, liegen die sanft geneigten Berghänge des sogenannten Koblats. Hier bringt ein ungefährlicher Steig den alpinistischen Normalverbraucher zu bezaubernden Bergseen und sogar auf den Gipfel des Großen Daumens.

Über das Koblat zum Laufbichelsee Die Nebelhornbahn bringt uns ohne Mühen zu den hochgelegenen Ausgangspunkten der Tour. Als Startpunkt für den Weg zum Großen Daumen eignen sich sowohl die Bergstation (Station Höfatsblick) als auch die Gipfelstation der Nebelhornbahn. Bereits am Gipfel des Nebelhorns bietet sich eine herrliche Aussicht über das Allgäu. Von der Gipfelstation läuft ein bezeichneter Weg in südöstlicher Richtung abwärts und gabelt sich. Auf dem linken Ast geht es an der Bergstation eines Liftes vorbei zu einer weiteren

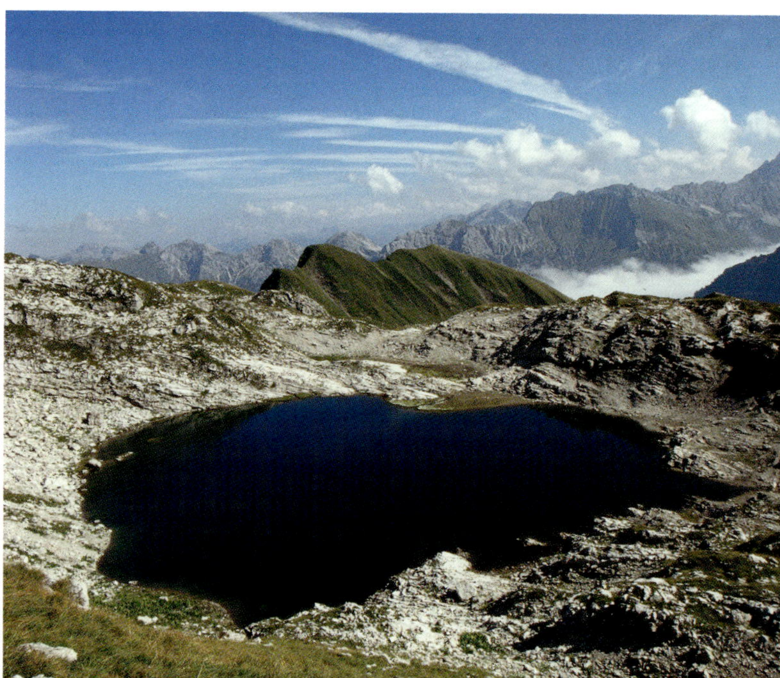

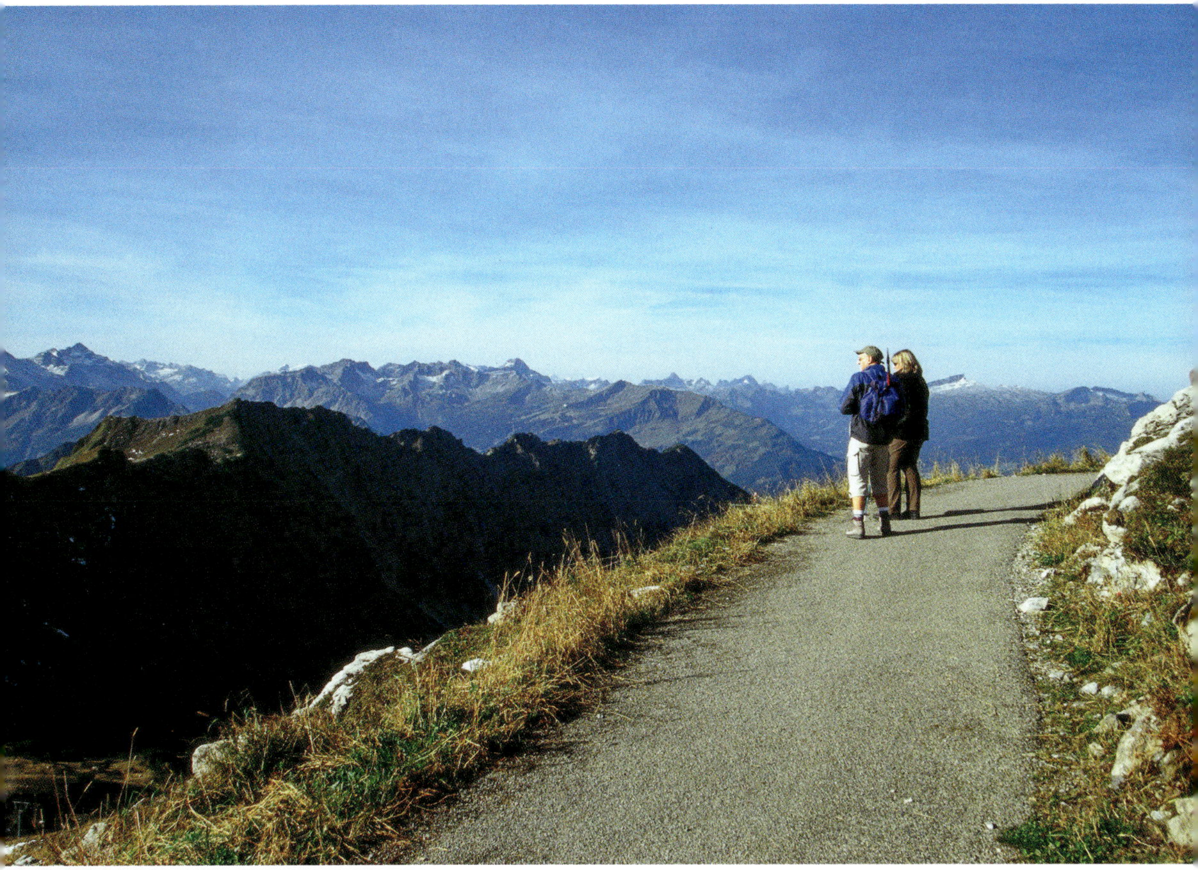

Weggabelung. Wir halten uns links und wandern am Fuß der Westlichen Wengenköpfe auf schmalem Steig über die geneigte Fläche des Koblats zum Hauptweg hinab, der von der Bergstation herüberläuft.

Wer auf den Gipfelblick vom Nebelhorn verzichten kann, der beginnt die Tour besser schon an der **A** **Bergstation der Nebelhornbahn (Station Höfatsblick)**. Wir gehen vom Ausgang wenige Schritte bergwärts zu einer Wegkreuzung. Rechts führt uns ein Steig in einer Mulde an der Talstation eines Schleppliftes vorbei und steigt dann zu einem Wegkreuz, das wir in einem wenig ausgeprägten Sattel erreichen. Vom Bergkamm folgen wir dem rot markierten Steig, der uns im Auf und Ab durch eine felsige Flanke leitet. Der schwierigste Abschnitt auf dem Weg zum Laufbicheler See liegt jetzt hinter uns und wir wandern auf dem schmalen Steig über die Bergwiesen sanft abwärts. Ausgiebig können wir nun die herrlichen Blicke nach Süden genießen, wo der formschöne Hochvogel und der felsige Große Wilde über den Bergkamm schauen, der zum Laufbacher Eck zieht. Bald müssen wir dem Weg, der durch eine

Schon an der Bergstation der Nebelhornbahn hat man eine herrliche Aussicht.

Linke Seite: Vom Laufbichelsee geht der Blick zum markanten Hochvogel.

felsige Latschenflanke quert, wieder mehr Aufmerksamkeit widmen.

Immer wieder schweifen die Blicke hinauf zum zackigen Felsgrat über uns, über den die Begeher des Hindelanger Klettersteiges mehr oder weniger elegant turnen. Unterhalb des Östlichen Wengenkopfes müssen wir kurz über unangenehmes Geröll absteigen und erreichen eine mit zahllosen Felsblöcken übersäte Karmulde, in der sich der kleine Koblatsee versteckt. Ein kurzer Anstieg bringt uns anschließend durch die urtümliche Landschaft hinauf zu einer Wegkreuzung nahe des tiefblauen 1 **Laufbichelsees**, der sich als berauschend schöner Rastplatz geradezu aufdrängt. Jenseits des tief eingeschnittenen Ostrachtales ragen die nördlichen Berge des Allgäuer Hauptkammes auf, der sich weit nach Süden streckt.

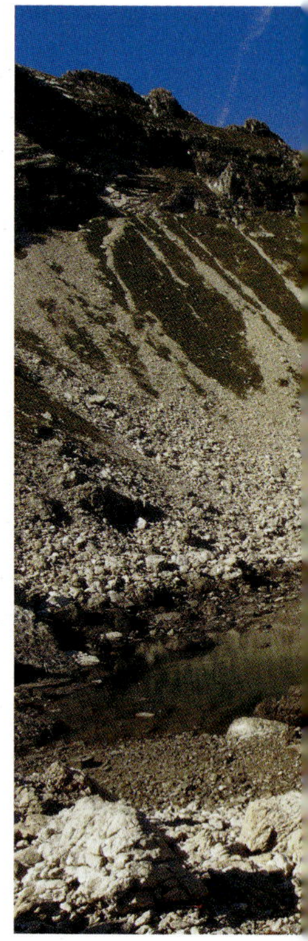

Aufstieg zum Großen Daumen Guten Gewissens bietet sich der herrlich gelegene Laufbichelsee als Ziel- und Umkehrpunkt der Wanderung an. Doch von hier lässt sich sozusagen im Vorbeigehen relativ

Parade-Panoramatour

Die Nebelhornbahn erschließt ein herrlich aussichtsreiches Wanderrevier. An der Bergstation beginnen Touren in alle Richtungen und mit unterschiedlichsten Schwierigkeiten. Für nicht ganz so versierte Bergsteiger lohnt vor allem die Tour über das Koblat, die zu bezaubernden Bergseen und auf den Gipfel des Großen Daumen führt. Ohne allzu große Mühe erschließt der Weg hochalpine Landschaften. Und vom ersten bis zum letzten Meter wird man mit herrlichen Ausblicken verwöhnt. Nach Süden geht der Blick an den grünen Steilflanken der Höfats vorbei zu den Allgäuer Paradegipfeln rund um Trettachspitze und Mädelegabel. Nach Südosten zieht ein Bergkamm über Laufbacher Eck und Schneck zum Großen Wilden und jenseits des Ostrachtales sticht das elegante Felshorn des Hochvogels in den Himmel. Eindrucksvoll sind auch die Nahblicke hinauf zu den Felstürmen, über die der Hindelanger Klettersteig läuft, und auf die Bergseen, in denen sich die Gipfel spiegeln. Abschluss und Höhepunkt ist der 360-Grad-Blick vom Gipfel des Großen Daumens, der weit hinaus ins Alpenvorland reicht.

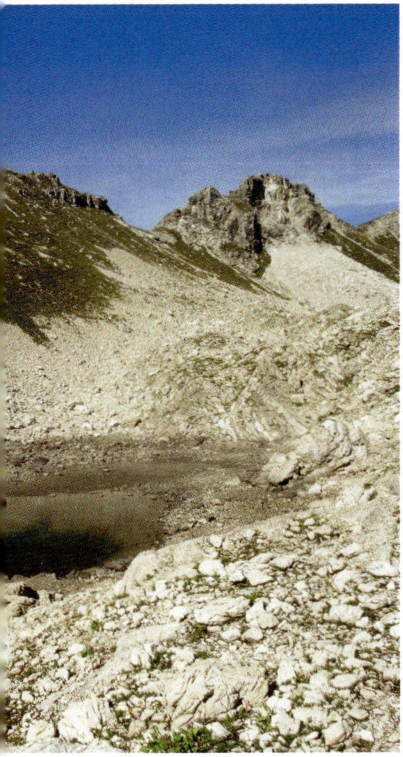

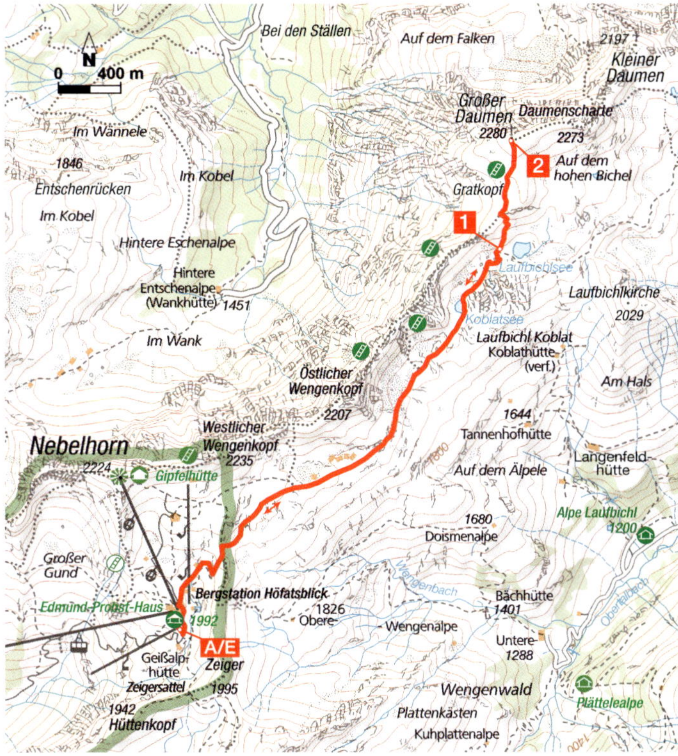

In einer Mulde versteckt sich der kleine Koblatsee.

schnell und problemlos der Große Daumen besteigen. Dazu hält man sich an der Wegkreuzung vor dem Laufbichelsee links und folgt dem Steig, der durch die steilen Schutthänge zwar recht anstrengend, aber gefahrlos nach oben zieht. Bald wechseln wir von einer Scharte auf die Bergwiesen an der Südflanke des Großen Daumens. Links zweigt der Weg zum Hindelanger Klettersteig ab. Wir folgen aber geradewegs dem Steig, der über die Grasflanke zum Gipfelkreuz am ❷ **Großen Daumen** hinaufzieht. Hier oben können wir die berauschende Aussicht von einem der schönsten Aussichtsgipfel im Allgäu genießen. Im Norden verliert sich der Blick in der Grenzenlosigkeit des Alpenvorlandes und im Westen, Süden und Osten reihen sich Gipfel an Gipfel und Bergkämme an Bergkämme.

Zurück zur Nebelhornbahn Nach der Gipfelrast wandern wir auf dem vom Hinweg bekannten Steig zurück. Man sollte die Weglänge aber nicht unterschätzen und rechtzeitig aufbrechen. Der steile Abstieg zum Laufbichelsee ist bald überwunden und am traumhaften See können wir nochmals eine Pause einlegen. Dann geht es auf dem teilweise recht steinigen Koblatweg mit einigen Gegenanstiegen wieder zurück zur Ⓔ **Bergstation der Nebelhornbahn**.

25

Durch den Faltenbachtobel

Schlucht an der Oberstdorfer Sprungschanze

mittel 1:15 Std. 0/450 m 2,5 km

Besonderer Genuss: Ruhe und Natur

Tourencharakter
Eine kurzweilige Wanderung auf teils steilen und schmalen Wegen entlang des wilden Faltenbaches. Auf dem steinigen und stellenweise feuchten Weg ist festes Schuhwerk anzuraten. Dafür begeistert gerade der unterste Wegabschnitt mit zahlreichen Kaskaden und geologisch interessanten Felsformationen.

Ausgangs-/Endpunkt
Die Nebelhornbahn (www.ok-bergbahnen.com). GPS: 47.4053, 10.2857

Anfahrt
Auto: Mit dem Auto auf der B19 nach Oberstdorf und zur ausgeschilderten Talstation der Nebelhornbahn.
Bus/Bahn: Oberstdorf ist mit der Bahn und mit verschiedenen Buslinien hervorragend zu erreichen.

Gehzeiten
Von der Station Seealpe hinab nach Oberstdorf 1:15 Std.

Einkehr
An der Seealpe und in Oberstdorf.

Karte
Topografische Karte 1:50 000 des Bayerischen Landesvermessungsamtes, Blatt Allgäuer Alpen

Information
Tourismus Oberstdorf, Tel. 08322/7000, www.oberstdorf.de

Oberhalb der Sprungschanzen von Oberstdorf bildet der Faltenbach eine beeindruckend wilde Schlucht. Ohne große Mühen lässt sich die durch einen schmalen Weg erschlossene Naturschönheit erleben, wenn man die Wanderung an der Mittelstation der Nebelhornbahn beginnt.

Der obere Abschnitt des Faltenbachtobels Die **A Nebelhornbahn** bringt uns schnell zur Seilbahnmittelstation (Station Seealpe) hinauf. Von der Mittelstation führt ein gekiestes Wirtschaftssträßchen direkt unter den Seilen der Bahn über die Alpweiden bergab zum Waldrand. Der teils steile und grobschottrige Weg bringt uns durch den Wald zur Fahrstraße hinab, die die Seealpe mit Oberstdorf verbindet. Jenseits finden wir einen schmalen Wanderweg. Der Steig leitet uns jetzt unterhalb der Seilbahn auf einem bewaldeten, sanft abfallenden Bergrücken talwärts. Bald schwenkt der Weg jedoch nach links und führt

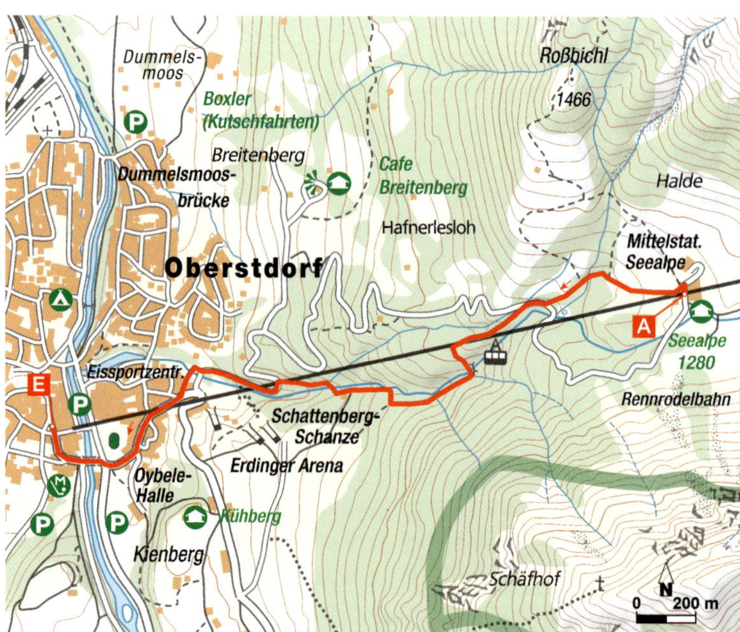

uns ins nahe Tal des Faltenbaches. Über uns rauschen zahlreiche Wasseradern über den stark erodierten Talschluss und vereinen sich zu einem wasserreichen Bach, der von Wildbachverbauungen nur unzureichend gezähmt wird. Auf einer Brücke

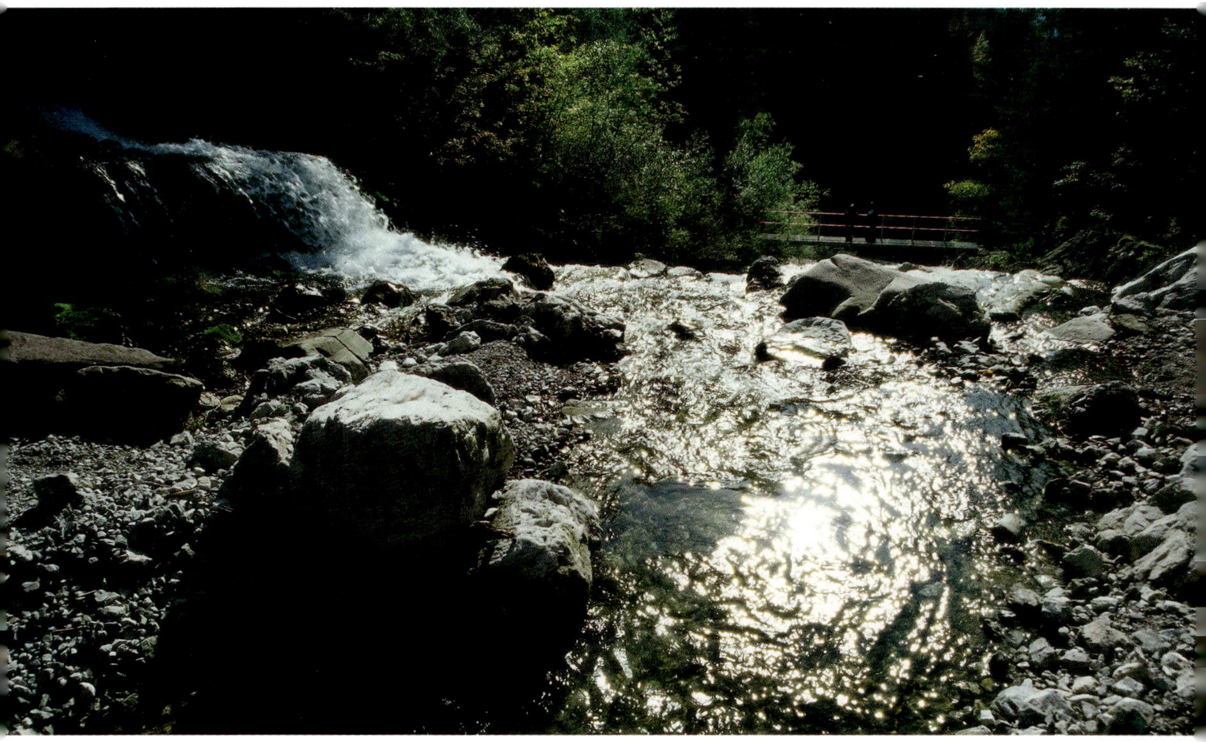

Am rauschenden Wildbach entlang geht es talwärts.

überqueren wir den Wildbach und wandern am linken Ufer bergab. Der Weg läuft anfangs nahe am Faltenbach entlang und weicht dann in die bewaldeten Talhänge aus.

Nun ist Vorsicht geboten, denn zumindest im Augenblick fehlt an dem bis hierher gut ausgeschilderten Weg eine entscheidende Hinweistafel. Der Weg wird breiter und steiniger und fällt bald steiler zu den Wiesen oberhalb der Schattenbergschanze ab. Zuvor jedoch bemerken wir im Wald am Wegrand eine betonierte Wasserfassung. An dieser Stelle zweigt rechts der zurzeit unbeschilderte Weg in den herrlichen unteren Teil des Faltenbachtobels ab.

Durch den Faltenbachtobel nach Oberstdorf Der schmale Weg führt uns durch den steilen Waldhang zurück in den malerischen Bachtobel und schwenkt dort nach links. Nach kurzer Strecke steigen wir über einen aus Metallrosten erbauten Weg neben einer riesigen Wildbachverbauung talwärts. Als

Rechte Seite: Ein schmaler Steg führt neben einem Wasserfall abwärts.

schwungvoller Wasserfall saust der Bach herab und der Wind weht einen feinen, erfrischenden Gischtschleier über unseren Weg. Ganz nahe am Faltenbach entlang führt uns der Steig bergab. Das Wasser hat bizarre Formen aus den unterschiedlich harten Schichten des Flyschgesteins geschürft und der Bach stürzt in zahllosen malerischen Kaskaden zu Tal.

Bald ist ein querendes Sträßchen erreicht und wir wechseln auf der Brücke auf die rechte Seite des Faltenbaches. Dort finden wir die Fortsetzung unseres Steiges, der über dem tosenden Faltenbach die steilen Talhänge quert. Ein weiterer Metallgittersteg hilft uns über einen kleinen Wasserfall, den ein schmaler Nebenbach bildet. Ein wenig Schwindelfreiheit ist hier von Nöten, wenn man zwischen den Beinen in das tief eingeschnittene Haupttal hinab blickt. Der Weg geht anschließend wieder zum Hauptbach hinab, der nur wenige Meter oberhalb in einem hohen, mächtig rauschenden Wasserfall über die brüchigen Felsflanken tobt.

Der wildeste Teil des Faltenbachtobels liegt nun hinter uns und am Bach entlang ist schnell eine Teerstraße erreicht, die uns nach kurzer Strecke zum Stadion der eindrucksvollen Schattenbergschanze bringt. Es geht kurz unter der Tribüne hindurch, dann der Beschilderung folgend nach links und von der nächsten Kreuzung rechts durch Oberstdorf zur Trettach und zur **E** **Talstation der Nebelhornbahn** hinab.

Wilder Tobel im weichen Fels

Zwischen Rubihorn und Schattenberg fließt der kühlende Faltenbach von den Hängen des Nebelhorns nach Westen und erreicht an der Schattenbergschanze den Ortsrand von Oberstdorf.

Der obere Teil dieses Tals wurde von den Gletschern der Eiszeit breit ausgehobelt und dient heute als Abfahrtspiste vom Nebelhorn. Doch unterhalb der Seilbahnmittelstation an der Seealpe ändert sich das Gelände und der Faltenbach muss eine steile Geländestufe überwinden. Hier schneidet er sich tief in das rutschungsgefährdete Flyschgestein, das als Mure auch schon die Sprungschanzen von Oberstdorf in Mitleidenschaft gezogen hat. Flyschgestein wurde im Meer abgelagert und zeichnet sich durch Gesteinsschichten mit unterschiedlicher Härte aus. So kann der Bach tief in weichere Lagen einschneiden, während er harte Schichten mit Stromschnellen und Wasserfällen überwindet. In der feuchten, schattigen Schlucht kann man so manche seltene und geschützte Pflanzenarten entdecken.

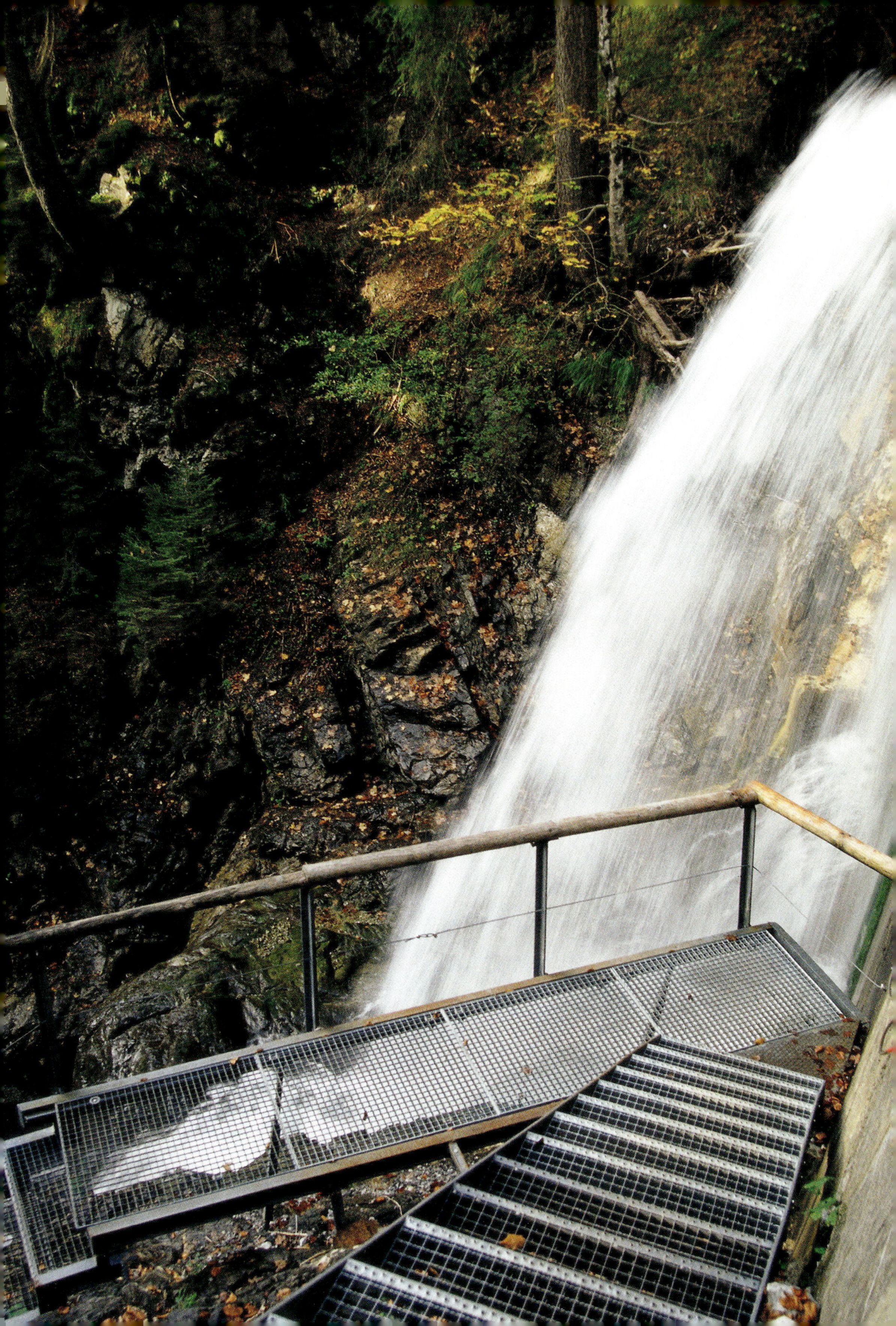

26

Von Oberstdorf nach Gerstruben

Zur malerischen Höhensiedlung

leicht | 4:45 Std. | 370 m | 13 km

Besonderer Genuss: Kultur am Wegrand

Tourencharakter
Abgesehen vom schmalen Steig am Hölltobel auf breiten Wanderwegen durchs Trettachtal zur Höhensiedlung Gestruben und zum romantischen Christlessee. Der Weg nach Gerstruben ist auch im Winter begehbar.

Ausgangs-/Endpunkt
Die Nebelhornbahn (www.ok-bergbahnen.com). GPS: 47.4053, 10.2857

Anfahrt
Auto: Mit dem Auto auf der B19 nach Oberstdorf und zur Talstation der Nebelhornbahn. Bus/Bahn: Oberstdorf ist mit der Bahn und mit verschiedenen Buslinien hervorragend zu erreichen.

Gehzeiten
Nach Dietersberg 1:30 Std., hinauf nach Gerstruben 1 Std., zum Christlessee 0:45 Std., nach Oberstdorf 1:30 Std.

Einkehr
Mehrere Gasthöfe entlang der ganzen Strecke, u. a. in Dietersberg, Gerstruben und am Christlessee.

Karte
Topografische Karte 1:50 000 des Bayerischen Landesvermessungsamtes, Blatt Allgäuer Alpen

Information
Tourismus Oberstdorf, Tel. 08322/7000, www.oberstdorf.de

Ein langer, aber einfacher Weg führt ins alte Bergdorf Gerstruben. Dort erzählen die alten, vom Wetter gegerbten Höfe vom harten Bergbauernleben der vergangenen Jahrhunderte. Vorbei am malerischen Christlessee geht's dann durch das Trettachtal zurück nach Oberstdorf.

Von Oberstdorf ins Trettachtal Von der **A Talstation der Nebelhornbahn** in Oberstdorf gehen wir kurz an der Trettach entlang flussauf zu einer Straßenbrücke. An ihrer rechten, westlichen Seite beginnt ein Wanderweg. Er führt uns am Ufer des wasserreichen Flusses entlang zum Café Jägerstand. An dieser Stelle wechseln wir auf der Brücke zu einer Kiesstraße auf die linke, östliche Seite der Trettach, der wir nach rechts folgen. Bald zweigen links ein Sträßchen und der Weg ins Oytal ab. Wir bleiben aber im Tal der Trettach und schlendern geradewegs über die Wiesen zum Gasthof Gruben. Noch haben wir uns keine Rastpause verdient und so gehen wir am Gasthof vorbei. Schnell führt uns ein schöner Alleeweg über die Wiesen in den Wald. Rechts kann man hier problemlos einen Abstecher zur nahen Trettach unternehmen. Für Kinder bieten sich die sonnigen Sandbänke am Flussufer als herrlicher Spielplatz an.

Allzu lange sollte man sich nicht aufhalten, denn noch liegt der Großteil des Weges vor uns. Durch den Wald führt uns der Wanderweg zu den ersten Häusern von Dietersberg. Der Weg schwenkt rechts zum Fluss und stößt neben einer Brücke auf die für den allgemeinen Verkehr gesperrte Fahrstraße, der wir nach links folgen. Bald erreichen wir eine Weggabelung, an der links die Straße hinauf nach Gerstruben abzweigt. Wer den steilen und steinigen Anstieg entlang des Hölltobels nach Gerstruben vermeiden will, der kann hier links abbiegen. Wir wollen uns das Naturschauspiel Hölltobel aber nicht entgehen lassen und folgen geradewegs der Fahrstraße, die an **1 Dietersberg** vorbeiläuft. Auch hier finden wir wieder eine der zahlreichen Einkehrmöglichkeiten. Wir wandern jedoch geradewegs sanft ansteigend weiter durch die Wiesen, bis links der nach Gerstruben und zum Hölltobel ausgeschilderte Weg abzweigt.

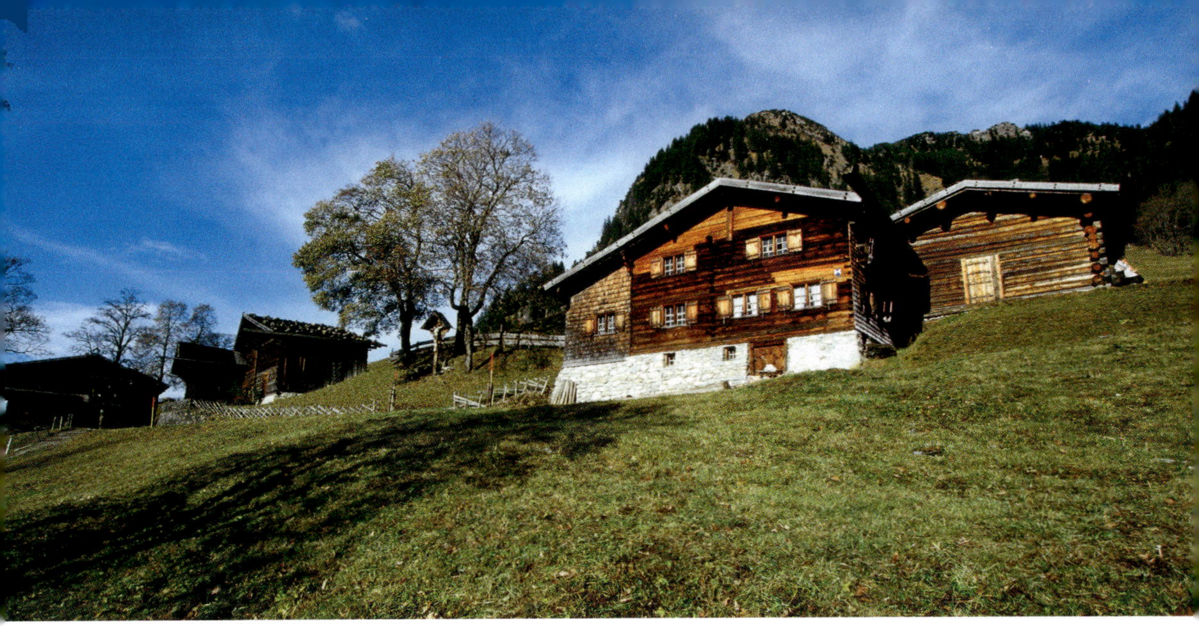

Abstecher zur Höhensiedlung in Gerstruben Der Weg läuft noch ein kurzes Stück über die Wiesen und erreicht dann den steilen Waldhang. Rechts strömt der Dietersbach aus der schmalen, Hölltobel genannten Klamm, die wie mit einem Riesenmesser in den Fels geschnitten scheint. Der jetzt steinige Steig schlängelt sich links der Schlucht aufwärts und bald zweigt rechts ein Weg ab und leitet zu einem nahen Steg. Er überspannt die beeindruckend enge Schlucht, und dient als eindrucksvoller Aussichtspunkt hinab auf den in dunkler Tiefe rauschenden Dietersbach. Nach dem Abstecher folgen wir weiter

Vom einstmals harten Bergbauernleben erzählt Gerstruben.

Alte Höhensiedlung Gerstruben

Hoch über dem Trettachtal liegt am Fuß der Höfats Gerstruben, die schönste Höhensiedlung im Allgäu. Malerisch klammern sich die sonnengebräunten, großteils aus Holz erbauten Gebäude an den steilen Wiesenhang und über der kleinen Kapelle setzt sich die steil gipflige Höfats mächtig in Szene. Besiedelt wurde Gerstruben ebenso wie das Kleinwalsertal im 14. Jahrhundert von Walsern aus dem Lechtal. Dorthin waren auch über die Jahrhunderte die Verbindungen viel enger als in das nahe Oberstdorf. Ende des 19. Jahrhunderts gaben die letzten Bauern von Gerstruben den einsamen Kampf gegen die übermächtige Natur auf.

Das Dorf verfiel, bis es 1953 von Oberstdorfer Bürgern gekauft wurde. Sie restaurierten liebevoll die letzten vier Hofgebäude, die Kapelle und die Säge am Dietersbach und retteten so diese einzigartige Bergidylle, die vom harten, längst vergangenen Leben der Bergbauern erzählt.

dem steilen Weg, der sich links der Klamm aufwärts windet. Schon führt erneut ein kurzer Abstecher nach rechts zum Rand der Schlucht. Der Bach stürzt hier als mächtiger Wasserfall zu Tal und hat tiefe Wasserbecken in den Fels gefräst. Der Weg wendet sich nach links und führt uns zur Fahrstraße hinauf. Wir folgen ihr nach rechts und wandern über die Wiesen in das nahe ❷ **Gerstruben (1155 m)** hinauf. Von der Weggabelung vor dem ersten Hof geht es links zum nahen Gasthof hoch, der nach dem steilen Anstieg eine herrliche Aussicht bietet. Der Weiterweg führt allerdings von der Kreuzung rechts zwischen den alten Höfen hindurch.

Zum Christlessee und zurück nach Oberstdorf Rechts bringt uns nach dem ersten Hof ein schmales Weglein über die Wiese

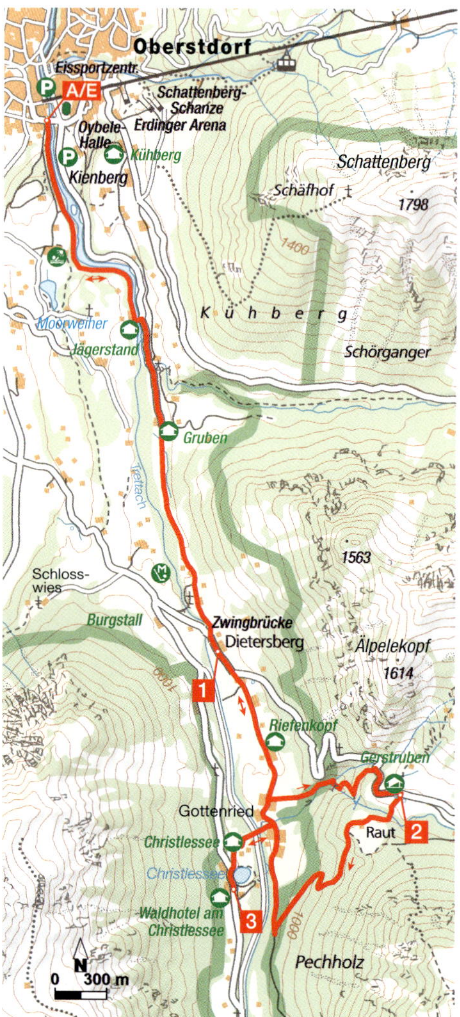

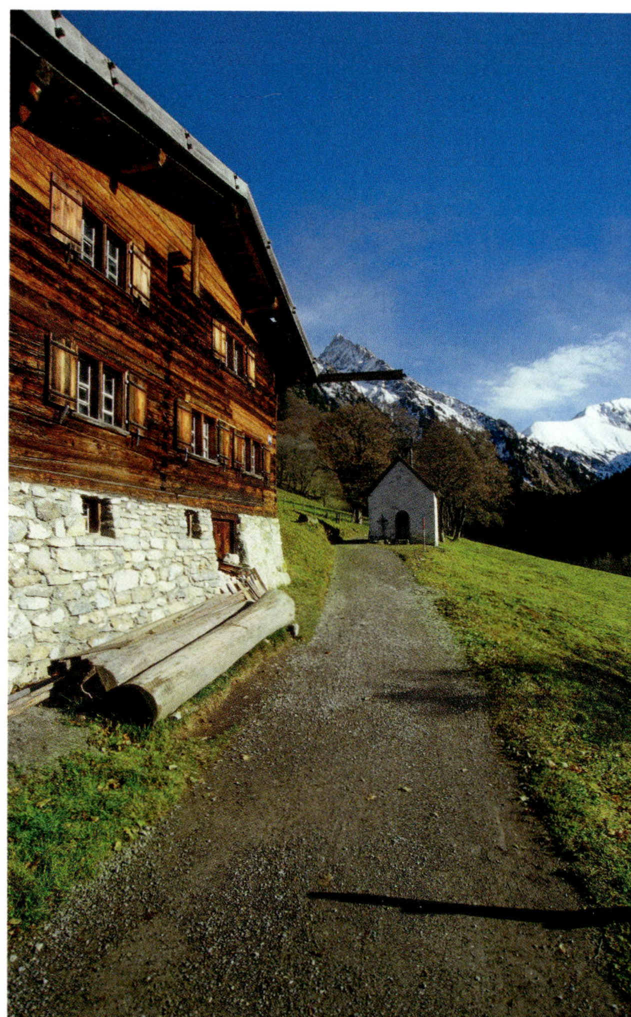

Die Höfats überragt das abgeschiedene Bergdörfchen Gerstruben.

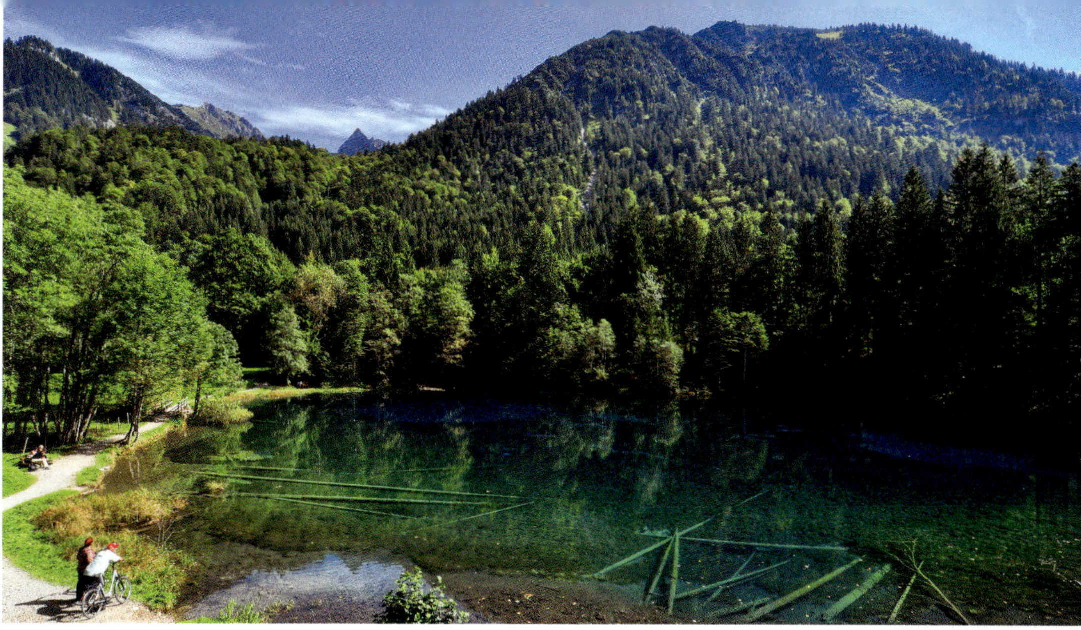

In geheimnisvollen Grüntönen schimmert das Karstwasser des Christlessees.

abwärts ins Tal des Dietersbaches. Über eine mit einem Seil gesicherte Felsstelle geht es zum Bach hinab, der sich wenige Meter unterhalb am unzugänglichen Beginn des Hölltobels tief in den Fels einschneidet. Ein Brückchen leitet uns über den Bach und jenseits steigen wir kurz aufwärts zur Rautwiese. Anschließend führt uns der Weg in Kehren durch den steilen Waldhang zu dem breiten Wanderweg hinab, der östlich der Trettach nach Spielmannsau läuft. Wir gehen aber nicht links talaufwärts, sondern wenden uns nach rechts und schlendern ohne Mühe auf dem schattigen Weg zu den Wiesen von Gottenried. Beim ersten Haus wechseln wir auf eine schmale Teerstraße, die uns zu einer Kreuzung vor dem Dietersbach führt.

Für den Abstecher zum malerischen Christlessee folgen wir der breiten Schotterstraße nach links. Bald wandern wir geradewegs über die Trettach zu einer Kreuzung. Wir folgen geradewegs der Teerstraße, die durch den Wald und über Wiesen zum schön gelegenen Gasthof Christlessee läuft. Nach kurzer Strecke erreichen wir vom Gasthof aus den geheimnisvoll schimmernden 3 **Christlessee**. Das Wasser des Sees, der keinen Zulauf besitzt, sprudelt aus dem verkarsteten Untergrund. Berühmt ist der Christlessee für die grünen und türkisen Farbschattierungen, in denen sein Wasser leuchtet.

Vom See wandern wir auf dem bekannten Weg zurück zu der Kreuzung unterhalb von Gottenried. Wir halten uns links, überqueren den Dietersbach und steigen über aussichtsreiche Wiesen sanft bergan. Bald ist der Abzweig in den Hölltobel erreicht, an dem sich der Kreis schließt. Geradeaus geht es nun auf schon bekanntem Weg über Dietersberg und Gruben zurück zur E **Talstation der Nebelhornbahn** in Oberstdorf.

27

Rund um den Freibergsee

Idyllischer See und riesige Skiflugschanze

leicht | 1:45 Std. | 220 m | 4,5 km

Besonderer Genuss: Ruhe und Natur

Tourencharakter
Eine einfache Wanderung zum herrlich gelegenen Freibergsee. Nur zu Beginn und am Schluss ist ein steiler An- bzw. Abstieg zu überwinden.

Ausgangs-/Endpunkt
Der Parkplatz oder die Bushaltestelle am Renksteg.
GPS: 47.3874, 10.2806

Anfahrt
Auto: Auf der B19 bis zum Kreisverkehr kurz vor Oberstdorf. Dort rechts Richtung Kleinwalsertal und bald links auf der zur Fellhornbahn ausgeschilderten Straße bis zum Parkplatz am Renksteg.
Bus/Bahn: Von Oberstdorf (Bahnstation) mit der häufig befahrenen Buslinie ins Stillachtal zur Haltestelle am Wanderparkplatz Renksteg.

Gehzeiten
Zur Skiflugschanze 0:55 Std., weiter zur Seestube 0:25 Std., zurück zum Parkplatz Renksteg 0:25 Std.

Einkehr
Im wunderschön gelegenen Restaurant Freibergsee.

Karte
Topografische Karte 1:50 000 des Bayerischen Landesvermessungsamtes, Blatt Allgäuer Alpen

Information
Tourismus Oberstdorf,
Tel. 08322/7000,
www.oberstdorf.de

Eine abwechslungsreiche kurze Wanderung führt von der Trettach hinauf zum wunderschön gelegenen Freibergsee. Im Sommer lockt der See mit seinem kristallklaren Wasser zu einem aussichtsreichen Bad und das ganze Jahr über sorgt die gewaltige Heini-Klopfer-Skiflugschanze für Nervenkitzel.

Zur atemberaubenden Skiflugschanze Wir beginnen die Wanderung am großen A **Parkplatz am Renksteg**. Von dort gehen wir zur nahen Holzbrücke, die uns über die Stillach hilft. Nach der Brücke halten wir uns rechts und steigen dann auf einem Weg steil aufwärts zu einer Kreuzung. Von rechts kommt der Weg vom Unteren Renksteg herauf. Der gut ausgebaute Weg steigt nach links an und führt uns durch den steilen, anfangs mit Felsen durchsetzten Waldhang bergan. Bald legt sich das Gelände deutlich zurück und durch eine Mulde geht es zu einer nahen Weggabelung hinauf. Von rechts kommt der Weg herein, auf dem wir nach der Seerunde zurückkehren werden. Wir gehen jedoch geradeaus und wandern über den bewaldeten Kamm im Osten des Freibergsees.
Der einzige etwas längere Anstieg des heutigen Tages liegt schon hinter uns. Das sanfte Auf und Ab wird nun immer wieder durch beschauliche Blicke auf den Freibergsee belohnt und bald ragt vor uns der gigantische Sprungturm der 1 **Heini-Klopfer-Skiflugschanze** atemberaubend schief aus dem Wald und scheint jeder Statik zu spotten. Nichtsdestotrotz lassen wir es uns natürlich nicht nehmen, mit dem Aufzug in den Sprungturm hinaufzufahren. Weit über 200 Meter fliegen die besten Skispringer vom Schanzentisch ins Stillachtal hinunter. Uns Normalsterblichen treibt allein schon der Gedanke, den Sprungturm mit Skiern hinabzufahren, den Angstschweiß in die Handflächen.

Rund um den Freibergsee Von der Skiflugschanze folgen wir anschließend kurz der Zufahrtsstraße, bis wir rechts auf ein schmales Sträßchen einbiegen können. Es leitet am Westufer des Freibergsees über die Wiesen und bietet immer wieder

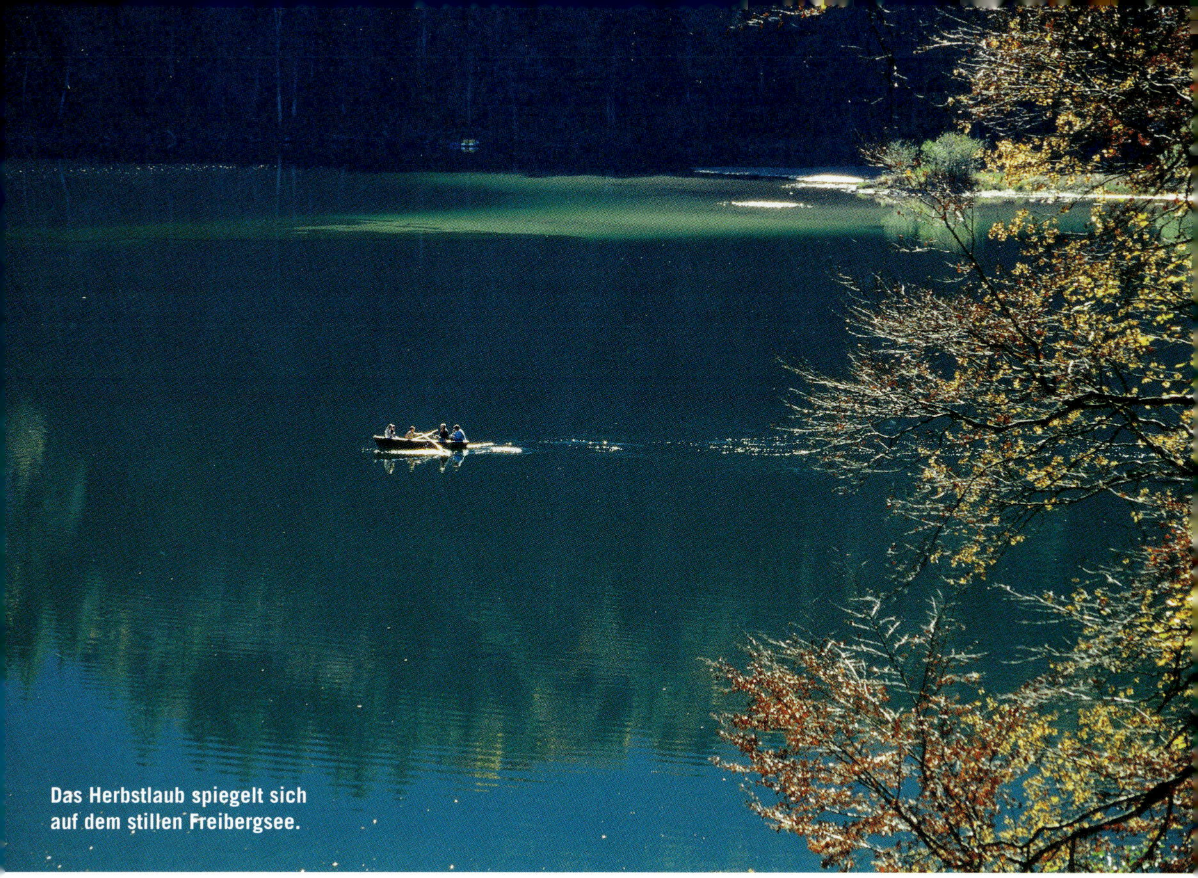

Das Herbstlaub spiegelt sich auf dem stillen Freibergsee.

herrliche Blicke zum See hinab und zu den gegenüberliegenden Bergen, die sich auf der tiefgrünen Wasserfläche spiegeln. Allmählich schwenkt das Kiessträßchen auf das Nordufer des Sees und an einer Weggabelung können wir uns zwischen zwei Wegvarianten entscheiden. Der untere Weg läuft hinab zum Freibad und zum ❷ **Restaurant Freibergsee**, an dem man auch Ruderboote mieten kann und einen herrlichen Blick über den See und die Flugschanze in die Berge genießt. Nach einem kurzen Anstieg stoßen wir auf unseren Anstiegsweg, dem wir links hinab folgen. An einer Weggabelung im Steilhang halten wir uns rechts und erreichen nach der Stillachbrücke den Ⓔ **Parkplatz am Renksteg**.

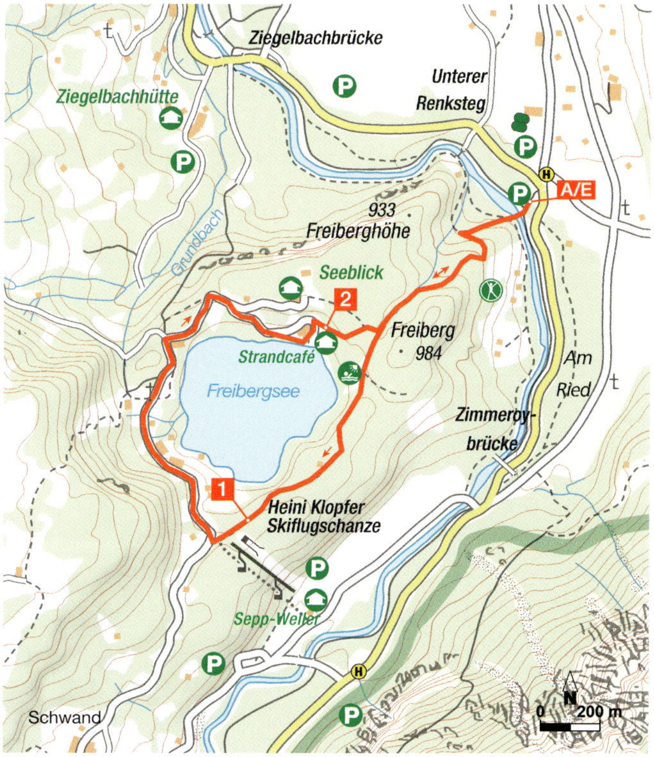

28

Über den Fellhornrücken

Berühmte Allgäuer Blumentour

mittel | 4:30 Std. | 100/1150 m | 10 m

Besonderer Genuss: Ruhe und Natur

Tourencharakter
Auf teils schmalen und steinigen, aber an keiner Stelle gefährlichen Wegen über den Fellhornrücken.

Ausgangs-/Endpunkt
Die Fellhornbahn (www.ok-bergbahnen.com). GPS: 47.3527, 10.2632

Anfahrt
Auto: Auf der B19 bis zum Kreisverkehr kurz vor Oberstdorf. Dort rechts Richtung Kleinwalsertal und bald links auf der zur Fellhornbahn ausgeschilderten Straße zur Talstation der Fellhornbahn.
Bus/Bahn: Von Oberstdorf (Bahnstation) mit der häufig befahrenen Buslinie ins Stillachtal zur Fellhornbahn.

Gehzeiten
Über das Fellhorn zur Sölleralpe 2:10 Std., hinab nach Schwand 1:40 Std., zurück zur Fellhornbahn 0:40 Std.

Einkehr
In der Sölleralpe, in Hochleite und Schwand.

Karte
Topografische Karte 1:50000 des Bayerischen Landesvermessungsamtes, Blatt Allgäuer Alpen

Information
Tourismus Oberstdorf, Tel. 08322/7000, www.oberstdorf.de

Zwischen dem Tal der Stillach und dem Kleinwalsertal erhebt sich das aussichtsreiche Fellhorn, das mühelos per Seilbahn erreicht werden kann. Bergab führt uns der Weg durch blumenreiche Bergwiesen und bietet eine aussichtsreiche Kammwanderung der Extraklasse.

Panoramaweg zur Sölleralpe Von der **A Gipfelstation der Fellhornbahn** steigen wir auf breitem Weg in wenigen Minuten zum aussichtsreichen Gipfel des Fellhorns (2038 m) auf. Nun wandern wir über den nordwärts verlaufenden, anfangs schmalen Bergkamm abwärts. Der bald breitere Weg leitet uns durch blühende Bergwiesen über den Schlappoltkopf zum Söllerkopf, dessen schwierig zu erreichender Kulminationspunkt rechts des Weges bleibt. Auch den einfacheren Weg, der von hier durch das Skigebiet direkt zur Talstation hinabführt, lassen wir rechts liegen. Wir folgen geradewegs weiterhin dem Bergrücken. Bald schlängelt sich der wieder schmalere Steig über kurze, felsige Stellen abwärts und bringt uns anschließend über einen bewaldeten Rücken bis kurz vor das Söllereck. Wir biegen scharf rechts in den zur Sölleralpe ausgeschilderten Weg, der uns bald im Zickzack zur bewirtschafteten **1 Sölleralpe** hinabführt.

Durch Wälder und über Wiesen zur Talstation Von der Alpe folgen wir dem Alpweg, der durch die steile Ostflanke des Söllerecks nach Norden hinabläuft. Nach ca. einem Kilometer wechseln wir rechts auf einen schmalen, nach Hochleite und zur Fellhornbahn-Talstation ausgeschilderten Wanderweg. Wir gehen auf dem wurzeligen Steig zu einer Weggabelung und dann auf einem Bohlenweg nach rechts. Nach 150 Metern halten wir uns erneut rechts und folgen einem Waldweg zu einer Forststraße, auf der wir links abwärts wandern. Nach einigen Minuten wechseln wir links auf einen schmalen Weg und überqueren eine Kiesstraße. Nach einem Brückchen leitet uns ein Feldweg rechts zum einsam gelegenen Berggasthof Hochleite. Wir wechseln am Gasthof geradeaus auf einen Wanderweg und

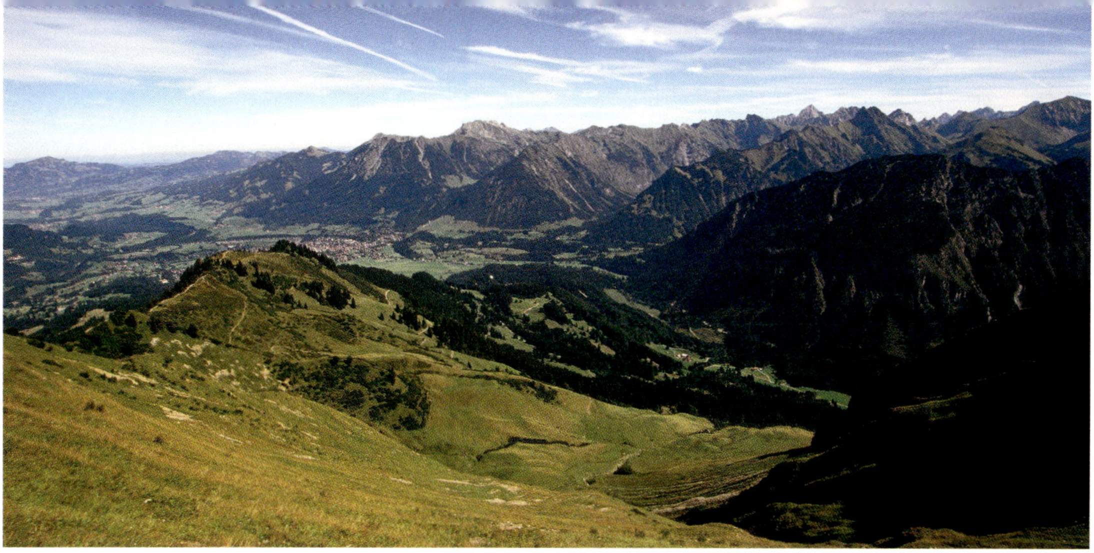

Weit geht der Blick über Oberstdorf und das Illertal nach Norden.

gehen an den folgenden Kreuzungen immer geradeaus, bis uns eine schmale Teerstraße links nach ❷ **Schwand** hinabführt. Hier biegen wir scharf rechts auf einen Feldweg, der uns wieder zu einem Teersträßchen führt. Auf ihm wandern wir durch die Wiesen von Ringang zu einer Straßengabelung. Wir halten uns links und folgen dem unbefestigten Sträßchen, das uns in leichtem Auf und Ab zurück zur Ⓔ **Talstation der Fellhornbahn** bringt.

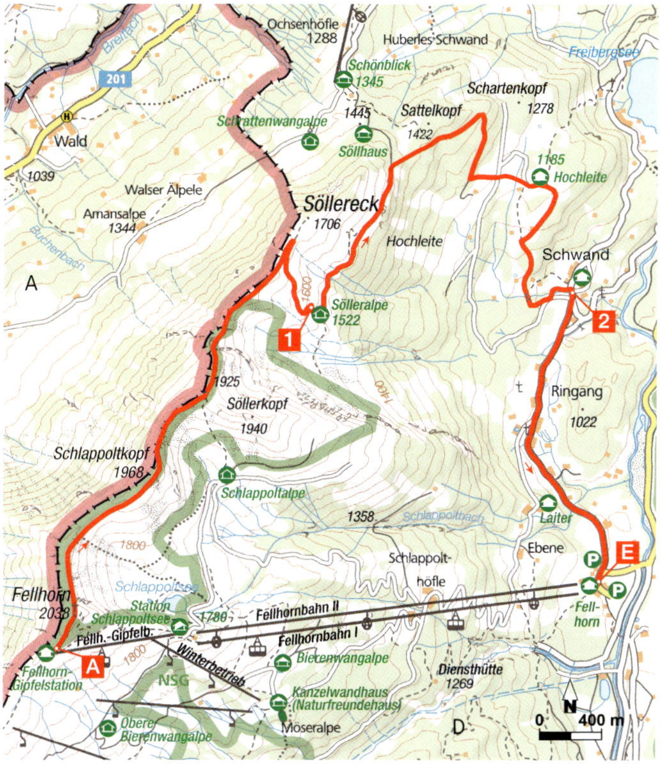

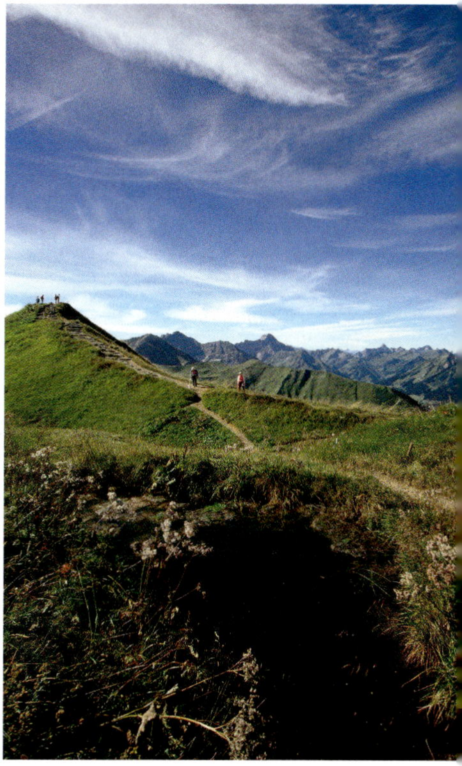

Ein schmaler Bergkamm zieht vom Fellhorn nach Norden.

29 Durch die Breitachklamm

Tobendes Wasser im dunklen Schlund

leicht | 1:30 Std. | 150 m | 3,5 km

Besonderer Genuss: Ruhe und Natur

Tourencharakter
Eine kurze und doch atemberaubende Klammwanderung.

Ausgangs-/Endpunkt
Der Parkplatz am Eingang in die Breitachklamm.
GPS: 47.4022, 10.2292

Anfahrt
Auto: Nördlich von Oberstdorf von der B19 auf der nach Tiefenbach und zur Breitachklamm ausgeschilderten Straße nach Winkel und dort links der Wegweisung zur Breitachklamm bis zum Parkplatz folgen.
Bus/Bahn: Von Oberstdorf (Bahnstation) gute Busverbindung sowohl zum Ausgangspunkt am unteren Klammausgang als auch zur Walserschanze an der Straße ins Kleinwalsertal, die vom oberen Klammausgang schnell zu erreichen ist.

Gehzeiten
Zum Zwing-Steg 0:55 Std., zurück zum Parkplatz Breitachklamm 0:35 Std.

Einkehr
Am Eingang zur Breitachklamm.

Karte
Topografische Karte 1:50 000 des Bayerischen Landesvermessungsamtes, Blatt Allgäuer Alpen

Information
Tourismus Oberstdorf, Tel. 08322/7000, www.oberstdorf.de

Zwischen Oberstdorf und dem Kleinwalsertal hat die Breitach eine eindrucksvolle Klamm gegraben, die seit über 100 Jahren mit einem Weg erschlossen ist. Sowohl im Sommer als auch im Winter, wenn die Schluchtwände mit Eis überzogen sind, erlebt man hier ein unvergessliches Abenteuer.

Durch die enge Klamm Wir beginnen die Wanderung am großen **A Parkplatz** südlich von Tiefenbach. Vorbei am Gasthof Breitachklamm erreichen wir nach wenigen Schritten das moderne Eingangsgebäude. Auf gut ausgebautem Weg geht es über Wiesen zur nahen Breitach. Bisher ist nichts zu erahnen von dem dramatischen Naturschauspiel, das uns erwartet. Gemächlich geht es anfangs am westlichen Ufer des Flusses entlang. Doch schon bald helfen ein Tunnel und Stege, eine senkrechte Felsbarriere zu überwinden. Noch macht die Breitach ihrem Namen alle Ehre und strömt als breiter Fluss zwischen den sich allmählich aufsteilenden Hängen dahin. Doch schon muss sie sich am Grund durch harte Felsschichten graben und die zunehmend felsigeren Talflanken rücken nach und nach enger zusammen.

Der Weg steigt an und bringt uns zum Eingang in die eigentliche Klamm. Wir wechseln auf die linke, östliche Seite des Flusses, der jetzt als Wildbach durch den engen Klammgrund zwischen eingeklemmten Baumstämmen und Felsblöcken von Strudelloch zu Strudelloch tobt. Der Weg scheint teils an die glatt gescheuerten Steilwände geklebt, teils ist er in den dunklen Kalkfels gesprengt. Von den überhängenden Wänden tropft das Wasser. Ein besonderes Naturschauspiel kann man im Winter bewundern, wenn diese Wasserfäden zu langen Eiszapfen erstarren.

Kaum noch Licht erreicht hier im engsten, 50 Meter tiefen Abschnitt der Klamm den Schluchtgrund. Große Felsblöcke haben sich hoch über dem Weg zwischen den Felswänden verklemmt und verstärken den faszinierend düsteren Eindruck. An der Stelle, an der der Weg wieder zur rechten Schluchtwand wechselt, zeigt eine Messlatte, die weit über den Weg hinaufreicht, die unglaublichen Maximalwasserstände in der Schlucht an. Noch schwindelt sich der Weg an den Felswänden entlang durch die enge Klamm, doch vor uns leuchten schon erste Sonnenstrahlen hinein. Ein Steg leitet uns wieder an die linke Talseite und der Weg steigt durch die sich nun weitende Schlucht bergan. Hoch über uns genießen die Besucher den Nervenkitzel, vom Zwingsteg in die enge Klamm zu schauen. Rechts sind bald an den hellen Farben der Felswände die frischen Abbruchspuren zu erkennen, die auf einen enormen Felssturz hinweisen. Er schüttete im Herbst 1995 50000 Kubikmeter Schutt in die Schlucht und staute einen See auf. Als das Wasser ein halbes Jahr später diese Barriere durchbrach, tobte es mit unvorstellbarer Gewalt durch die Breitachklamm, verwüstete den Weg und richtete einen Schaden von 300000 Euro an. Vor den Resten der Felsbarriere knickt der Klammweg nach rechts und führt steil zum nahen Kassenhäuschen am südlichen Schluchtende hinauf.

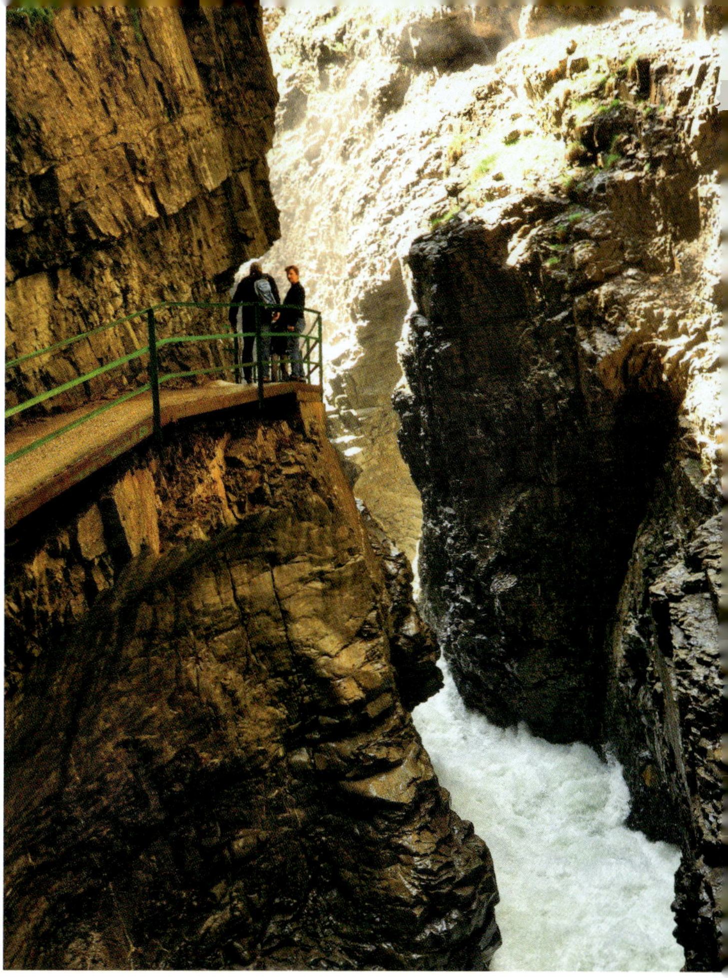

Über der tobenden Breitach klebt der Weg an der senkrechten Wand.

Der Zwingsteg und verschiedene Rückwege Nun bieten sich unterschiedliche Wegvarianten für den Weiter- bzw. Rückweg an. Bevor wir uns entscheiden, folgen wir auf jeden Fall vom Kassenhaus dem steilen Treppenweg bergan. Die Karten für den Klammweg bleiben trotzdem gültig. Wer also durch die Klamm wieder zum Ausgangspunkt zurückkehren will, muss kein neues Ticket lösen. Wir steigen am östlichen Rand der Schlucht über zahlreiche Stufen bergan und genießen den Blick auf die hellen Felssturzwände am gegenüberliegenden Hang. Die Schlucht unter uns wird immer enger und bald ist eine Wegkreuzung erreicht. Rechts läuft ein steiler, nicht zu empfehlender Anstieg zur B19 hinauf, die vom Illertal ins Kleinwalsertal hinaufführt. Links überspannt der atemberaubende Zwingsteg die enge Felsspalte der Breitachklamm. Über den

Steg führt ein Weg durch die Hänge des Engenkopfes zurück zum Ausgangspunkt. Wer wieder zum Parkplatz am nördlichen Schluchtausgang zurückkehren will, dem sei der kürzere und sehr viel eindrucksvollere Weg durch die Breitachklamm angeraten. Auf jeden Fall genießen wir zuvor den atemberaubenden Blick vom 1 **Zwingsteg** in die Klamm. In südlicher Richtung öffnet sich die Schlucht und wir können tief unter uns die Besucher durch die herrliche Klamm wandern sehen. Nördlich des Steges windet sich der engste und dunkelste Abschnitt der Breitachklamm durch den Untergrund. Der Verlauf der nur wenige Meter breiten Schlucht ist am Waldboden nur schwer auszumachen und das dramatische Naturschauspiel 50 Meter unter uns ist kaum zu erahnen.

Vom Zwingsteg steigen wir auf dem Treppenweg wieder zum Kassenhäuschen hinab. Wer ohne Auto angereist ist, dem stehen jetzt mehrere Wegalternativen offen. Auf dem Steig, der den linken Talhang quert, kann man nach Süden zu einer Wegkreuzung wandern. Links führt ein kurzer Anstieg zur Walserschanze hinauf, an der die Kleinwalsertaler im Dreißigjährigen Krieg ihr Tal gegen die Schweden verteidigten. Heute quert hier

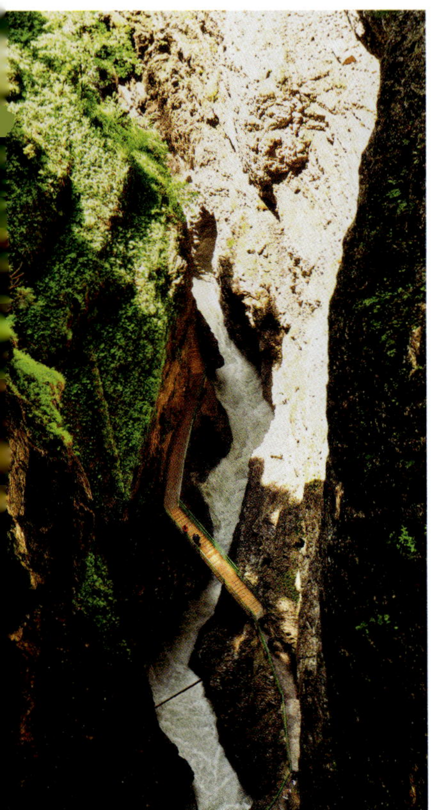

Vom Zwingsteg hat man einen atemberaubenden Tiefblick zum Schluchtweg.

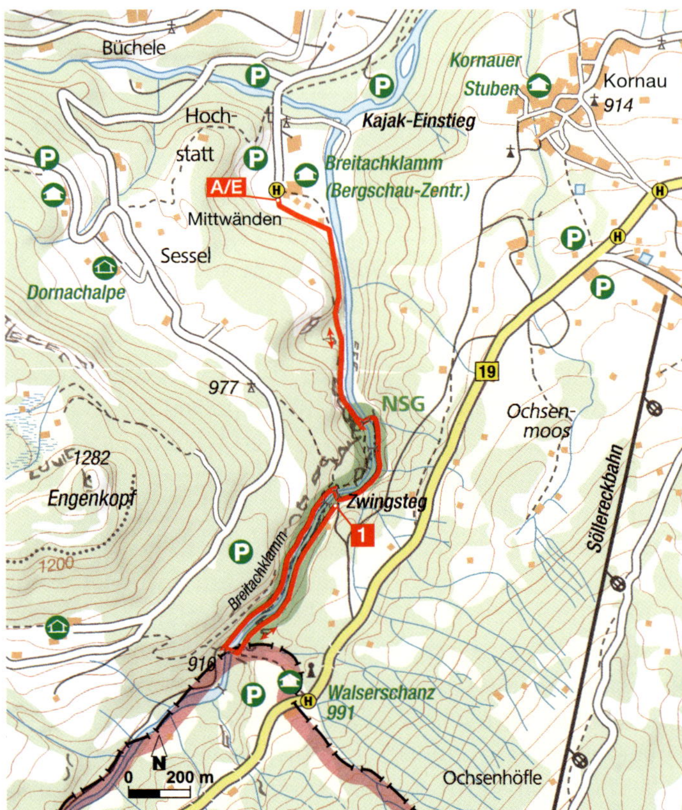

die Grenze zwischen Österreich und Deutschland die Straße ins Kleinwalsertal. Eine Haltestelle der häufig befahrenen Buslinie, die Oberstdorf mit dem Kleinwalsertal verbindet, bietet eine problemlose Rückkehrmöglichkeit.
Wer die Wanderung noch ein wenig ausdehnen möchte, der kann von der Wegkreuzung unterhalb der Walserschanze einfach weiter dem Tal folgen. Der Weg wechselt bald auf die rechte Seite der Breitach und durch das nach und nach sanftere Tal kann man ohne große Mühen immer am Fluss entlang bis nach Riezlern im Kleinwalsertal wandern.
Die schönste Wegalternative ist jedoch der Rückweg durch die Breitachklamm. Mit dem geänderten Blickwinkel lassen sich neue Eindrücke sammeln. Ganz anders scheint der Blick hinauf zum atemberaubenden Zwingsteg, auf dem wir noch vor Kurzem standen. Die Schluchtwände, der Weg und die tosende Breitach bieten auch auf dem Rückweg ein beeindruckendes Naturspektakel, das jeden in seinen Bann zieht, bis man schließlich am Ausgangspunkt die neu gewonnenen Eindrücke bei einer Rastpause verarbeiten kann.

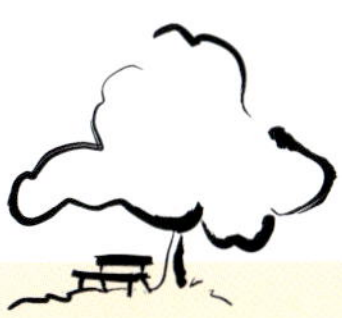

Der Weg durch die Breitachklamm

Die enge, tief in die kreidezeitlichen Schrattenkalke geschnittene Breitachklamm bietet eines der beeindruckendsten Naturschauspiele in weitem Umkreis. Zwischen den glatten, überhängenden Felsen tobt die wasserreiche Breitach am Grund der Klamm. An der Oberkante bleibt im engsten Schluchtabschnitt nur eine wenige Meter breite Spalte offen, durch die kaum Licht in den tiefen, engen Felsspalt dringt. Fast meint man hier, durch eine Höhle zu wandern. Der Steg, der teils hoch über dem Klammgrund und teils nahe dem gischtenden Wasser entlangführt, scheint an die feuchten Wände geklebt. Vor allem im Frühjahr, wenn zur Zeit der Schneeschmelze die Breitach reichlich Wasser führt, ist der Lärm in der engen Klamm ohrenbetäubend.

Früher glaubten die Menschen, dass in der dunklen, Zwing genannten Klamm, in deren unzugänglichen Tiefen es rauschte und polterte, böse Geister wohnen. Erst der energische Einsatz des Tiefenbacher Pfarrers Johann Schiebel brachte eine Wende. Er erkundete die Klamm und hielt einen Wegebau, der den Tourismus ankurbeln sollte, für möglich. 1904 gründeten Oberstdorfer Bürger den Breitachklamm Verein, der bis heute die 1905 fertiggestellte Weganlage durch die Klamm betreibt. 1961 sollte eine Hochwassermauer die Breitach in der Schlucht aufstauen. Doch glücklicherweise scheiterte dieser Naturfrevel am Widerstand von Einheimischen und Naturschützern. So kann man auch heute noch das schaurig-schöne Naturschauspiel Breitachklamm bewundern.

30 Am Gottesacker-plateau

Durch ein Meer aus Stein

schwer 6:00 Std. 520/820 m 12 km

Besonderer Genuss: Ruhe und Natur

Tourencharakter
Auf dem Gottesackerplateau kann man die bizarre Welt einer hochalpinen Karstlandschaft hautnah erleben. Der teils schlecht zu erkennende Weg verlangt Orientierungssinn. Bei weniger Kondition empfiehlt sich die beschriebene Kurzvariante zum Hahnenköpfle.

Ausgangs-/Endpunkt
Die Ifenbahn im Kleinwalsertal. GPS: 47.3426, 10.1378

Anfahrt
Auto: Mit eigenem Fahrzeug auf der B19 nach Riezlern und von dort der beschilderten Zufahrtsstraße folgend zur Ifenbahn. Bus/Bahn: Von der Bahnstation in Oberstdorf gute Busverbindungen über Riezlern zur Talstation der Ifenbahn.

Gehzeiten
Zur Bergadler-Hütte 1:30 Std., über das Plateau zur Gottesackeralpe 1 Std., Abstieg nach Unterwald 3 Std., zurück zur Talstation 0:30 Std.

Einkehr
In der Ifenhütte neben der Bergstation der Ifenbahn.

Karte
Topografische Karte 1:50 000 des Bayerischen Landesvermessungsamtes, Blatt Allgäuer Alpen

Information
Kleinwalsertal Tourismus, Tel. +43/5517/511 40, www.kleinwalsertal.com

Westlich über dem Kleinwalsertal erhebt sich die geheimnisvolle Karstfläche des Gottesackerplateaus. Ein anspruchsvoller Weg führt uns über die bizarr verwitterten Felsen und zu einer Alpe, an der schon die Menschen der Steinzeit den Sommer über lebten.

Von der Seilbahn zum Gottesackerplateau An der Ⓐ **Bergstation der Ifenbahn** gehen wir unter der Bahn durch zur nahen Ifenhütte. Hier beginnt ein geteerter Wanderweg, der in Serpentinen durch die steilen Alpwiesen nach oben führt. Wir erreichen eine Hangkante, an der unser Weg in einen steinigen Steig übergeht. Vor uns zieht die Ifenmulde am Fuß der lang gestreckten Ifenmauer, deren Felswände in verschiedenen Farben leuchten, bergan. Weiter an der rechten Seite des Tales aufwärts zu einer Weggabelung, an der der rot markierte Weg zum Hohen Ifen links abzweigt. Da der Anstieg zum Ifen

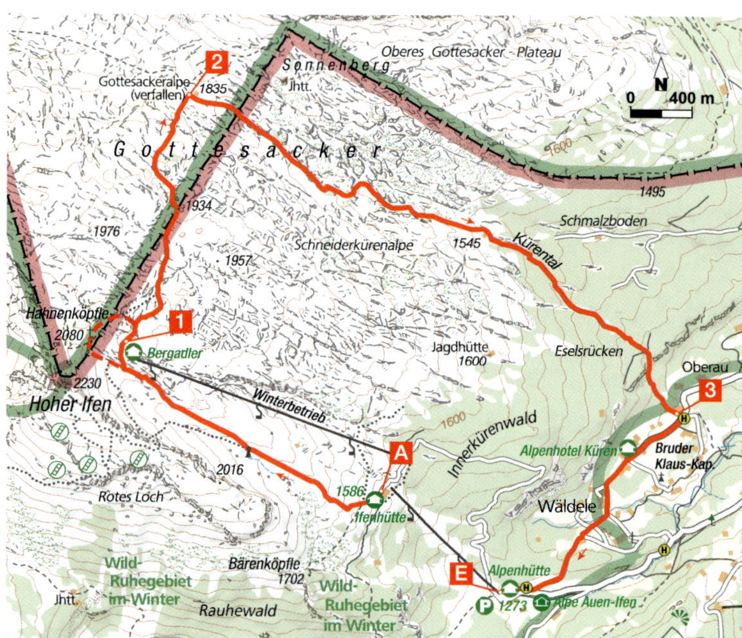

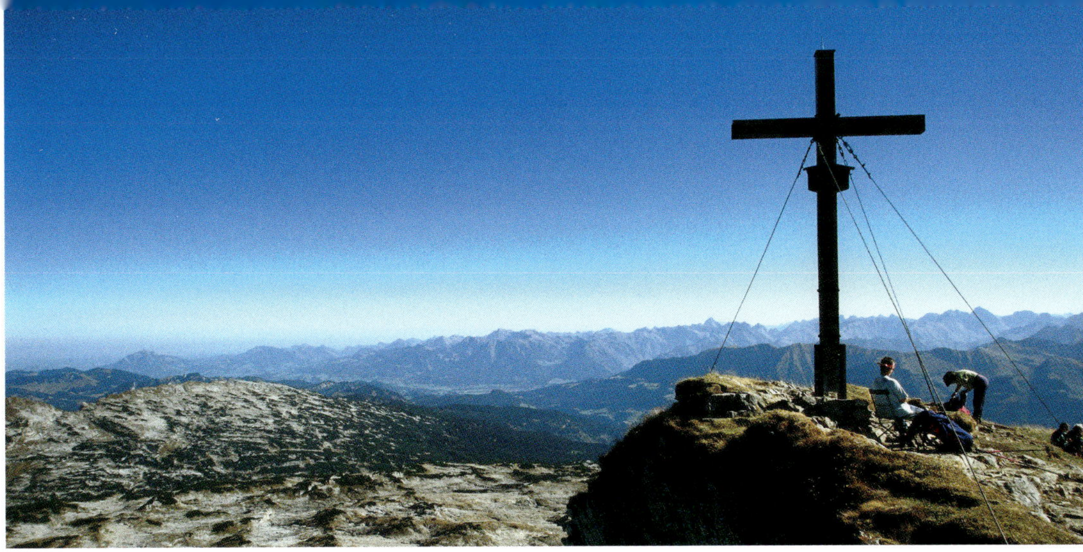

Vom Hohen Ifen hat man einen Tiefblick auf das Gottesackerplateau.

durch die steile Felsflanke führt, folgen wir dem geradewegs bergauf laufenden Steig. Er bringt uns bald durch felsiges Gelände zur 1 Bergadler-Hütte hinauf. Spätestens hier sollte man sich nochmals vergewissern, dass das Wetter hält und nicht mit Wolken oder Nebel zu rechnen ist, denn auf dem folgenden Abschnitt muss man, von Farbpunkten geleitet, teils weglos das Gottesackerplateau überqueren.

Kurzvariante zum Hahnenköpfle Bei der Bergadlerhütte beginnt ein ausgewiesener Weg auf das wenig aussichtsreiche Hahnenköpfle, das sich direkt vor uns erhebt. In gut zehn Minuten ist der kleine Gipfel erobert, der sich als Alternativziel für all jene eignet, denen der beschriebene Weg über das Gottesackerplateau zu weit ist. Eine Abstiegsvariante, die etwas Trittsicherheit verlangt, führt vom Gipfel nach Norden und dann im Bogen über verkarstetes Gestein zurück zur Bergadler-Hütte.

Über das eigenwillige Gottesackerplateau Der Wegweiser »Gottesacker-Plateau« leitet uns auf gelb markierter Wegspur auf die grauen Karrenfelder. Bei genauem Hinsehen entdecken wir in den Rissen und Spalten eine Vielzahl von Pflanzen. Diese Überlebenskünstler haben in dieser harten, unwirtlichen Umgebung ihre Nische gefunden. Wir wandern, bestens geleitet durch die ausgezeichneten gelben Markierungen, über ein erstes Karrenfeld und steigen schließlich mithilfe von Metallklammern auf einen niedrigen Rücken. Über Kalkfelsen, kleine Bergwiesen und durch Latschenfelder, vorbei an schmalen Spalten und tiefen Dolinen, führt uns der schmale Steig im Auf und Ab über das bizarre Plateau. Kurz bevor der Anstieg zur Torkopfscharte an den Oberen Gottesackerwänden beginnt, er-

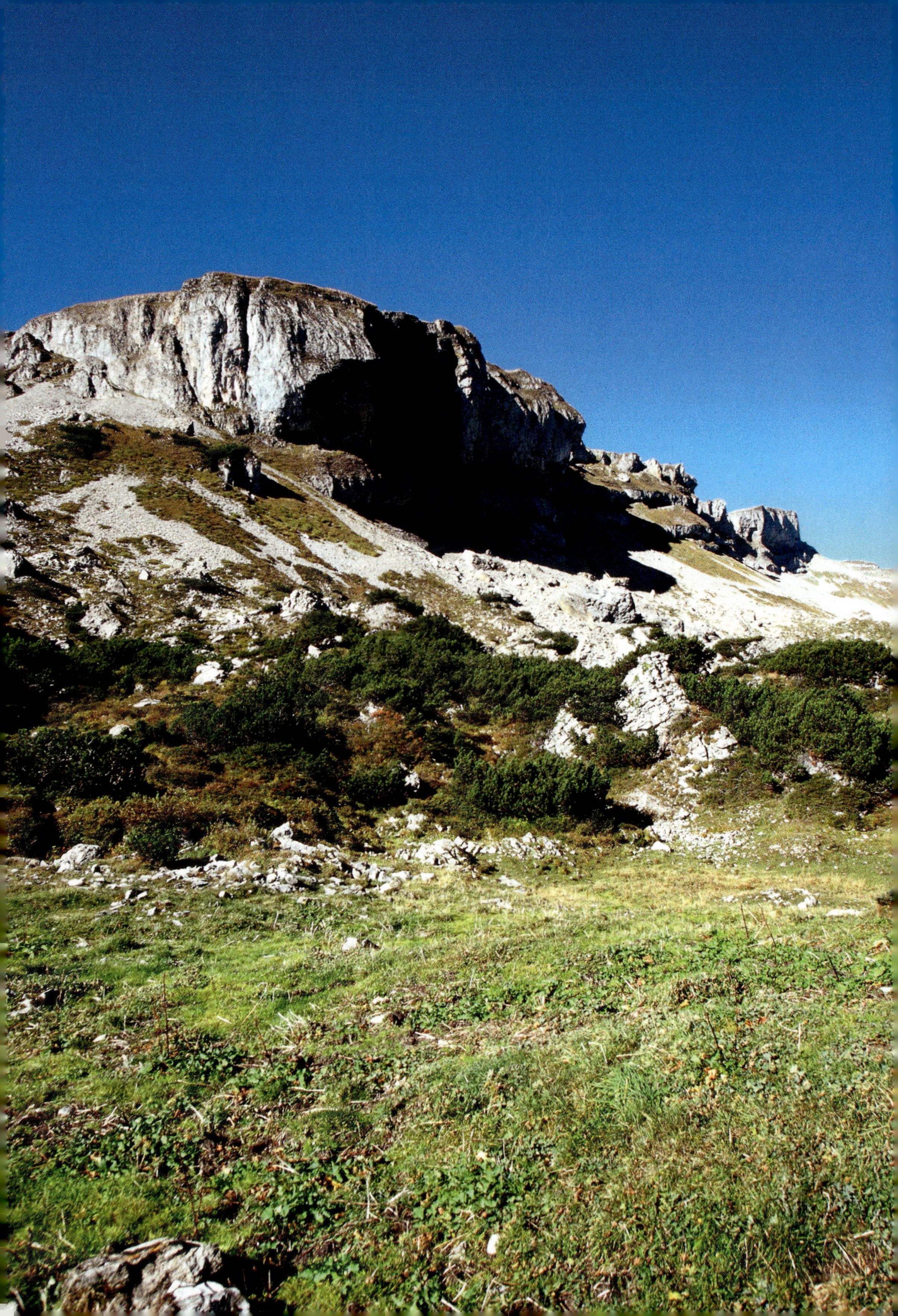

reichen wir auf den ebenen Wiesen der verfallenen ❷ **Gottesackeralpe** eine Wegkreuzung.

Wir biegen rechts in den zum Kleinwalsertal ausgeschilderten, steinigen Steig, der rechts abwärts läuft. Er führt uns in eine schluchtartige, zwischen bizarr verwitterten Kalkfelsen eingelassene Karstgasse. Wir wandern auf den Allgäuer Hauptkamm mit Krottenkopf, Mädelegabel und Hohem Licht zu, der über das Fellhorn und die Schafalpköpfe zu uns herüberschaut. Die enge Gasse, die sich bald zu einem Tal weitet, gibt uns den Weg vor. Immer nahe dem Talgrund führt uns der rot markierte Steig zur Waldgrenze hinab. Kurz darauf erreichen wir die Jagdhütte auf der Schneiderkürenalpe, an der sich herrlich rasten lässt. Hier wurde vor wenigen Jahren unter den überhängenden Felswänden ein Lagerplatz entdeckt, den Steinzeitmenschen in der warmen Jahreszeit als Ausgangspunkt für Jagdzüge auf dem Gottesackerplateau nutzten. Nach den archäologischen Ausgrabungsarbeiten wurde das Jagdlager rekonstruiert und bietet jetzt einen Einblick in die steinzeitliche Lebensweise. Nicht nur Ötzi liefert also den Beweis, dass schon in der Steinzeit Menschen im Hochgebirge unterwegs waren.

Linke Seite: Der Aufstiegsweg führt an den Wänden des Hohen Ifen entlang.

Das Gottesackerplateau

Auf einer Fläche von 9 Quadratkilometern dehnt sich eine der eigenwilligsten Landschaften der Allgäuer Alpen aus: das Gottesackerplateau. Die Hochfläche wird wie auch das angrenzende Ifenmassiv großteils durch sogenannte Schrattenkalke aufgebaut, die vor ca. 100 Millionen Jahren im kreidezeitlichen Meer abgelagert wurden. Wasser formte aus dem löslichen Gestein im Laufe der Zeit eine typische Karstlandschaft. Bizarre Rillen und Karren überziehen die Gesteinsoberfläche und durch Schlünde und Dolinen wird das Regenwasser in den ausgehöhlten Untergrund geleitet. Eine überraschend große Anzahl teils seltener Pflanzen findet auf der ausgetrockneten, sonnenüberfluteten Hochfläche in Rissen und Spalten eine Nische zum Überleben.

Zurück in das Kleinwalsertal Entlang der hellen Felswände zur Linken führt unser Weg ein Stück steiler bergab. Bald schlängelt er sich angenehm durch den Hochwald abwärts und überquert eine erste Forststraße. Auf weichem Waldweg wandern wir durch Blaubeerfelder zu einer weiteren Forststraße, auf die wir links einschwenken. Wir folgen ihr abwärts, bis sie auf den Wiesen von ❸ **Unterwald** auf eine schmale Teerstraße trifft. Wir folgen dem Wegweiser zur Auenhütte, die neben der Talstation des Ifenliftes steht, nach rechts. An der nächsten Gabelung gehen wir geradeaus aufwärts und dann links zu den Häusern von Oberwald. Hier finden wir rechts einen geteerten Fußweg, der steil aufwärts läuft. Kurz nach dem Bergheim Wäldele wechseln wir geradeaus auf einen breiten Weg, der uns über eine bewaldete Kuppe zur Ⓔ **Talstation der Ifenbahn** bringt.

31

Von der Scheuenalpe zum -wasserfall

Stille Wanderung bei Balderschwang

leicht | 1:45 Std. | 210 m | 4,5 km

Besonderer Genuss: Ruhe und Natur

Tourencharakter
Eine einfache, wenig bekannte Wanderung, die auf breiten Alpwegen und einem schmalen, aber gut markierten Steig verläuft. Ein kurzer Abstieg windet sich zum Schluss zwischen mächtigen Felssturzblöcken zum einsamen Wasserfall.

Ausgangs-/Endpunkt
Der Parkplatz bzw. die Bushaltestelle am südöstlichen Ende des Balderschwanger Tales, wo am Beginn des Anstieges zum Riedbergpass die Alpstraße zur Scheuenalpe abzweigt.
GPS: 47.4429, 10.1376

Anfahrt
Auto: Bei Fischen von der B19 auf die nach Balderschwang ausgeschilderte Straße, die zum Ausgangspunkt führt.
Bus/Bahn: Gute Busverbindung über den Riedbergpass nach Fischen und Oberstdorf.

Gehzeiten
Aufstieg zum Wasserfall 1 Std., zurück zum Ausgangspunkt 0:45 Std.

Einkehr
In der Scheuenalpe.

Karte
Topografische Karte 1:50 000 des Bayerischen Landesvermessungsamtes, Blatt Allgäuer Alpen

Information
Gäste-Info Balderschwang, Tel. 08328/1056, www.hoernerdoerfer.de

Versteckt über dem Balderschwanger Tal rauscht der wenig beachtete Scheuenwasserfall über eine senkrechte Felswand zu Tal. Eine kurze, stille Wanderung führt an den Fuß des Wasserfalls, der vor allem nach längeren Regenfällen oder nach der Schneeschmelze im Frühjahr zu beeindrucken weiß.

Vorbei an der Scheuenalpe Vom Ⓐ **Parkplatz** neben der Riedbergstraße folgen wir einer geteerten Alpstraße, die uns nach kurzer Strecke über die Bolgenach führt. Kurze Zeit später erreichen wir eine Weggabelung, von der wir der Beschilderung links über den Inneren Scheuenbach zur nahen Scheuenalpe folgen. Auf dem Rückweg können wir in der schön gelegenen, während der Alpsaison bewirtschafteten Alpe einkehren. Wir gehen jetzt aber an der Alphütte vorbei und erreichen nach wenigen Metern eine Wegkreuzung. Rechts leitet uns ein Wirtschaftsweg über die Alpenweiden nach oben. Der Blick geht über das Balderschwanger Tal zu den sonnenverwöhnten Alpweiden an der Südflanke des Siplingerkopfes. Bald schwenkt unser Weg nach rechts an den Waldrand. Ein Wegweiser lenkt uns links auf einen schmalen, wurzeligen Steig, der uns schon nach wenigen Metern wieder aus dem Wald herausführt. Am Rand einer Alpweide geht es nun auf die wild gefalteten Felsen der Gauchenwand zu, bis das Weglein nach einer feuchten Stelle endgültig in den Bergwald läuft. Auf einem Rücken steigen wir am Rand der Talfurche, aus der schon das Rauschen eines Wildbaches zu uns heraufdringt, bergan.

Zum schattigen Wasserfall Das Gelände wird bald steiler und geht nach oben in steile Wände über. Unser Steig schwenkt nach rechts und führt uns unterhalb der Gauchenwände durch lichten Buchenwald leicht fallend in das Tal. Bald schwindelt er sich zwischen mächtigen Felssturzblöcken hindurch und bringt uns zum Bach, der vom Fuß des nahen Wasserfalls über wild durcheinander geworfene Felsen zu Tal rauscht. Eine Wegspur leitet uns am Felschaos entlang zum grünen Wasserbecken

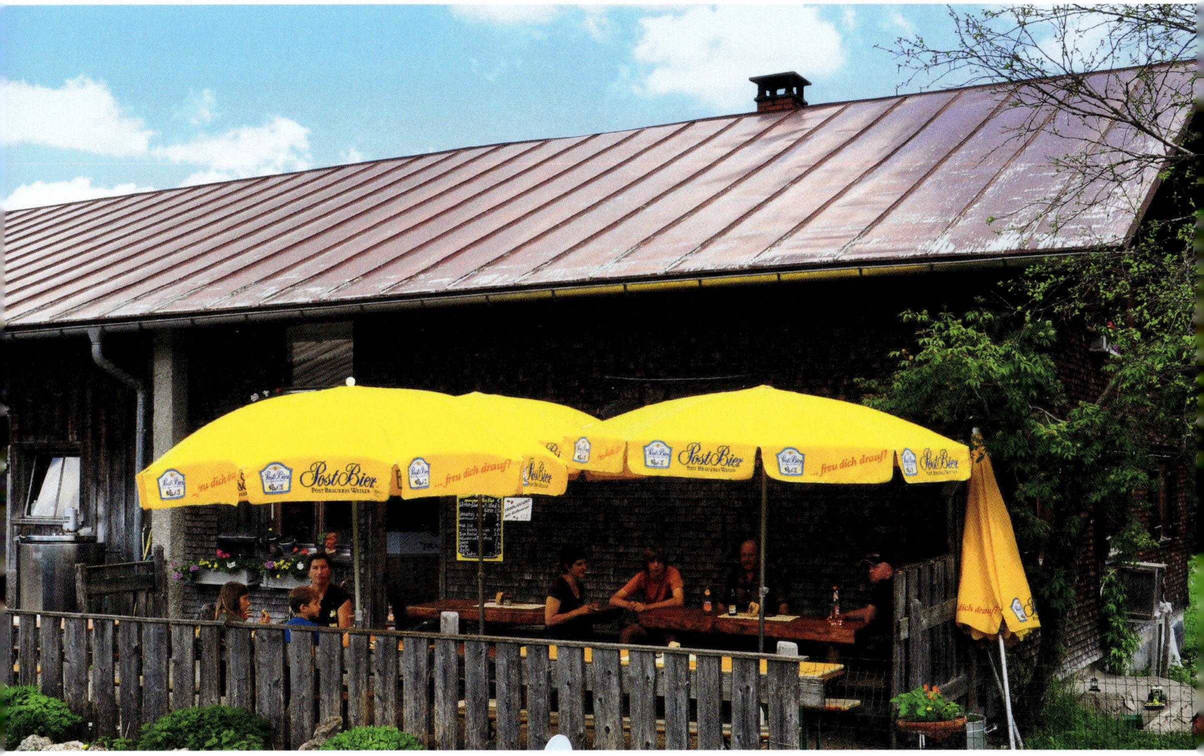

Am Schluss bietet die Scheuenalpe eine gemütliche Einkehr.

am Fuß der senkrechten, vielfarbigen Felswand. Hier läuft am tiefsten Einschnitt zwischen den Gauchenwänden zur Linken und den Scheuenwänden, die nach rechts ziehen, der Gischtstreifen des 1 **Scheuenwasserfalls** zu Tal. Richtig wild gebärdet sich der Wasserfall vor allem im Frühjahr, wenn an den Nordhängen des Pisenkopfes die letzten Schneefelder schmelzen. Im Sommer dagegen bieten die schmalen Wasserstreifen neben einem bezaubernden Anblick vor allem ein erfrischend schattiges Wandervergnügen, das mit einem kühlen Fußbad in dem Wasserbecken am Fuß der Kaskade abgerundet werden kann. Auf dem Aufstiegsweg geht es vom Wasserfall wieder zurück zur einladenden Scheuenalpe, auf der wir nach der kurzen Tour Zeit für eine lange Rast haben.

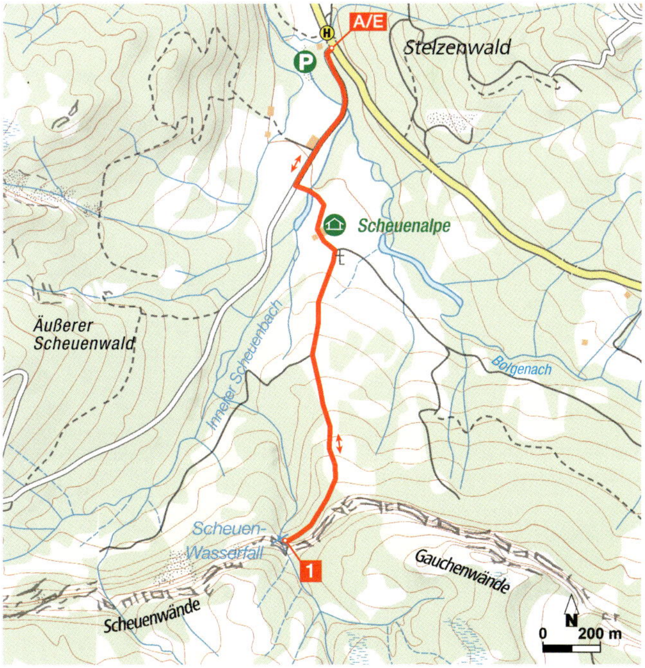

32

Auf den Siplingerkopf

Nagelfluhberge über Balderschwang

mittel | 5:30 Std. | 750 m | 10 km

Besonderer Genuss: Aussicht

Tourencharakter
Eine aussichtsreiche Wanderung auf Alpstraßen und schmalen Steigen. Der direkte Weg von der Balderschwangeralpe zum Siplingerkopf ist die einfachere Variante.

Ausgangs-/Endpunkt
Eine Alpstraße östlich von Balderschwang beim Hof »Bim schwarza Stürar«.
GPS: 47.4653, 10.1103

Anfahrt
Auto: Mit eigenem Fahrzeug im Illertal bei Fischen von der B19 auf die nach Balderschwang ausgeschilderte Straße, die über den Riedbergpass zum Ausgangspunkt führt.
Bus/Bahn: Gute Busverbindung von Balderschwang über den Riedbergpass nach Fischen und Oberstdorf.

Gehzeiten
Zur Oberen Balderschwangeralpe 1:15 Std., auf den Heidenkopf 1:30 Std., zum Siplingerkopf 0:45 Std., Abstieg nach Balderschwang 2 Std.

Einkehr
In Balderschwang.

Karte
Topografische Karte 1:50 000 des Bayerischen Landesvermessungsamtes, Blatt Allgäuer Alpen

Information
Gäste-Info Balderschwang, Tel. 08328/1056, www.hoernerdoerfer.de

Von Balderschwang führt uns diese Tour über sonnenreiche Südhänge auf den höchsten Gipfel über dem Tal, den Siplingerkopf. Vorbei an einer uralten Eibe und zahlreichen Alpen geht es hinauf zu bizarren Nagelfluhfelsen, von denen sich ein herrlicher 360-Grad-Blick bietet.

Sonniger Aufstieg zum Heidenkopf Vom **A Abzweig beim Hof »Bim schwarza Stürar«** führt uns eine geteerte Alpstraße zur uralten Eibe von Balderschwang, die bald auf den sonnigen Weiden links der Straße steht. Mit einem geschätzten Alter von 2000 bis 4000 Jahren zählt sie zu den ältesten Lebewesen in Europa. Wir wandern weiter auf der Teerstraße an der Oberen Socheralpe vorbei durch die Südhänge des Siplingerkopfes bergan, bis wir oberhalb der **1 Oberen Balderschwanger Alpe** eine flache Talmulde erreichen. Dort biegen wir rechts auf einen schmalen, zum Siplingerkopf ausgeschilderten Steig ab. Nach

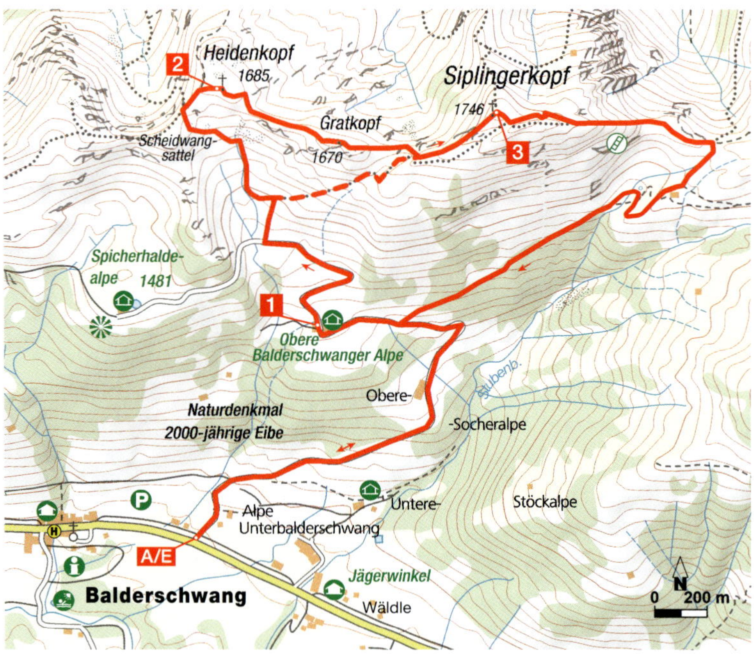

einem nahen Zaun halten wir uns rechts und steigen an einzeln stehenden Fichten zu einer Wegkreuzung. Wer nicht ganz trittsicher ist, der wählt hier den rechten Weg, der direkt zum Siplingerkopf hinaufführt, sowohl für den Anstieg als auch für den Abstieg.
Wir halten uns hier jedoch links und folgen der schmalen Spur, die uns durch felsdurchsetzte Bergwiesen und links einer bizarren Nagelfluhwand zu einer Kreuzung auf dem Bergrücken bringt. Auf ihm steigen wir nach rechts, umgehen einen ersten Felskopf mithilfe eines Drahtseiles. Über einige harmlose Felstürme und durch eine enge Felsgasse klettern wir auf den kreuzgeschmückten Gipfel des 2 **Heidenkopfes (1645 m)**. Wir können nun den folgenden Wegabschnitt zum Siplingerkopf überblicken.

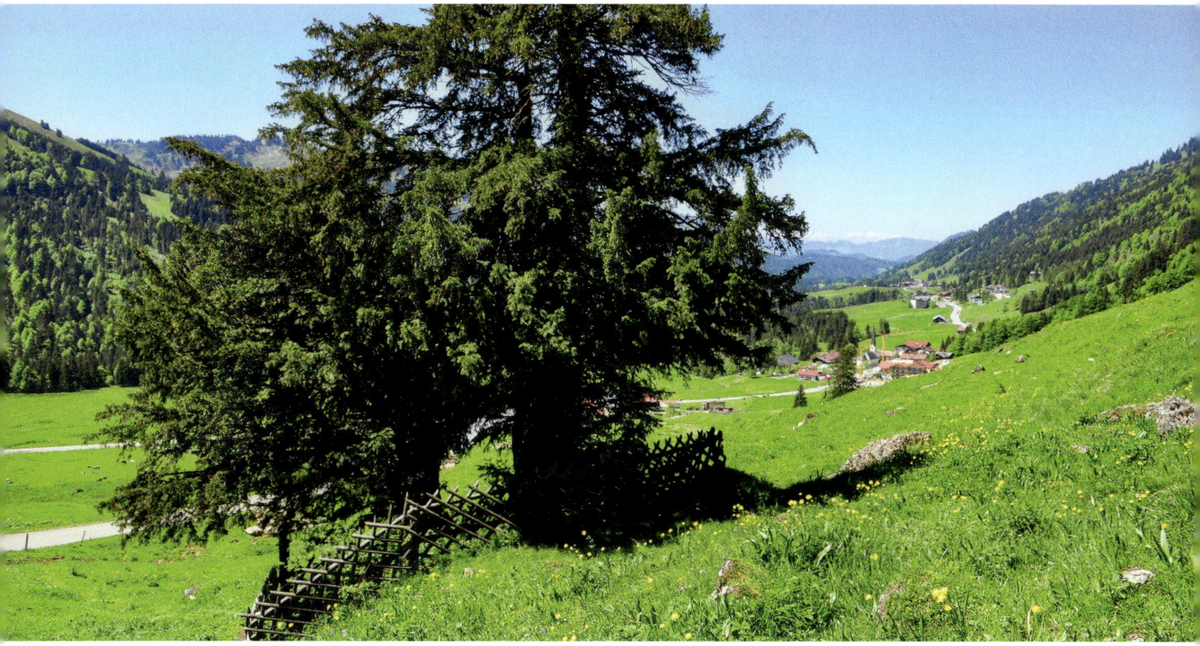

Der Weg führt uns an der uralten Eibe von Balderschwang vorbei.

Über den Bergkamm zum Siplingerkopf Vom Gipfel führt uns ein guter Steig in eine bewaldete Scharte, von der aus wir auf einem schmalen Grat einen Bergkopf ersteigen. Jenseits geht es über einen Grat in eine von eigenartigen Nagelfluhfelsen überragte Scharte hinab. Ein rot markiertes Weglein leitet uns anschließend über eine niedrige Wandstufe zu einem bewaldeten Bergkamm, auf dem wir auf den einfacheren Anstiegsweg treffen. Entweder über den felsigen Grat oder auf dem einfacheren Weg wenige Meter rechts steigen wir zu einer Scharte hinauf,

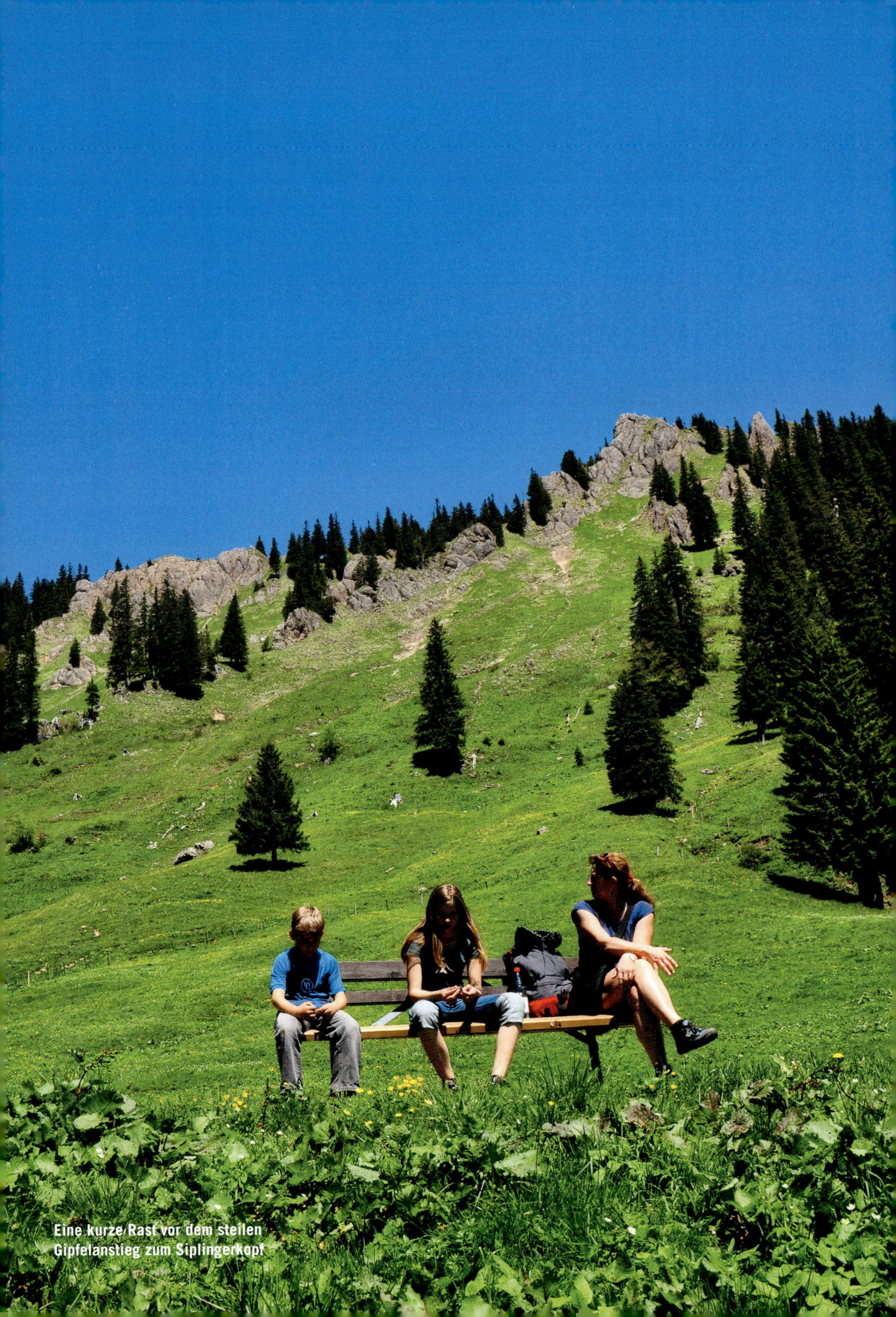

Eine kurze Rast vor dem steilen Gipfelanstieg zum Siplingerkopf

von der wir links nach wenigen Metern das Gipfelkreuz auf dem 3 **Siplingerkopf (1746 m)** erreichen. Hier öffnet sich eine nahezu grenzenlose Rundumsicht.

Unten: Über die Nagelfluhfelsen geht der Blick zu den Schweizer Bergen.

Zurück ins Balderschwanger Tal Vom Gipfel gehen wir wieder in die nahe Scharte und folgen dem zur Oberen Wilhelminealpe ausgeschilderten Steig, der in gleichbleibender Höhe durch Grashänge zum Ostrücken führt. Auf ihm steigen wir zu einer Steilrinne hinab, durch die uns ein lehmiges Weglein weiter bergab führt. Bald queren wir mithilfe einer Kette rechts über einen Gratrücken zu einer weiteren Rinne, durch die wir schnell den Bergfuß erreichen. Nun geht es in gleichbleibender Höhe durch den Wiesenhang, bis wir rechts zur nahen Oberen Wilhelminealpe absteigen können. Von der Alpe wandern wir auf dem Alpsträßchen abwärts zu der vom Anstieg her bekannten Teerstraße, die links an der Alten Eibe vorbei zum E **Ausgangspunkt bei Balderschwang** hinabführt.

Aussichtsberg Siplingerkopf

Vom Siplingerkopf genießt man einen fantastischen Rundumblick. Ganz nahe ragen im Norden jenseits des Aubachtales die Nagelfluhberge Stuiben, Rindalphorn und Hochgrat auf. Im Osten und Süden »sägt« der Gipfelkamm der Allgäuer Hochalpen am Himmel. Nebelhorn, Hochvogel, Großer Krottenkopf, Trettachspitze, Mädelegabel, Hohes Licht oder die Gottesackerwände wecken Erinnerungen an herrliche Tourentage. Im Westen reicht der Blick vorbei an den markanten Gipfelgestalten der Rätikonberge bis weit hinein in die Schweizer Bergwelt.

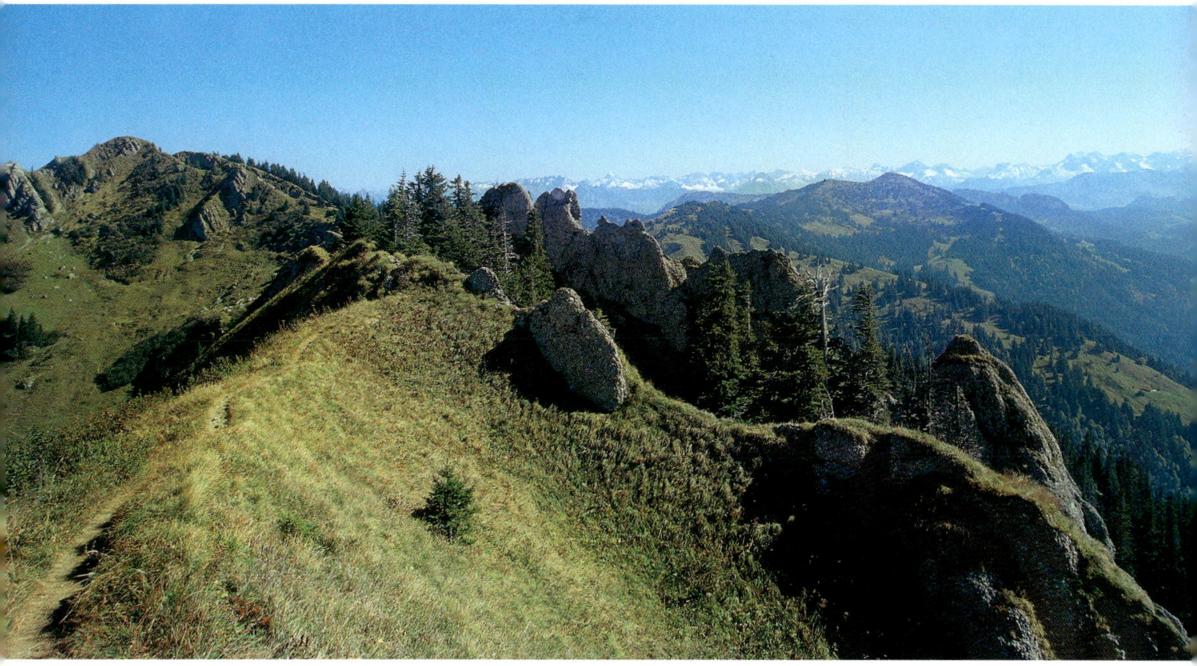

33

Weiherkopf und Rangiswanger Horn

Sanfte Panoramatour

mittel | 4 Std. | 290/870 m | 8,5 km

Besonderer Genuss: Aussicht

Tourencharakter
Eine einfache Aussichtstour, die dank der Auffahrt mit der Hörnerbahn großteils bergab führt. Wer mit öffentlichen Verkehrsmitteln angereist ist, kann die Wanderung über den Bergkamm noch weiter nach Norden ausdehnen.

Ausgangs-/Endpunkt
Die Hörnerbahn in Bolsterlang (Seilbahnauskunft Tel. 08326/9091).
GPS: 47.4627, 10.2276

Anfahrt
Auto: Mit dem Auto auf der B19 durch das Illertal nach Fischen und dort der Wegweisung zur Hörnerbahn folgen.
Bus/Bahn: Gute Busverbindungen aus dem Illertal nach Bolsterlang.

Gehzeiten
Zum Weiherkopf 0:30 Std., weiter zum Rangiswanger Horn 0:45 Std., hinab nach Kierwang 2:15 Std., zurück zur Hörnerbahn 0:30 Std.

Einkehr
An der Hörnerbahn-Bergstation, in Kierwang und Bolsterlang.

Karte
Topografische Karte 1:50 000 des Bayerischen Landesvermessungsamtes, Blatt Allgäuer Alpen

Information
Gästeinformation Bolsterlang, Tel. 08326/8314, www.hoernerdoerfer.de

Auf der Westseite wird das Illertal von den sanft gerundeten Gipfeln des Naturparks Hörnergruppe überragt. Dank der Hörnerbahn kann man diesen Höhenzug ohne allzu große Anstrengungen überwandern und die herrlichen Ausblicke auf die Allgäuer Hochgipfel genießen.

Von der Hörnerbahn zum Rangiswanger Horn Von der **A Bergstation der Hörnerbahn** gehen wir auf breitem Weg ein kurzes Stück abwärts und steigen dann rechts nahe dem Waldrand steil nach oben zum Gipfel des **1 Weiherkopfes (1665 m)**. Der anstrengendste Abschnitt der gesamten Wanderung liegt nun schon hinter uns und so können wir die herrliche Aussicht in vollen Zügen genießen. Vorbei an einer Liftstation wandern wir jenseits abwärts zur Wegkreuzung an der Märchenwiese. Wir folgen geradeaus dem breiten, zum Rangiswanger Horn ausgeschilderten Weg, der bald in einen schmalen Steig übergeht.

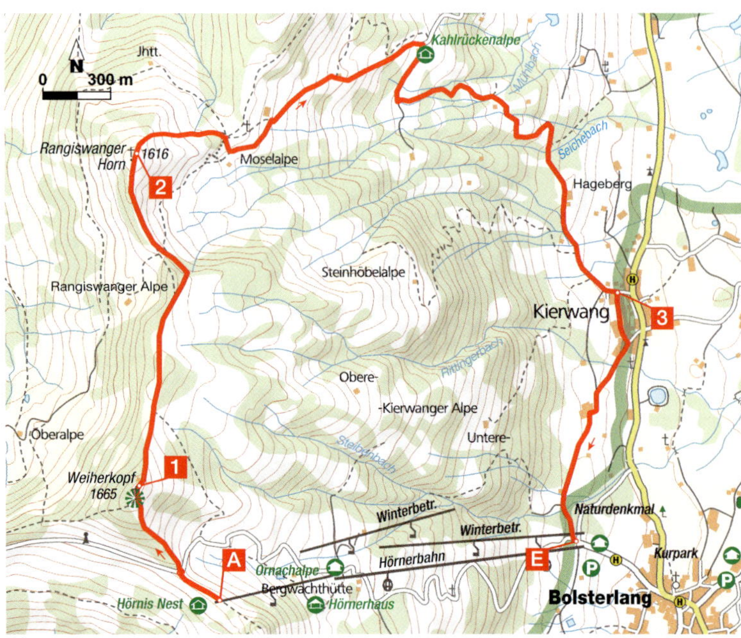

In sanftem Auf und Ab führt er uns auf dem breiten, malerischen Bergrücken durch Wald und über Wiesen zu einer Wegkreuzung in einer Scharte. Rechts läuft eine kürzere und etwas einfachere Variante durch den Osthang des Rangiswanger Horns abwärts. Wir erklimmen jedoch geradewegs auf einem angenehmen Steig das 2 **Rangiswanger Horn**. Vom Gipfelkreuz bietet sich uns ein herrlicher Blick, der in alle Richtungen ungehindert über die Berge und Täler geht.

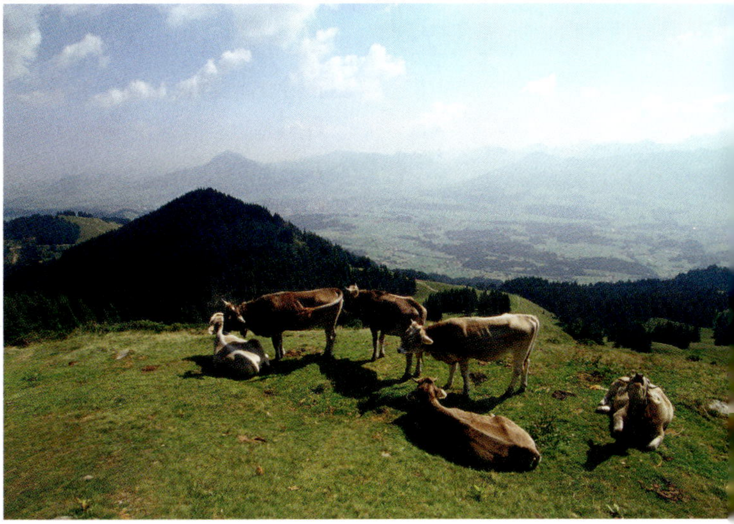

Immer wieder öffnen sich wundervolle Blicke zu den Bergen rund ums Illertal.

Der lange Abstieg nach Kierwang und zur Hörnerbahn Jenseits leitet uns ein teils steiler und steiniger Steig in die Scharte hinab, die das Rangiswanger vom Sigiswanger Horn trennt. Hier treffen wir wieder auf die einfachere Variante, die die Ostflanke des Rangiswanger Horns quert. Wer nicht zum Ausgangspunkt zurück muss, der kann links auf dem Panoramaweg zum Ofterschwanger Horn wandern und dann zu Fuß oder mit der Seilbahn nach Ofterschwang absteigen oder abfahren. Wir folgen jedoch von der Wegkreuzung im Sattel in östlicher Richtung einer nach Sigiswang ausgeschilderten Wegspur, die bald nach links knickt und uns zur nahen Sigiswanger Hornalpe führt.
Auf anfangs schottrigem und weiter unten geteerten Alpsträßchen geht es teils steil zur Bergpension Kahlrückenalpe hinab. Hier wechseln wir rechts auf einen Wirtschaftsweg und biegen nach 250 Metern links auf einen Pfad, der uns über eine Wiese führt. Bald entlässt uns ein Türchen in den Wald und wir wandern auf einem schönen Weglein abwärts, bis uns eine Brücke rechts über den Bach zu einer Alphütte bringt. Wir folgen jetzt einem Feldweg, der sich durch die Wiesen abwärts in ein Tal schlängelt. Dort führt uns eine schmale Holzbrücke rechts über den Bach zu einem Wirtschaftsweg. Wir halten uns links und wandern am herrlich gelegenen Hofgebäude von Hageberg vorbei geradewegs nach 3 **Kierwang**. An der ersten Kreuzung gehen wir rechts und bald auf dem Angerweg erneut rechts aus dem Dorf. Unterhalb eines alleinstehenden Hofes zweigen wir links auf den Bergblickweg ab, der uns über Wiesen und durch Wald sanft ansteigend zu einer Forststraße leitet. Sie bringt uns links zurück zur E **Talstation der Hörnerbahn**.

34

Gunzesrieder Säge und Ostertaltobel

Schluchtwanderung im Gunzesrieder Tal

mittel | 1:15 Std. | 100 m | 3,5 km

Besonderer Genuss: Ruhe und Natur

Tourencharakter
Auf schmalem Steig geht es mithilfe von Holzstegen durch die malerische Schlucht mit ihren zahlreichen Wasserfällen. Der Rückweg führt über breite Alpwege und bietet mehrere Einkehrmöglichkeiten.

Ausgangs-/Endpunkt
Der große Wanderparkplatz kurz vor den Häusern der Gunzesrieder Säge bzw. die Bushaltestelle Gunzesrieder Säge.
GPS: 47.5078, 10.1945

Anfahrt
Auto: Zwischen Sonthofen und Blaichach auf die nach Gunzesried ausgeschilderte Straße einbiegen und durch Gunzesried den Schildern folgend zur Gunzesrieder Säge.
Bus/Bahn: Gute Busverbindung vom Bahnhof Blaichach zur Gunzesrieder Säge.

Gehzeiten
Zum Parkplatz Ostertal 0:45 Std., zurück zur Gunzesrieder Säge 0:30 Std.

Einkehr
In der beliebten Buhlsalpe und in der Gunzesrieder Säge.

Karte
Topografische Karte 1:50000 des Bayerischen Landesvermessungsamtes, Blatt Allgäuer Alpen

Information
Tourist-Info Blaichach,
Tel. 08321/6076950,
www.alpsee-gruenten.de

Inmitten des Naturparks Nagelfluhkette liegt die kleine Ortschaft Gunzesrieder Säge. Hier, wo Aubach und Ostertalbach zusammenfließen, beginnen zahlreiche Bergtouren. Wir haben uns heute für die kurze Tour durch den Ostertaltobel entschieden, die uns am rauschenden Wildbach entlangführt.

Durch den malerischen Ostertaltobel Vom großen Ⓐ **Wanderparkplatz Gunzesrieder Säge** gehen wir zur Straße hinauf und

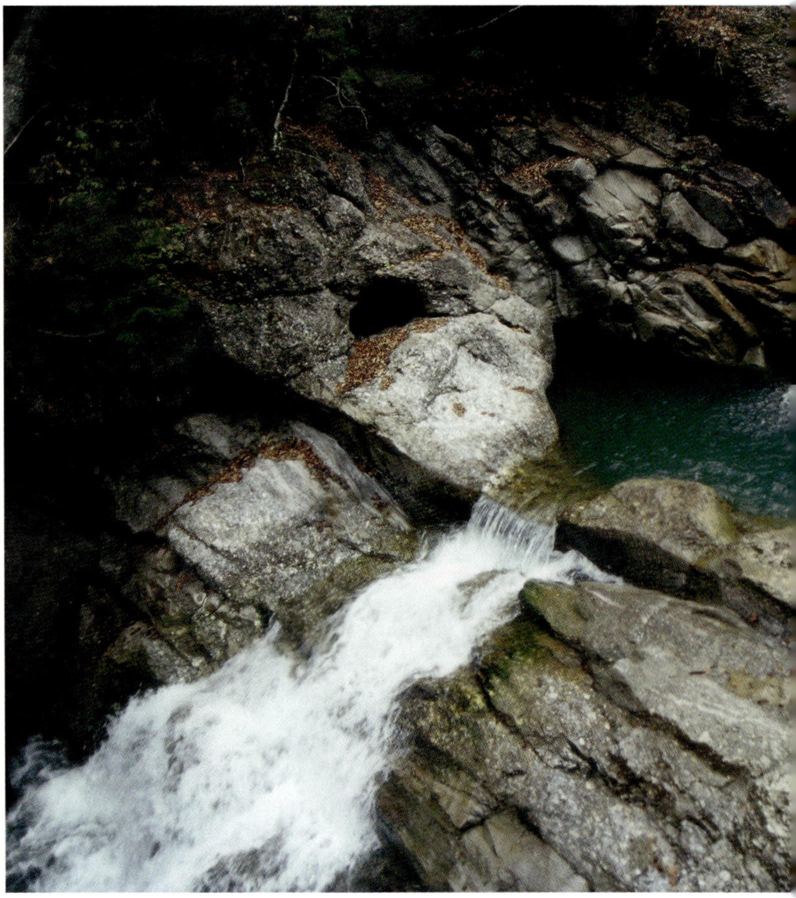

folgen ihr links über die Brücke. An der nächsten Kreuzung zwischen den wenigen Häusern biegen wir vor der Bushaltestelle links in eine Seitenstraße. Wir folgen ihr nur kurz und finden bald links den Beginn des Tobelweges, der uns zum nahen Ostertalbach bringt. Der Steig folgt dem rechten Ufer des hier noch zahmen Baches, der träge über Kiesbänke plätschert. Doch schon bald rücken die Talhänge näher zusammen und Konglomeratfelsen zwingen den Weg nach oben. Oberhalb einer ersten Kaskade, die in ein grün schimmerndes Wasserbecken rauscht, schwindelt sich der gut gesicherte Weg auf Stegen und einem Felsband durch die Steilflanke. Anschließend vermittelt der Bach wieder einen harmlosen Eindruck. Diesen Rhythmus wird er im weiteren Verlauf beibehalten. Auf felsige Engstellen und wilde Kaskaden folgen immer wieder sanfte Flussabschnitte.

Bald sperrt wieder ein Felsriegel das Tal und der Bach stürzt sich in herrlichen Kaskaden in ein tiefes Wasserbecken. Der Weg schwindelt sich auf Stegen durch den Steilhang und leitet

Linke Seite: In Kaskaden überwindet der Ostertalbach harte Felsbarrieren.

Ein Admiral flattert von Blüte zu Blüte.

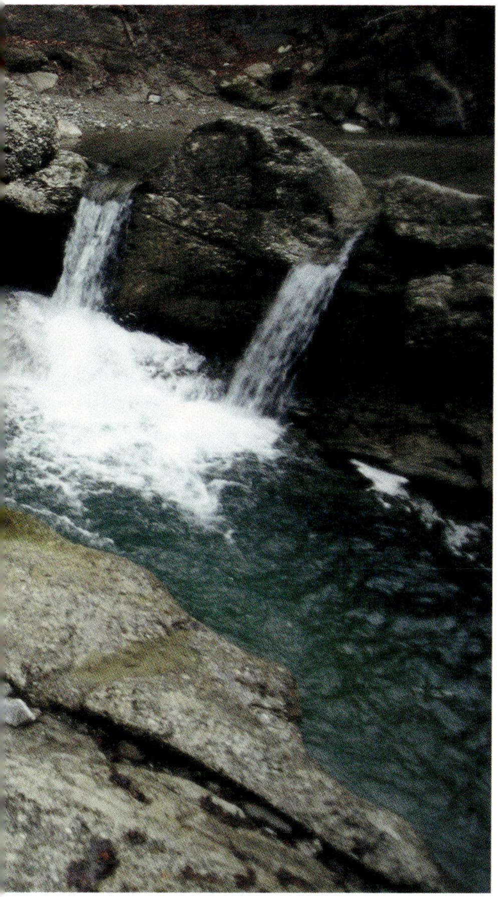

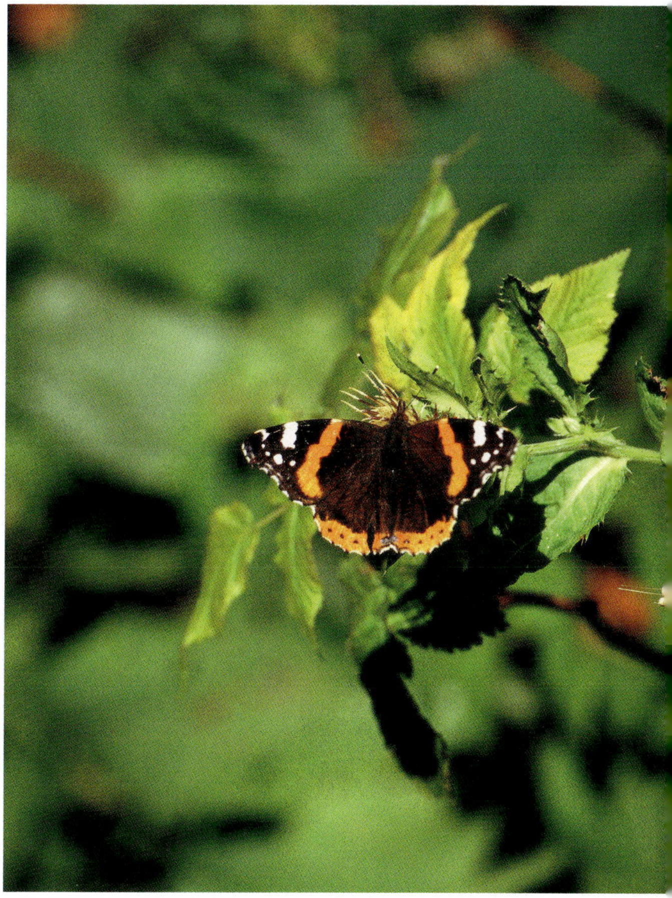

dann auf einer Brücke über den zweistufigen Wasserfall zum gegenüberliegenden Ufer. Deutlich sind hier die harten, senkrecht gestellten Felsbänder zu erkennen, die dem Fluss diese Kapriolen aufzwingen. Nach einem weiteren Flachstück wird der nächste Wasserfall links umgangen und wir erreichen nach zwei Brückchen eine Wegkreuzung. Wir folgen geradewegs dem Talweg zu einem kleinen Unterstandspavillon. Rechts kann man über Felsplatten die Absturzkante des obersten Wasserfalls erreichen. Das Tal weitet sich jetzt und über Alpwiesen bringt uns der Weg zu einer Teerstraße. Auf ihr gehen wir rechts über den Bach zum 1 **Wanderparkplatz im Ostertal**.

Mehlprimeln zaubern im Frühsommer bunte Tupfer auf die feuchten Wiesen.

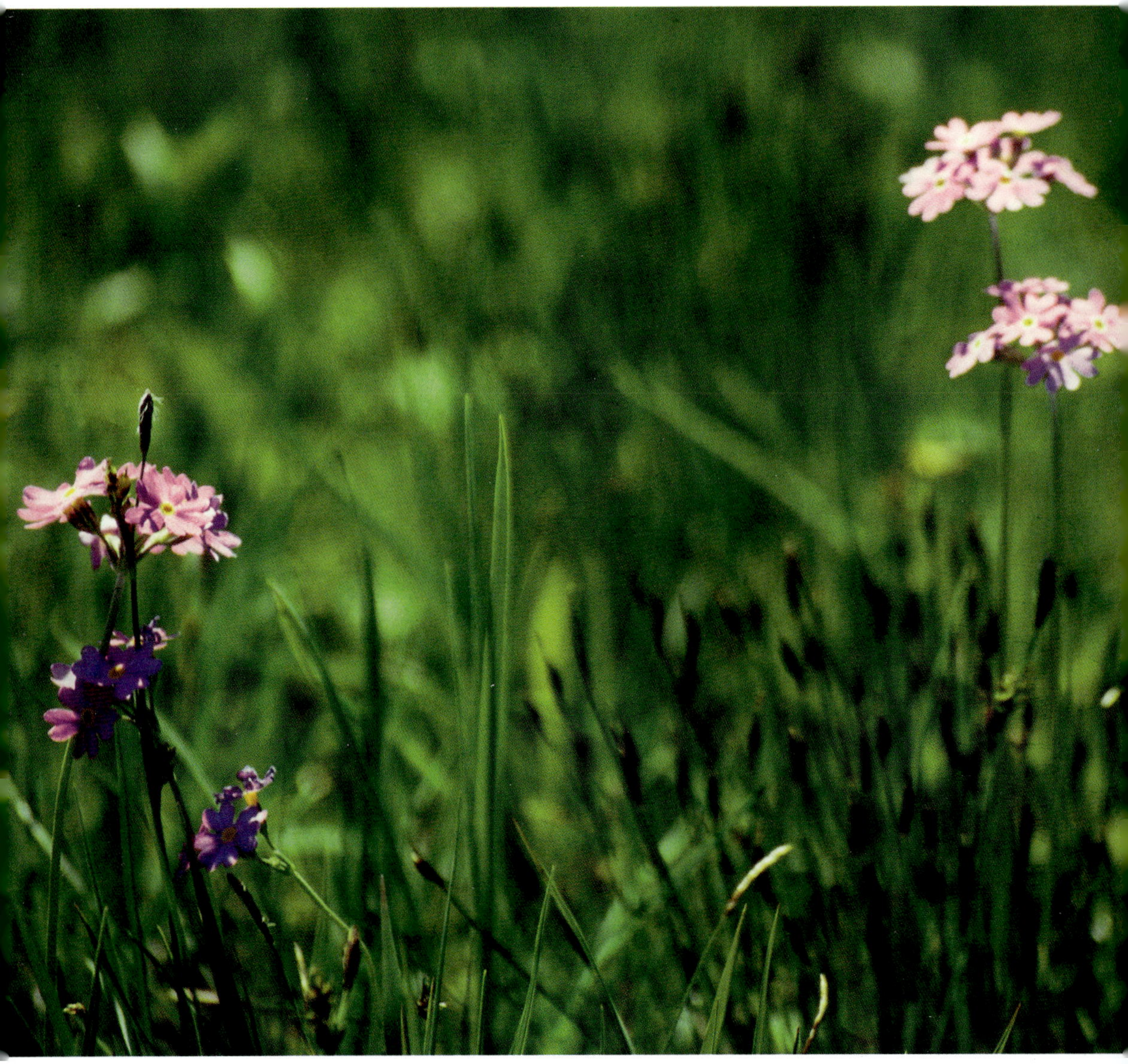

Zurück zur Gunzesrieder Säge Am Parkplatz halten wir uns rechts und wandern auf der Alpstraße ein kurzes Stück aufwärts. Bald zweigt links die Zufahrt zur Ostertalhütte ab. Wir folgen jedoch weiter dem Wirtschaftssträßchen über die Wiesen, von denen sich ein schöner Blick zu den felsigen Gipfeln der Hörnergruppe bietet. Bald erreichen wir die Buhlsalpe, an der sich gemütlich einkehren lässt. Von der Alpe geht es auf dem Wirtschaftsweg geradewegs weiter. Wir queren den Waldhang westlich des Ostertaltobels und treffen anschließend auf eine betonierte Fahrstraße. Auf ihr wandern wir anfangs steil abwärts und dann über die Wiesen zurück zum nahen **E Wanderparkplatz Gunzesrieder Säge**.

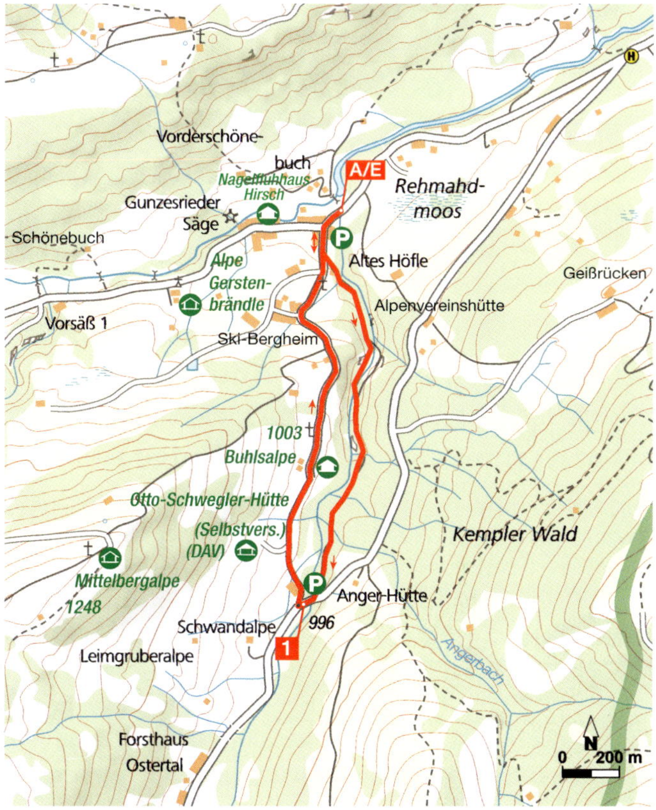

Rund um die Gunzesrieder Säge

Bei Blaichach zweigt das malerische Gunzesrieder Tal vom Illertal nach Westen ab und zwängt sich zwischen die Gipfelketten der bekannten Nagelfluhberge. Eine deutliche Geländestufe gilt es von der Iller aus zu überwinden, um das bei Wanderern und Langläufern gleichermaßen beliebte Hochtal zu erreichen. Von Gunzesried, dem Hauptort, kann man der Straße noch drei Kilometer talein bis zur Siedlung an der Gunzesrieder Säge folgen. Sie ist ein perfekter Ausgangspunkt für Touren im Naturpark Nagelfluhkette. Hier vereinigen sich am Fuß des mächtigen, aufragenden Stuiben der Aubach und der Ostertalbach zur Gunzesrieder Ach. Kurz vor dem Zusammenfluss hat der Ostertalbach eine wundervolle Schlucht in die Nagelfluhfelsen geschnitten, die durch einen gut ausgebauten Weg erschlossen wird. In der Schlucht kann man deutlich die verschiedenen Härtegrade der Gesteinsschichten ablesen, die übereinander abgelagert und später schräg gestellt wurden. Weiche Schichten ergeben flache Talabschnitte, harte Felsen überwindet der Bach mit Stromschnellen und Wasserfällen.

35

Am Großen Alpsee

Große Seerunde

leicht | 3 Std. | 140 m | 11 km

Besonderer Genuss: Ruhe und Natur

Tourencharakter
Eine einfache Wanderung auf breiten Wegen, die durchgehend den Blick auf die blaue Wasserfläche des Großen Alpsees gewährt. Lediglich der Abschnitt zwischen Ratholz und Gschwend verläuft auf einem schmalen Steig.

Ausgangs-/Endpunkt
Der Parkplatz bzw. die Bushaltestelle im Bühler Ortsteil See. GPS: 47.5695, 10.1932

Anfahrt
Auto: Von der B308 östlich von Immenstadt zu einem der Parkplätze im Bühler Ortsteil See. Alternativ kann man an der neben der B308 gelegenen »Alpsee Bergwelt« parken und die Tour dort beginnen.
Bus/Bahn: Busverbindung von der Bahnstation Immenstadt zum Bühler Ortsteil See.

Gehzeiten
Zur Alpsee Bergwelt 1:30 Std., nach Gschwend 1 Std., hinab nach Bühl 0:30 Std.

Einkehr
An der Alpsee Bergwelt und Bühl.

Karte
Topografische Karte 1:50 000 des Bayerischen Landesvermessungsamtes, Blatt Allgäuer Alpen oder Blatt Kempten

Information
Tourist-Info Immenstadt im Alpseehaus, Tel. 08323/998877, www.alpseehaus.de

Westlich von Immenstadt liegt, eingebettet in grüne Bergkämme, der Große Alpsee. Der »Große Alpsee Rundwanderweg« führt uns am sonnenverwöhnten Südufer entlang, an dem einige Badestellen locken, ehe wir am Rückweg die aussichtsreichen Hänge südlich des Sees queren.

Auf der Sonnenseite des Großen Alpsees Im Ⓐ **Bühler Ortsteil See** überqueren wir nahe der Seebühne die Konstanzer Ach. Cafés und Wirtschaften vermitteln an heißen Sommertagen und im milden Herbstlicht eine fast südländisch anmutende Atmosphäre. Schon jetzt denken wir an die Rückkehr nach See, wenn wir am Ende der langen Seerunde hier einkehren werden, um die Strahlen der Nachmittagssonne zu genießen. Wir schlendern auf dem Promenadenweg am östlichen Seeufer entlang zur wundervoll gelegenen Badeanstalt. Die Radfahrer müssen hier auf die Nordseite der Bahnlinie wechseln. Dort befindet sich auch ein weiterer großer Parkplatz, den man von See aus auf der ausgeschilderten Zufahrtsstraße erreichen kann. Wir bleiben jedoch links der Gleise und können auf dem neu angelegten Wanderweg direkt am Seeufer entlangwandern. In den Sommermonaten ist ein früher Aufbruch angeraten, denn die folgenden drei Kilometer entlang des Nordufers sind stark der Sonne ausgesetzt. Entschädigt wird man mit dem Blick über den blauen See zu den dunklen Hängen des Immenstädter Horns und nach Osten zu den Hindelanger Bergen. Über Alpseewies, wo sich eine Halbinsel in den See vorschiebt, wandern wir permanent zwischen Seeufer und Bahnlinie nach Trieblings. Auch hier schiebt sich wieder eine kleine Halbinsel in den See, zu deren nahen Spitze ein schmaler Weg durch den Wald führt. Wer Lust dazu verspürt, kann hier ein wenig abseits des viel begangenen Weges seine Füße im Wasser baumeln lassen. Weiter westlich geht der Große Alpsee in eine schilfbestandene Moorlandschaft über. Kurz folgt unser Weg noch der Bahnlinie und schwenkt dann links zur schmalen Konstanzer Ach, die still durch den flachen Wiesengrund zum Alpsee fließt. Einige Nummern zu klein erscheint das Flüsschen für das riesige Tal,

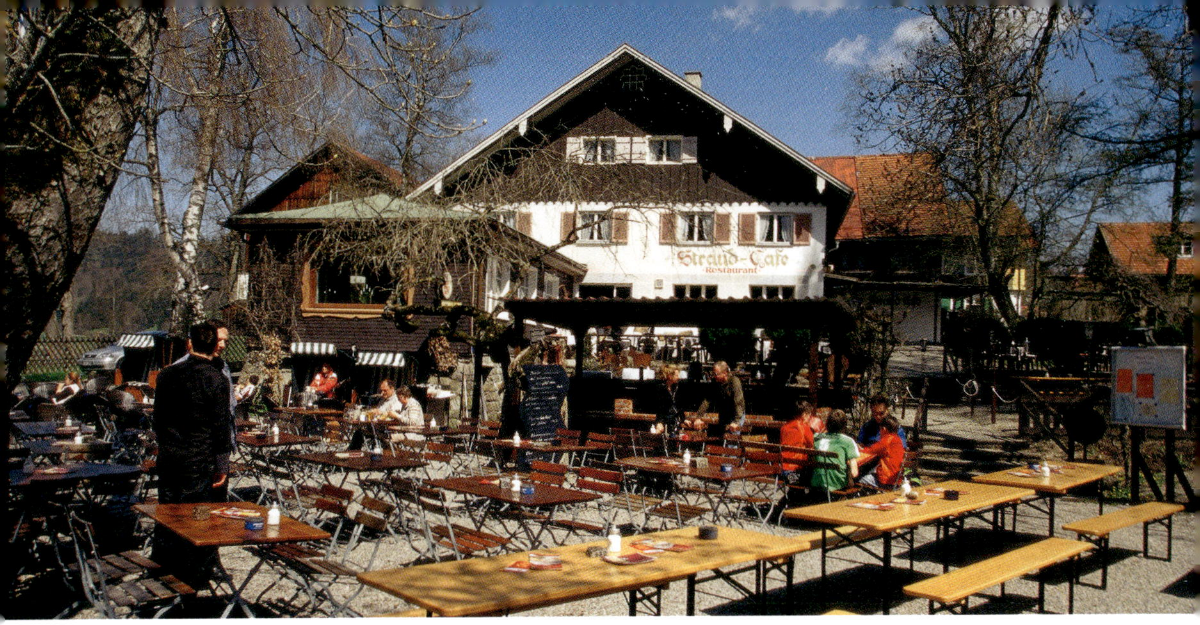

das die Gletscher der Eiszeit in die Bergwelt gehobelt haben. Bald wird das Flüsschen auf einem schmalem Holzsteg überquert. Im Zickzack geht es anschließend über die bunten Wiesen zum Gasthof Jägerhaus an der B308.

In See locken am Ende der Tour zahlreiche Einkehrmöglichkeiten.

Touristenmagnet und stille Berghänge Jenseits, auf der anderen Seite der Bundesstraße, liegt der riesige Parkplatz der 1 **»Alpsee Bergwelt«**, die täglich Tausende von Ausflüglern anlockt. Wir wollen heute jedoch die stillen Seiten der Alpseelandschaft

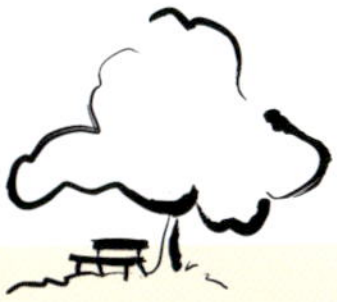

Am Großen Alpsee Rundwanderweg

Der Große Alpsee trägt zu Recht seinen stolzen Namen, denn er ist der größte Natursee im Allgäu. Eingeklemmt zwischen freundlichen Wiesenbergen im Norden und den bewaldeten Steilflanken des Immenstädter und Gschwender Horns im Süden liegt er in einem tief ausgeschürften Trogtal, durch das einstmals die Eiszeitgletscher flossen. Sie formten das Becken, in dem der See liegt. Heute lockt der Große Alpsee, der mit einer Vielzahl schöner Badestellen aufwarten kann, zahlreiche Wassersportfreunde an. In den letzten Jahren wurde ein wunderschöner Rundwanderweg angelegt, der auf weiten Strecken ausschließlich den Fußgängern vorbehalten ist.

Dieser »Große Alpsee Rundwanderweg«, der durchgehend mit einem Eisvogel gekennzeichnet ist, führt uns am sonnenverwöhnten Nordufer entlang und durch die wilden Bergflanken am Südufer. Der wegweisende Eisvogel ist natürlich Programm. Denn mit ein wenig Glück lassen sich zahlreiche, teils seltene Wasservögel beobachten.

genießen. So gehen wir nur wenige Meter die Zufahrtsstraße der »Alpsee Bergwelt« hinauf und finden dann einen Wegweiser, der uns nach links leitet. Etwas oberhalb der Bundesstraße wandern wir zu einem gusseisernen Kreuz am Fuß des wilden Ratholzer Tobels. Wer Lust hat, erreicht nach wenigen Schritten diese kleine Schlucht, durch die der Bach in tosenden Kaskaden ins Tal der Konstanzer Ach rauscht. Wir folgen allerdings dem markierten Rundwanderweg. Der schmale Weg steigt durch die Wiesen zu einer Alpstraße hinauf. Auf dem Sträßchen geht es anschließend abwärts, bis wir an der nächsten Kehre wieder nach rechts auf einen schmalen Steig wechseln können. Bald quert der Weg eine steil abfallende Wiese und bietet uns einen wundervollen Blick hinab zum kleinen Seeauge des Teufelssees. Kurz darauf erreichen wir am Waldrand oberhalb von Hintersee eine Kreuzung, von der ein Weg links zur nahen Bushaltestelle von Hintersee hinabführt.
Wir befinden uns jetzt am Fuß des einzigen etwas längeren Anstiegs dieser Rundtour. Der schmale, wurzelige Weg schlängelt sich durch einen steilen Waldhang, der von zahlreichen Bach-

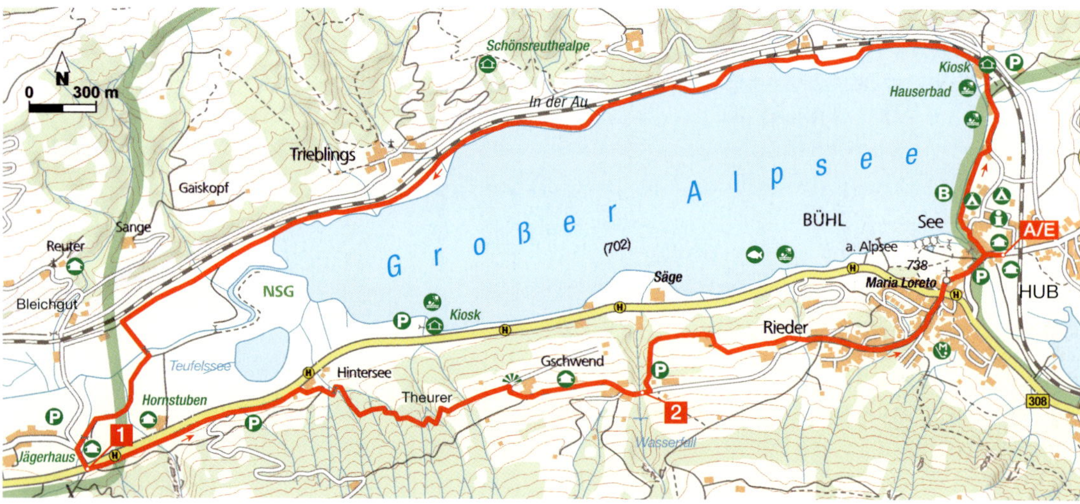

läufen zerschnitten wird, nach oben. Erholsame Flachstücke wechseln immer wieder mit kurzen, anstrengenden Anstiegen. Bald queren wir mithilfe von Holzstegen kurz nacheinander drei Bachläufe, die unterhalb des Weges über senkrechte, mit dicken Moospolstern überwucherte Felsbarrieren abstürzen. Kurz darauf erreichen wir den Rand der Wiesen von Gschwend. Das Weglein führt uns kurz abwärts und dann leicht ansteigend an einem ersten Haus vorbei und nach einem Bach hinaus auf die Wiesen von ❷ **Gschwend**.

Tief unter uns leuchtet nun die Wasserfläche des Großen Alpsees im milden Nachmittagslicht und von den Touristenströmen und der Bundesstraße ist nichts mehr zu erahnen. Eine schmale Teerstraße führt uns an der kleinen Holzkapelle von Gschwend vorbei, die uns nochmals einen herrlich aussichtsreichen Rastplatz bietet. Einige hundert Meter weiter erwartet uns ein weiteres Schaustück dieser Rundtour: die Gschwender Wasserfälle. Die malerischen kleinen Wasserfälle mit ihren drei Kaskaden liegen direkt an der schmalen Straße. Nur wenige Schritte sind es zum Becken, in das die unterste Kaskade stürzt. Hier lässt sich an heißen Sommertagen herrlich rasten und Kinder können gefahrlos am und im Wasser spielen. Zu den imposanten großen Wasserfällen biegt wenige Meter weiter am Parkplatz links der ausgeschilderte Weg ab, der nach einem sanften Gegenanstieg in Rieder wieder auf den »Großen Alpsee Rundwanderweg« trifft. Gemeinsam geht es auf der Ortsdurchfahrt von Rieder teils steil abwärts zur B308 in Bühl. Jenseits liegt die barocke Kirche, von der uns der schmale Kirchsteig wieder zum **E** **Ausgangspunkt im Ortsteil See** hinabführt.

Schnell geht es vom frostigen Tal hinauf auf die sonnigen Südhänge.

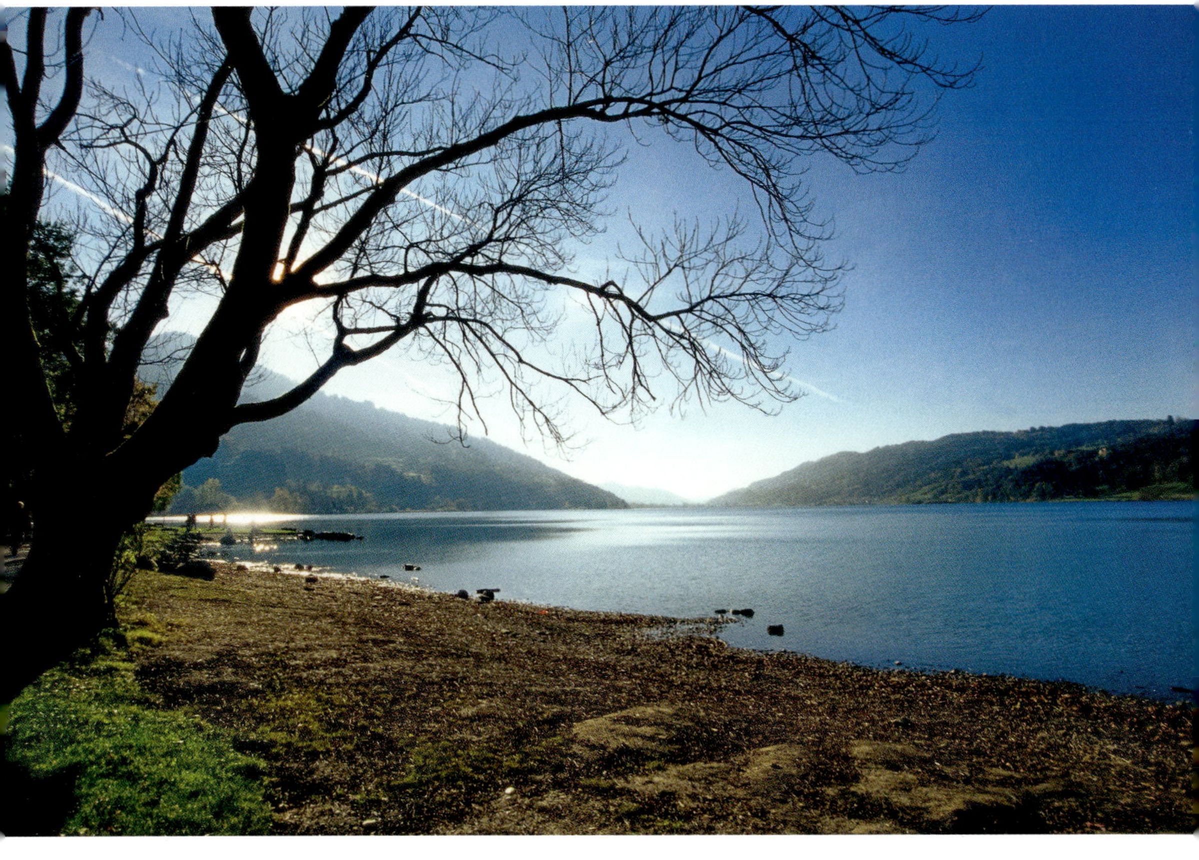

36

Von Wiedemannsdorf zur Salmaser Höhe

Sanfte Höhen über der Konstanzer Ach

leicht | 4:30 Std. | 600 m | 9,5 km

Besonderer Genuss: Einkehr

Tourencharakter
Eine einfache Wanderung auf ungefährlichen, meist breiten Wegen.

Ausgangs-/Endpunkt
Der Parkplatz bzw. die Bushaltestelle am Burgangerweg im Ortszentrum von Wiedemannsdorf.
GPS: 47.5583, 10.0971

Anfahrt
Auto: Wiedemannsdorf liegt zwischen Immenstadt und Oberstaufen an der B308. Von der Bundesstraße zweigt man der Beschilderung folgend auf die Straße ab, die zum Ausgangspunkt im Zentrum von Wiedemannsdorf führt.
Bus/Bahn: Haltestelle der Buslinie von Immenstadt nach Oberstaufen.

Gehzeiten
Zur Salmaser Höhe 2 Std., weiter zur Thaler Höhe 1 Std., abwärts nach Wiedemannsdorf 1:30 Std.

Einkehr
Auf der Alpe Schneidberg und in Wiedemannsdorf.

Karte
Topografische Karte 1:50 000 des Bayerischen Landesvermessungsamtes, Blatt Allgäuer Alpen

Information
Oberstaufen Tourismus, Tel. 08386/930 00, www.oberstaufen.de

Der niedrige, sanft geformte Bergkamm, der das Tal der Konstanzer Ach im Norden begrenzt, lädt je nach Schneelage nahezu das ganze Jahr über zu herrlichen Wanderungen ein. Hier lässt sich auf einer aussichtsreichen Wanderung der Duft des Frühjahres oder die sanfte Wärme der Herbstsonne genießen.

Über Alpweiden zur Salmaser Höhe Vom Ⓐ **Parkplatz in Wiedemannsdorf** gehen wir auf dem Burgangerweg bergan. Nach wenigen Metern folgen wir geradeaus dem Wegweiser zur Salmaser Höhe und schwenken bald rechts auf einen Kiesweg. Vorbei an einem alten Hof und an der Wannerlesalpe wandern wir hinauf zu einer Wegkreuzung im Wald. Wir folgen dem Weg, der geradeaus aufwärts führt und uns nach einem Linksknick über die Wiesen zur nahen Micheles Alpe bringt. Wir gehen geradewegs unter der Alphütte vorbei und wandern

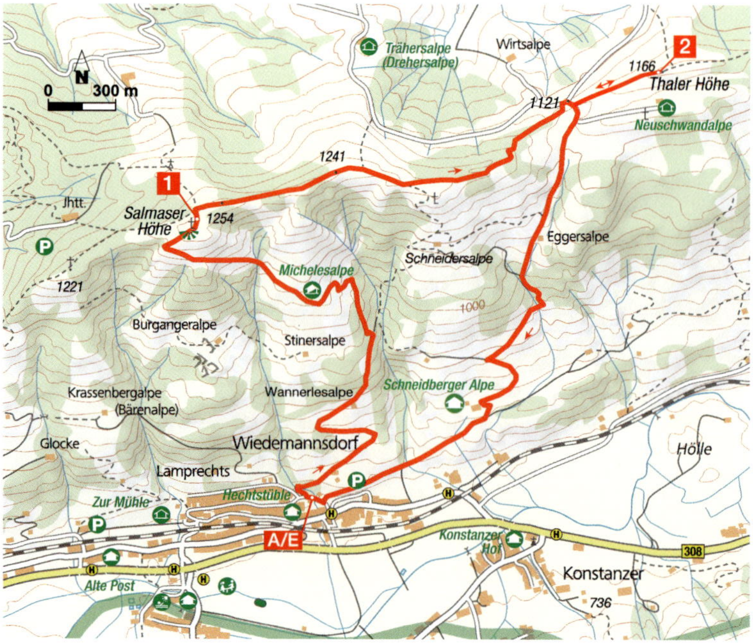

dann auf einem Feldweg auf die Salmaser Höhe zu. Nach einem Bachlauf wechseln wir rechts auf einen schmalen, rot markierten Steig, der teils steil durch die Wiesenhänge aufwärts führt. Am Waldrand biegt er nach rechts und bringt uns zum nahen Gipfelkreuz auf der 1 **Salmaser Höhe (1254 m)**. Der Blick reicht im Westen an den schneebedeckten Nordflanken der Hörnergruppe vorbei bis zur tief verschneiten Schweizer

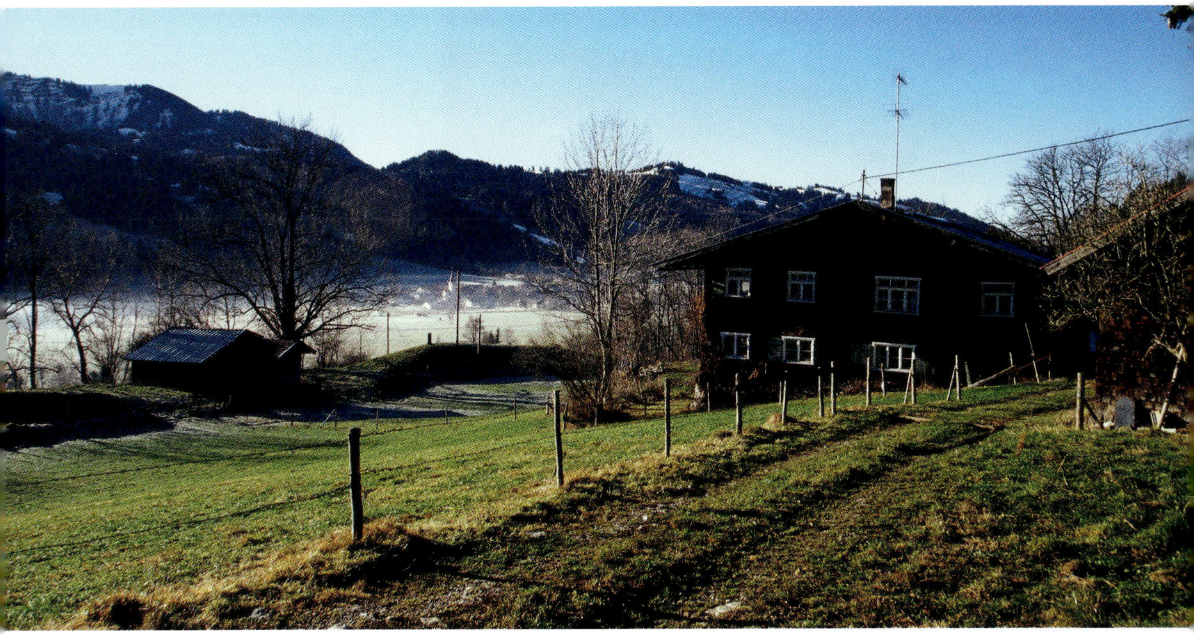

Bergwelt und schweift im Osten über die himmelblaue Wasserfläche des Alpsees zu den Hängen des Grünten.

Vom frostigen Tal führt der Weg hinauf auf sonnenverwöhnte Südhänge.

Über den aussichtsreichen Bergkamm zur Thaler Höhe Unser Weiterweg führt uns vom Kreuz über die Wiese an die Nordseite der Gipfelhochfläche. Hier folgen wir dem Wegweiser nach Missen und zum Alpsee nach rechts und schlendern in sanftem Auf und Ab auf dem Bergkamm entlang. Am Abzweig nach Wiederhofen wandern wir geradewegs vorbei in Richtung Thaler Höhe zu einer mit einem Kreuz geschmückten Wiesenkuppe. Von dort leitet uns der Weg durch Wald abwärts zu einer schmalen Teerstraße. Jenseits setzt ein schmaler Weg an, der uns geradewegs einen kurzen Abstecher zur nahen 2 **Thaler Höhe (1166 m)** ermöglicht.

Alpwanderung hinab nach Wiedemannsdorf Von der aussichtsreichen Thaler Höhe wandern wir wieder zur Teerstraße zu-

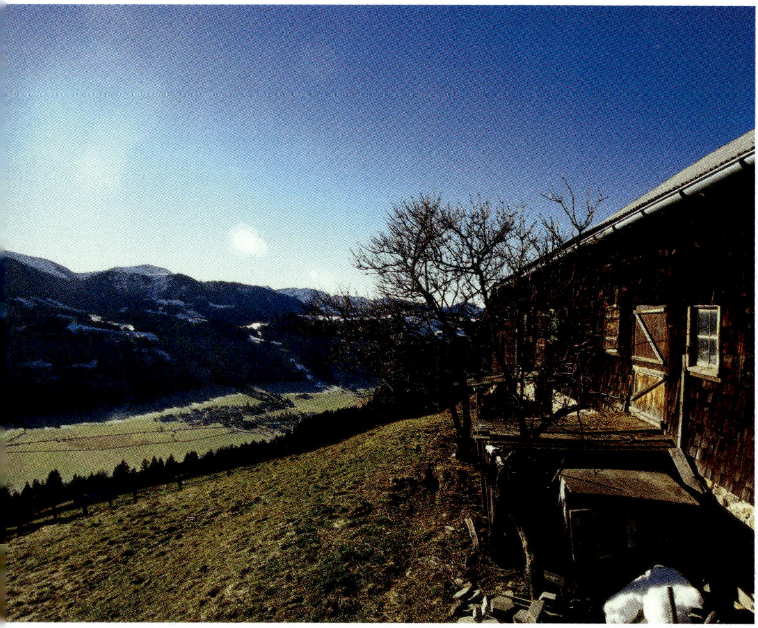

rück. Wir folgen ihr nach links in Richtung Thalkirchdorf und wechseln nach ca. 100 Metern rechts auf einen Schotterweg. Er bringt uns zu einer nahen Weide hinab, von der wir in gleichbleibender Richtung auf einer Wegspur durch das Wiesental abwärts steigen. Bald folgen wir einem Zaun bis zu einem Schotterweg, der uns rechts zur nahen Eggersalpe führt.

Wir wandern von der Alpe der Beschilderung nach Thalkirchdorf und Wiedemannsdorf nachgehend den steilen Zufahrtsweg abwärts zu einem breiteren Alpweg. Wir folgen ihm links hinab durch den Wald und über die Wiesen der bewirtschafteten Schneidbergalpe, bis wir am Rand des breiten Talgrundes einen Querweg erreichen. Auf ihm wandern wir nach rechts und wechseln kurz vor Wiedemannsdorf geradewegs auf einen Wanderweg, der unter alten Bäumen am Rand der Wiesen entlangläuft. Im Dorf stoßen wir auf eine Teerstraße, die uns links zum nahen Ausgangspunkt im E **Dorfzentrum von Wiedemannsdorf** bringt.

Wenn auf höheren Bergen schon Schnee liegt, kann man hier noch wandern.

Rechte Seite: Von der Salmaser Höhe geht der Blick über den Alpsee zum Grünten.

Essen im Tal der Konstanzer Ach

Am Ende dieser Tour kann man zwischen gänzlich verschiedenen Einkehrmöglichkeiten wählen. Die Erste bietet sich kurz vor Ende der Tour in der am Abstiegsweg gelegenen Alpe Schneidberg. Sie ist die richtige Wahl für alle, die freundliche Gastgeber und ein uriges Ambiente schätzen. Wer es feiner haben möchte, der kann vom Endpunkt der Wanderung das kurze Stück ins nahe Thalkirchdorf fahren. Hier lockt das Thalkirchdorfer Dorfhaus (08325/9580, www.dorfhaus.de) mit stilvoll alpenländischem Ambiente, einer ausgezeichneten Allgäuer Küche und sogar einer Käseschule. Ebenso empfehlenswert ist das nur wenige Schritte entfernte Hotel Traube, das in einem wunderschönen, 1767 erbauten Fachwerkhaus untergebracht ist (Tel. 08325/9200, www.traube-thalkirchdorf.de). Im lauschigen Biergarten oder dem urig-gemütlichen Restaurant wird man mit vorzüglichen regionalen Schmankerln verwöhnt.

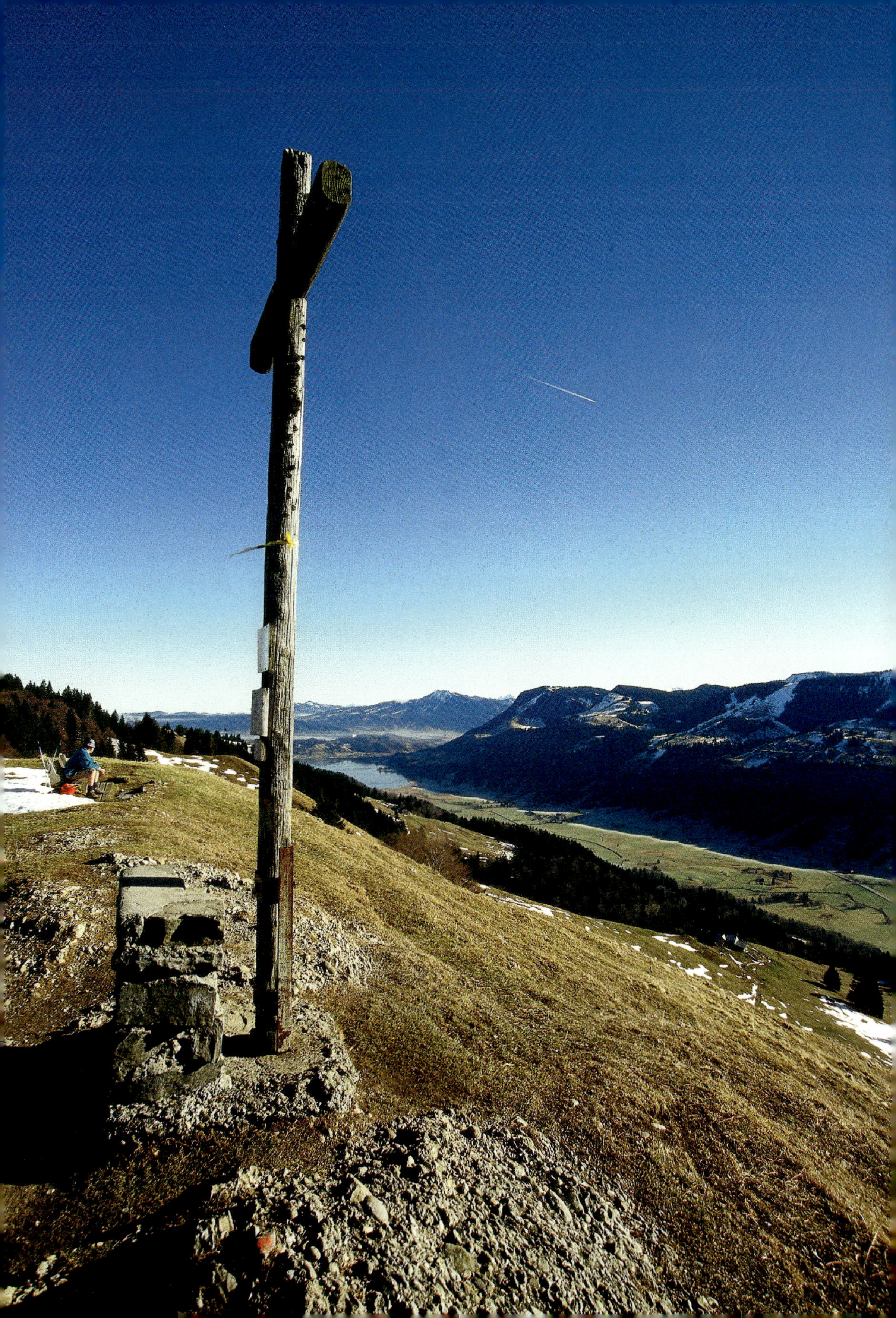

37

Buchenegger Wasserfälle und Prodelkamm

Kaskaden und Aussichtshöhen

mittel | 5:30 Std. | 780 m | 13 km

Besonderer Genuss: Ruhe und Natur

Tourencharakter
Auf breiten Wegen und schmalen Steigen zu den Buchenegger Wasserfällen und auf den Prodelkamm. Die Wanderung kann problemlos in zwei Touren aufgeteilt werden.

Ausgangs-/Endpunkt
Die Hochgratbahn (Seilbahnauskunft Tel. 08386/8222). GPS: 47:5096, 10.0583

Anfahrt
Auto: Bei Oberstaufen zweigt von der B308 eine ausgeschilderte Zufahrtsstraße ab, die über Steibis bis zur Talstation der Hochgratbahn führt. Bus/Bahn: Von der Bahnstation in Oberstaufen Busverbindung zur Hochgratbahn.

Gehzeiten
Zu den Buchenegger Wasserfällen 1:15 Std., zurück zum Abzweig auf den Prodelkamm 1:15 Std., auf die Prodel 1:45 Std., abwärts zur Talstation Hochgratbahn 1:15 Std.

Einkehr
Kurz vor Erreichen der Buchenegger Wasserfälle in zwei nahe dem Weg gelegenen Alphütten.

Karte
Topografische Karte 1:50000 des Bayerischen Landesvermessungsamtes, Blatt Allgäuer Alpen

Information
Oberstaufen Tourismus, Tel. 08386/93000, www.oberstaufen.de

Diese Tour ist in zwei ganz unterschiedliche Hälften aufgeteilt, die sich auch voneinander unabhängig unternehmen lassen. Zuerst führen uns die Wege zu den bekannten Buchenegger Wasserfällen. Auf dem Rückweg machen wir einen Abstecher auf den einsamen und aussichtsreichen Prodelkamm.

Durch das Tal der Weißach zu den Buchenegger Wasserfällen Hinter der Ⓐ **Talstation der Hochgratbahn** leitet uns eine schmale Brücke über die Weißach. Dort wandern wir auf einem schattigen und bequemen Weg, der uns entlang der Weißach abwärts führt, nach links. Bald zweigt rechts der schattige Anstiegsweg zum Prodelkamm ab, auf den wir auf dem Rückweg einbiegen werden. Wir bleiben jedoch noch auf dem breiten Wanderweg, der dem Lauf der Weißach folgt. Hier gebärdet sich der Fluss recht wild und rauscht über die dunklen Felsen

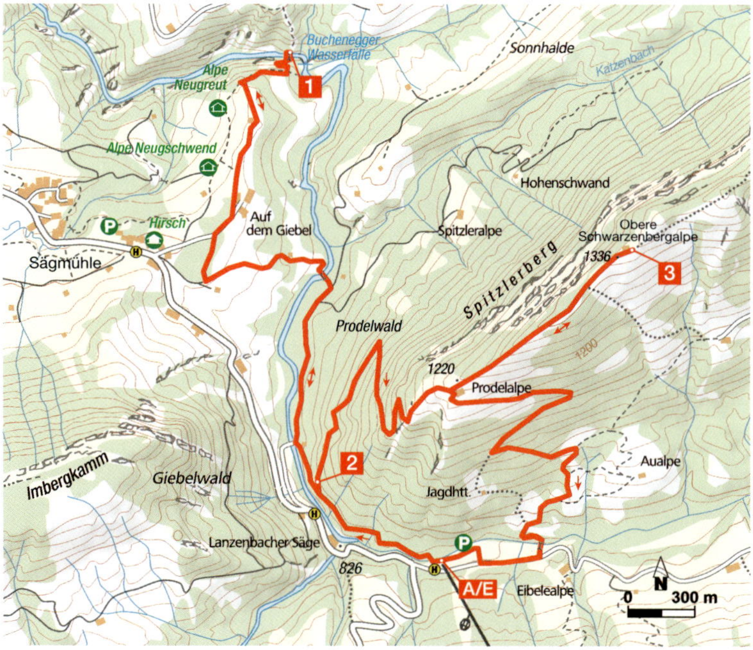

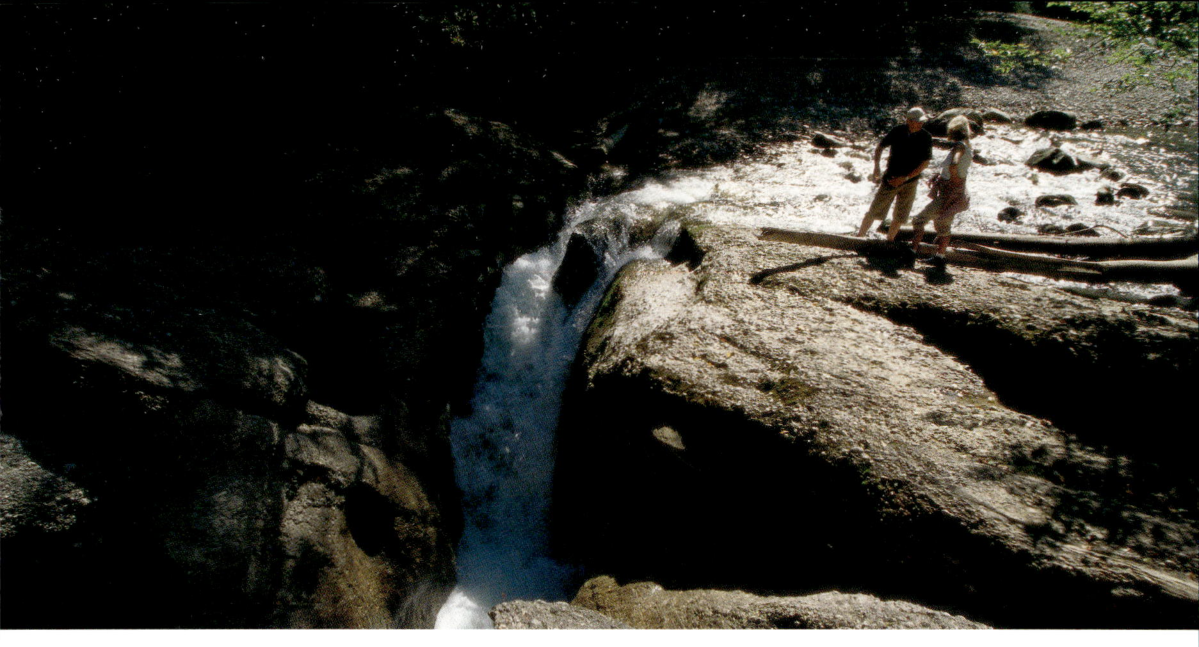

Ein kurzer Abstecher führt zum oberen Ende der Buchenegger Wasserfälle.

mit Wucht talwärts. Bei einem Gebäude wechseln wir geradewegs auf eine Forststraße, die bald am Rand einer Alpweide entlangläuft. Wir finden links einen zu den Buchenegger Wasserfällen ausgeschilderten Wanderweg, der uns nach kurzer Strecke auf dem Tarzansteg über die Weißach führt.

Jenseits leitet uns der breite Wanderweg aus dem Wald und schlängelt sich anschließend über die Wiesen aufwärts. Kurz vor einem Hof folgen wir den Wegweisern nach rechts auf einen weichen Waldweg, der uns zu einer schmalen Teerstraße führt. Auf ihr wandern wir rechts auf einen Hof zu und wechseln nach kurzer Strecke oberhalb der Gebäude geradewegs auf einen Wirtschaftsweg.

Der Weg leitet uns über einen aussichtsreichen Wiesenrücken, von dem links ein Weg zu den beiden bewirtschafteten Alpen abzweigt, die wenige Meter unterhalb am Weg von Steibis zu den Wasserfällen liegen. Wir wandern allerdings geradewegs weiter zu einer Alphütte, die ganz vorne auf dem Wiesenrücken steht. Wir gehen rechts um das Gebäude zum Beginn eines schmalen Weges, dem wir geradeaus folgen. Er führt uns abwärts zur Kreuzung, an der von links der Weg von Steibis einbiegt. Wer auf dem Rückweg dort einkehren will, kann von den Alpen ohne Probleme wieder links zu dem Wiesenrücken hinaufsteigen.

Wir folgen dem Weg weiter durch den Wald abwärts zur Weggabelung am Rand der steilen Schlucht. Rechts führt von hier ein schmaler, steiler und steiniger Weg zum Oberen Wasserfall hinab. Dort hat man einen herrlichen Blick über die beiden Wasserfälle auf das große Wasserbecken am unteren Ende der Kaskaden. Der Hauptweg knickt nach links und leitet uns über

Stufen durch einen anfangs feuchten Steilhang in den Talgrund. Links quert der Weg, der nach Buchenegg hinaufführt, auf einer Brücke den Fluss. Wir folgen jedoch auf schmalem Steig geradewegs dem Ufer flussaufwärts und erreichen nach kurzer Strecke das große Naturbecken, in das der **1 Buchenegger Wasserfall** rauscht. Im Gegenlicht leuchtet die weiße Kaskade, die in einem tiefen Einschnitt den dunklen Felsen entströmt. Abgeschliffene Felsen bieten am Rand des Beckens, das zu einem erfrischenden Bad lockt, herrliche Rastplätze. Lange bleiben wir am Fuß der Buchenegger Wasserfälle und genießen die wilde Naturlandschaft.

Von den Wasserfällen auf den Prodelkamm Wir folgen von den Wasserfällen wieder dem Weg, den wir gekommen sind. Nach dem anfänglichen Aufstieg wandern wir über den Wiesenrücken und jenseits hinab zum Tarzansteg. Wir gehen dann entlang der Weißach flussauf Richtung Ausgangspunkt, bis wir den **2 Abzweig zum Prodelkamm** erreichen. Wir biegen links in den Weg, der durch den schattigen Prodelwald bergauf leitet. Wir wandern lange auf dem breiten Weg in nördlicher Richtung bergauf, bis wir scharf rechts auf einen schmalen Steig wechseln. Der Pfad windet sich zwischen Nagelfluhfelsen durch den steilen Waldhang aufwärts zu einer Alpweide. Wir steigen am linken Rand der Wiesen bergan, auf der im Herbst zahlreiche Silberdisteln ihre Blüten öffnen. Bald leitet uns eine

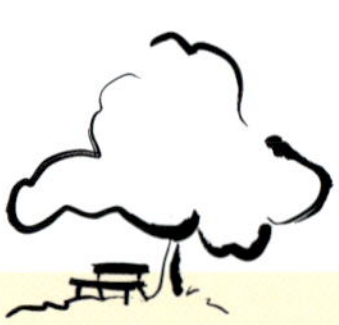

Der Allgäuer Nagelfluh

Die Buchenegger Wasserfälle rauschen über harte Nagelfluhfelsen zu Tal. Nagelfluh nennt man im Allgäu das aus Geröll zusammengebackene Konglomeratgestein, da die halb aus der Gesteinsoberfläche ragenden Kiesel wie runde Nagelköpfe aussehen. Die Berge, die als langgestreckte Grate zwischen Oberstaufen im Norden, Balderschwang im Süden und Illertal im Osten aufragen, sind aus diesem eigenwilligen Gestein aufgebaut. Entstanden ist es im Tertiär. Als die Alpen emporgehoben wurden, senkte sich im nördlichen Vorland ein breiter Trog. Er war teils von Meerwasser überflutet, teils über Meeresniveau gelegen und von Flüssen durchflossen. So wurden in diesem sogenannten Molassetrog unterschiedliche Sedimente abgelagert. Die Flüsse hinterließen rundes Geröll, das im Laufe der Jahrmillionen durch Kalzit zu einem festen Konglomeratgestein verbacken wurde.

Schließlich wurde der südliche Teil der Ablagerungen in die Alpenfaltung miteinbezogen und emporgehoben. So entstanden die Höhenzüge, die heute am Nordrand der Allgäuer Alpen aufragen.

Wegspur nach rechts über die Bergwiesen zu einem Wegweiser nahe der Prodelalpe (1200 m).
Wir biegen links auf den schmalen Weg, der auf oder knapp rechts des Bergkammes bergauf führt. Meist wandern wir über freie Weideflächen und genießen den Blick zu den dunklen Nordabstürzen des Hochgrats. Nach einem kurzen Waldstück

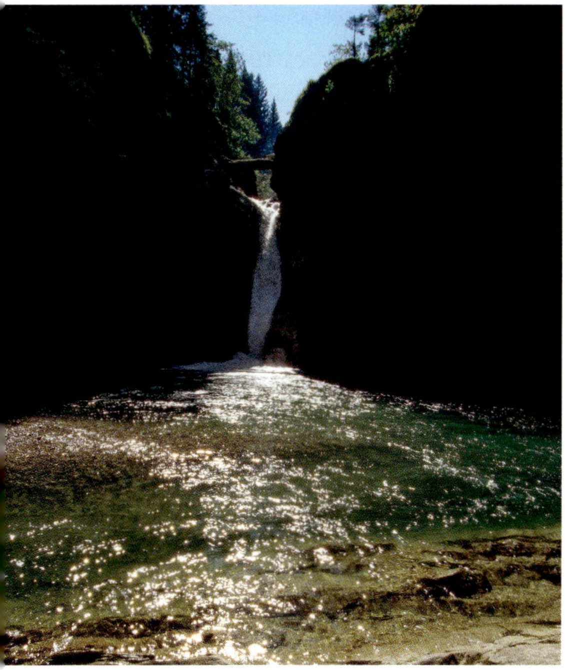

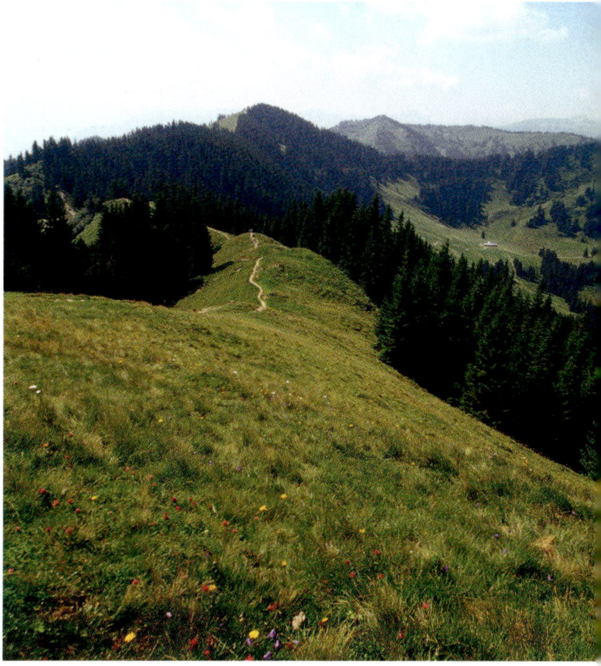

geht es am oberen Rand der Weiden der Schwarzenbergalpe aufwärts. Der Bergrücken wird schmaler und leitet uns zur Wiesenkuppe der ❸ **Prodel (1400 m)**, die wir als aussichtsreichen Rastplatz wählen.
Jenseits der Mulde, in der die Obere Dennebergalpe liegt, erhebt sich die mit einem Kreuz geschmückte Wiesenkuppe des Dennebergs. Die Wanderung kann man dorthin ausdehnen. Folgt man vom Denneberg dann noch ein kurzes Stück dem Bergkamm nach Osten, kann man über die Untere Dennebergalpe ins Tal der Weißach absteigen, durch das man problemlos zur Hochgratbahn zurückkehren kann.
Wir lassen es jedoch auf der Wiesenkuppe der Prodel für den heutigen Tag gut sein und wandern auf dem Aufstiegsweg über den sanften Bergkamm wieder zum Wegweiser nahe der Prodelalpe hinab. Wir halten uns links und folgen der breiten Alpstraße, die sich in weiten Serpentinen in das Tal der Weißach hinabschlängelt. Dort treffen wir auf eine Teerstraße, die uns rechts zur nahen Ⓔ **Talstation der Hochgratbahn** bringt.

Nur wenige Wanderer trifft man auf dem stillen Prodelkamm.

Links: Die unterste Kaskade stürzt in ein riesiges Wasserbecken.

38

Hochgrat und Rindalphorn

Über den Hörnerkamm

Auf schmalen Steigen führt uns diese Tour über Hochgrat und Rindalphorn, die beiden höchsten Gipfel der Nagelfluhberge. Da sie all ihre Nachbarn überragen, bieten sie an klaren Tagen eine umfassende Rundschau über die Berge im Dreiländereck Deutschland, Österreich und Schweiz.

schwer | 5:45 Std. | 350/1190 m | 13 km

Besonderer Genuss: Aussicht

Tourencharakter
Eine Wanderung, die auf den schmalen Wegen am Höhenrücken des Nagelfluhkammes an einigen Stellen etwas Trittsicherheit verlangt.

Ausgangs-/Endpunkt
Die Hochgratbahn (Seilbahnauskunft Tel. 08386/82 22). GPS: 47:5096, 10.0583

Anfahrt
Auto: Bei Oberstaufen zweigt von der B308 eine ausgeschilderte Zufahrtsstraße ab, die über Steibis bis zur Talstation der Hochgratbahn führt.
Bus/Bahn: Von der Bahnstation in Oberstaufen Busverbindung zur Talstation der Hochgratbahn.

Gehzeiten
Auf den Hochgrat 0:25 Std., weiter zum Rindalphorn 1:20 Std., abwärts zur Rindalpe 1:30 Std., zur Hochgratbahn-Talstation 2:30 Std.

Einkehr
An der Berg- und Talstation der Hochgratbahn und besonders schön in der Rindalpe.

Karte
Topografische Karte 1:50 000 des Bayerischen Landesvermessungsamtes, Blatt Allgäuer Alpen

Information
Oberstaufen Tourismus, Tel. 08386/930 00, www.oberstaufen.de

Über den Hochgrat zum Rindalphorn Wir gehen um die Ⓐ **Bergstation der Hochgratbahn (1704 m)** zu einer Weggabelung, folgen den Wegweisern zum Hochgrat nach links und steigen auf dem gut ausgebauten Weg über den Bergrücken aufwärts. Bald sind das Kreuz und die einladende Bank am nahen Gipfel des ❶ **Hochgrats (1834 m)** erreicht. Weit reicht von hier der Blick nach Norden in das Alpenvorland und über die Nagelfluhberge ins Hochgebirge.
Am Hochgratgipfel behalten wir unsere bisherige Richtung bei und steigen entlang der Gratschneide nach Osten ab.

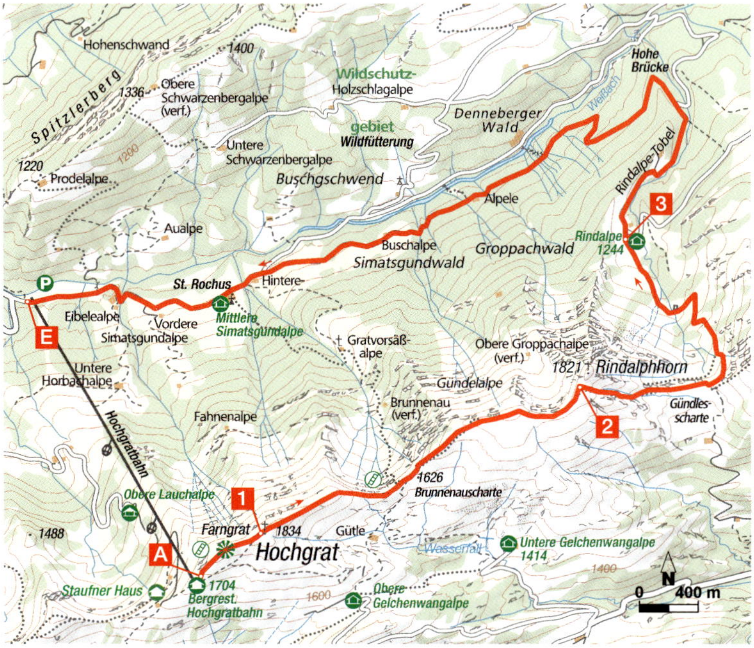

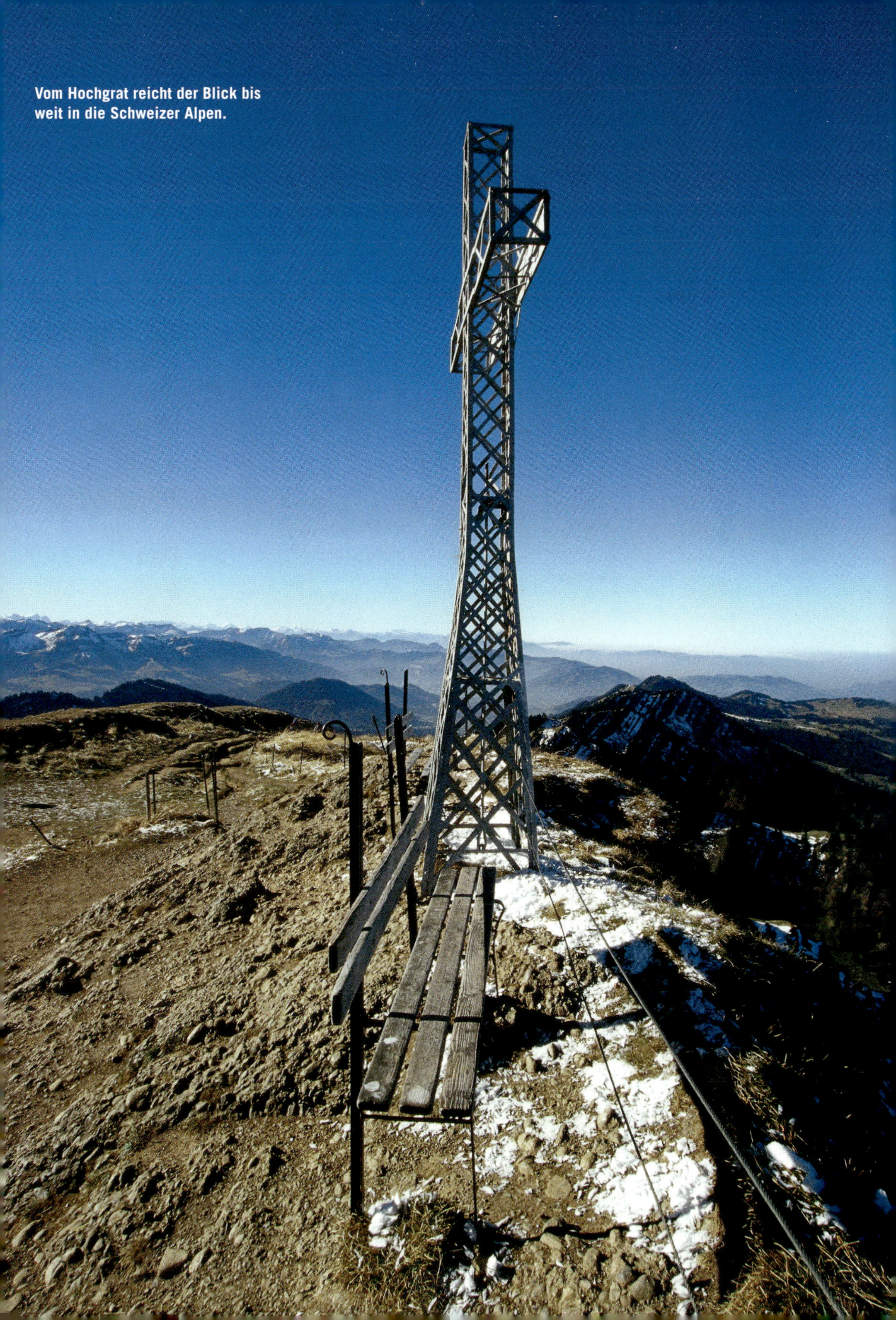
Vom Hochgrat reicht der Blick bis weit in die Schweizer Alpen.

200 Höhenmeter verlieren wir, bis wir die Brunnenauscharte erreichen. Links zweigt ein kürzerer, aber anspruchsvollerer Alternativabstieg zur Talstation ab. Wir gehen geradeaus, ignorieren den rechts zur Scheidwangalpe abzweigenden Weg und steigen rechts des Grates anfangs recht steil durch Bergwiesen aufwärts. Auf einem Vorgipfel erreichen wir wieder den Bergkamm und sehen vor uns das markante, aus steil

Blick zu den Nachbarn

Hochgrat und Rindalphorn sind die höchsten Gipfel in weiterem Umkreis und bieten dank ihrer Lage weit im Westen ungewöhnliche Ausblicke. Dass man über die niedrigeren Nagelfluhberge im Osten und Süden einen ungehinderten Blick auf die Allgäuer Hochgipfel hat, ist nicht verwunderlich. Da stehen Grünten, Nebelhorn, Hochvogel, Großer Krottenkopf, Trettachspitze, Mädelegabel und Hoher Ifen Spalier und dahinter sind Ammergauer Alpen und Zugspitze zu erahnen. Was die Aussicht aber so ungewöhnlich macht, ist der Blick über Vorarlberg weit in die Schweizer Bergwelt hinein. Zwischen den wilden Felsgipfeln des Rätikon und dem markanten Säntis glitzern dort an klaren Tagen die Gletscherberge der Glarner Alpen im Sonnenlicht.

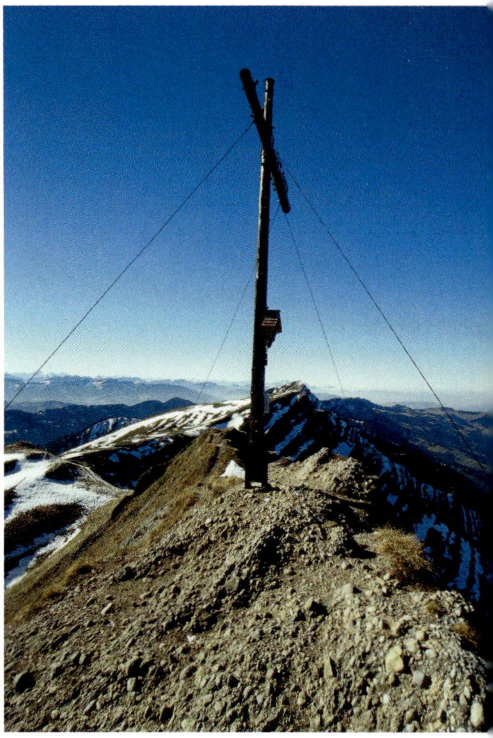

Das Rindalphorn bietet eine beeindruckende 360-Grad-Rundumsicht.

gestellten Felsbänken aufgebaute Rindalphorn. Wir überschreiten einen wenig ausgeprägten Vorgipfel, steigen in einen weiten Sattel ab und wandern links haltend zu einer Wegkreuzung in einer Scharte. Geradeaus erreichen wir nach ca. 100 Metern den schmalen Gipfel des ❷ **Rindalphorns (1821 m)**, der uns wieder mit herrlichen Ausblicken belohnt.

Über die Gündlesscharte ins Tal der Weißach Vom Gipfel gehen wir zurück zur Wegkreuzung in der nahen Scharte und halten uns links. Auf dem nach einem Unwetter wieder sanierten Weg steigen wir durch einen Steilgraben bergab. Bald führt uns der Weg nahe des Ostgrates, auf den sich sturmzerzauste Bergfichten klammern, in die weit geschwungene Gündlesscharte

hinab. Wir durchqueren die Scharte ihrer Länge nach bis zu einer Wegkreuzung. Geradeaus führt eine lange anspruchsvolle Kammwanderung über Gündleskopf, Buralpkopf, Stuiben und Steineberg zum Mittagberg, der von Immenstadt aus mit einer Seilbahn erschlossen ist.
Wir biegen jedoch links in einen schmalen Steig, der uns über den Weidegrund der aufgelassenen Oberen Rindalpe zur schön gelegenen 3 **Rindalpe** hinabbringt. Nach dem langen Weg

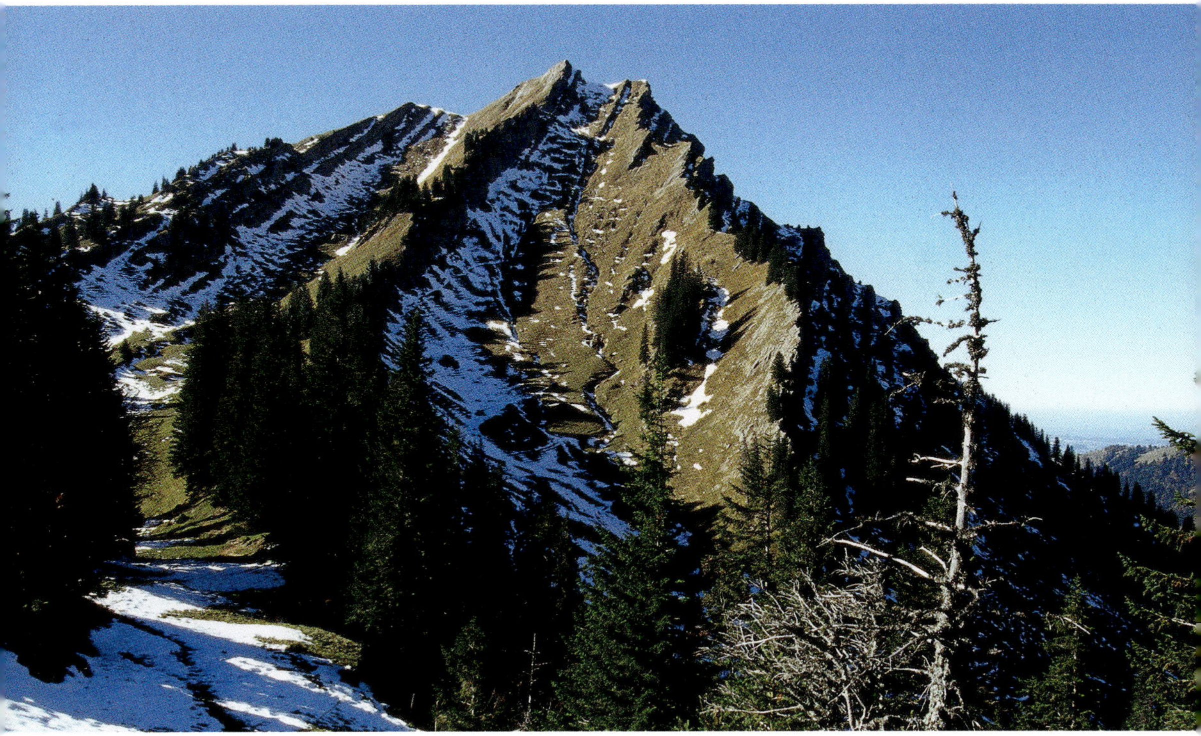

Ein steiler Abstieg führt vom Rindalphorn zur Gündlesscharte.

kann man hier mit gutem Gewissen eine Rast einlegen und sich zum Beispiel mit dem Alpkäse aus eigener Herstellung verwöhnen lassen. Wir wechseln geradewegs auf die Alpstraße, auf der wir über die Alpwiesen wandern. Im Wald leitet sie uns neben dem rauschenden Speichertobelbach abwärts zu einer Wegkreuzung. Wir folgen den Wegweisern zur Hochgratbahn links auf eine Forststraße und wechseln unterhalb zweier Kehren links auf einen Waldweg. Er führt uns geradewegs am Älpele vorbei zu einem malerischen Bachtobel. Ein kurzer Anstieg bringt uns zu den Weiden der Hinteren Simatsgundalpe, über die wir zur schmalen Teerstraße gehen. Wir folgen ihr nach links und wandern vorbei an der Kapelle St. Rochus durch das Weißachtal zur E **Talstation der Hochgratbahn**.

39 Durch den Eistobel

Rauschende Kaskaden im Alpenvorland

leicht | 1:30 Std. | 100 m | 5 km

Besonderer Genuss: Ruhe und Natur

Tourencharakter
Eine wundervolle Kurzwanderung durch das Naturschutzgebiet Eistobel. An frostigen Wintertagen bezaubert der Eistobel durch bizarre Eisbildungen, dann können die Wege aber vereist sein. Am Zugang an der Eistobelbrücke wird ein Eintrittsgeld verlangt (Erwachsene 2,50 Euro, Kinder 1 Euro).

Ausgangs-/Endpunkt
Der Parkplatz an der Tobelbrücke.
GPS: 47.6415, 10.0259

Anfahrt
Auto: Mit dem Auto auf der Verbindungsstraße von Oberstaufen nach Isny bis zur Eistobelbrücke.
Bus/Bahn: Haltestelle an der Busline von Isny nach Röthenbach.

Gehzeiten
Zum Eissteg 0:45 Std., zurück zur Eistobelbrücke 0:45 Std.

Einkehr
Im Kiosk am Eingang zum Eistobel.

Karte
Topografische Karte 1:50 000 des Bayerischen Landesvermessungsamtes, Blatt Lindau-Oberstaufen oder Blatt Kempten

Information
Gästeamt Grünenbach,
Tel. 08383/929981,
www.vg-argental.de oder
www.eistobel.de

Die Obere Argen hat in jahrtausendelanger Arbeit den Eistobel gegraben. In Kaskaden stürzt ihr Wasser über Felsbarrieren und sammelt sich in smaragdgrünen Becken. Naturfreunde finden in der schattigen Schlucht seltene Pflanzen oder können einen schillernden Eisvogel beobachten.

Durch die Nagelfluhschlucht Vom Ⓐ **Eingang an der Eistobelbrücke** steigen wir anfangs auf einem Treppenweg und dann auf steilem Kiesweg in den Talgrund hinab. Der breite Weg wendet sich nach rechts und läuft durch Mischwald am Ufer der rauschenden Argen entlang. Schon wirbeln erste kleine

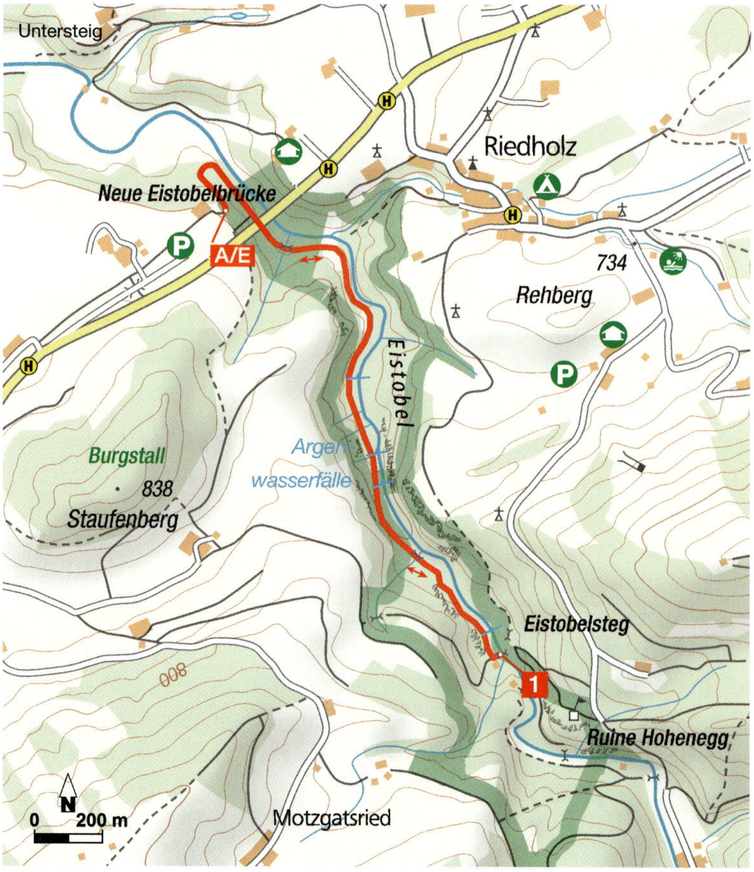

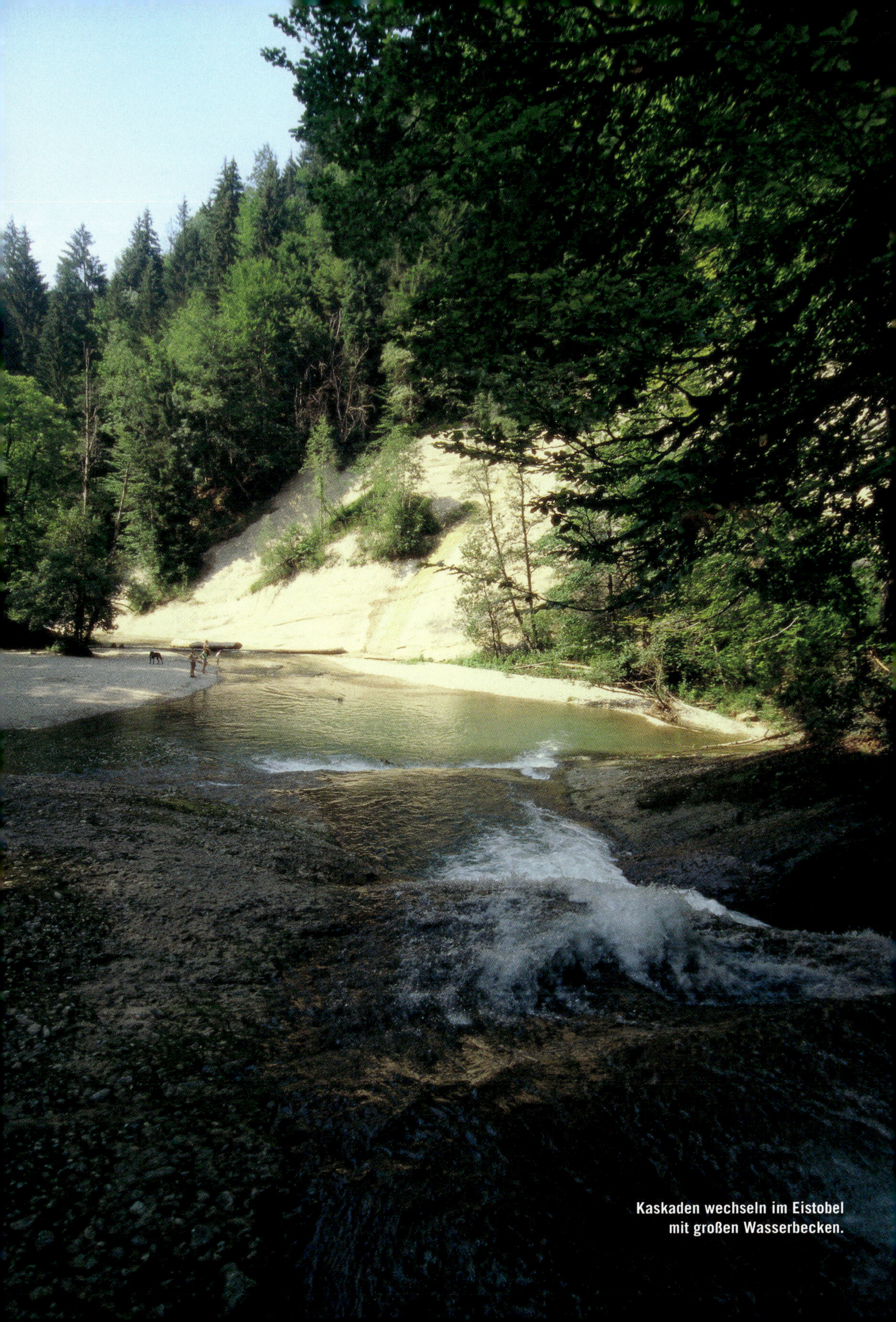

Kaskaden wechseln im Eistobel
mit großen Wasserbecken.

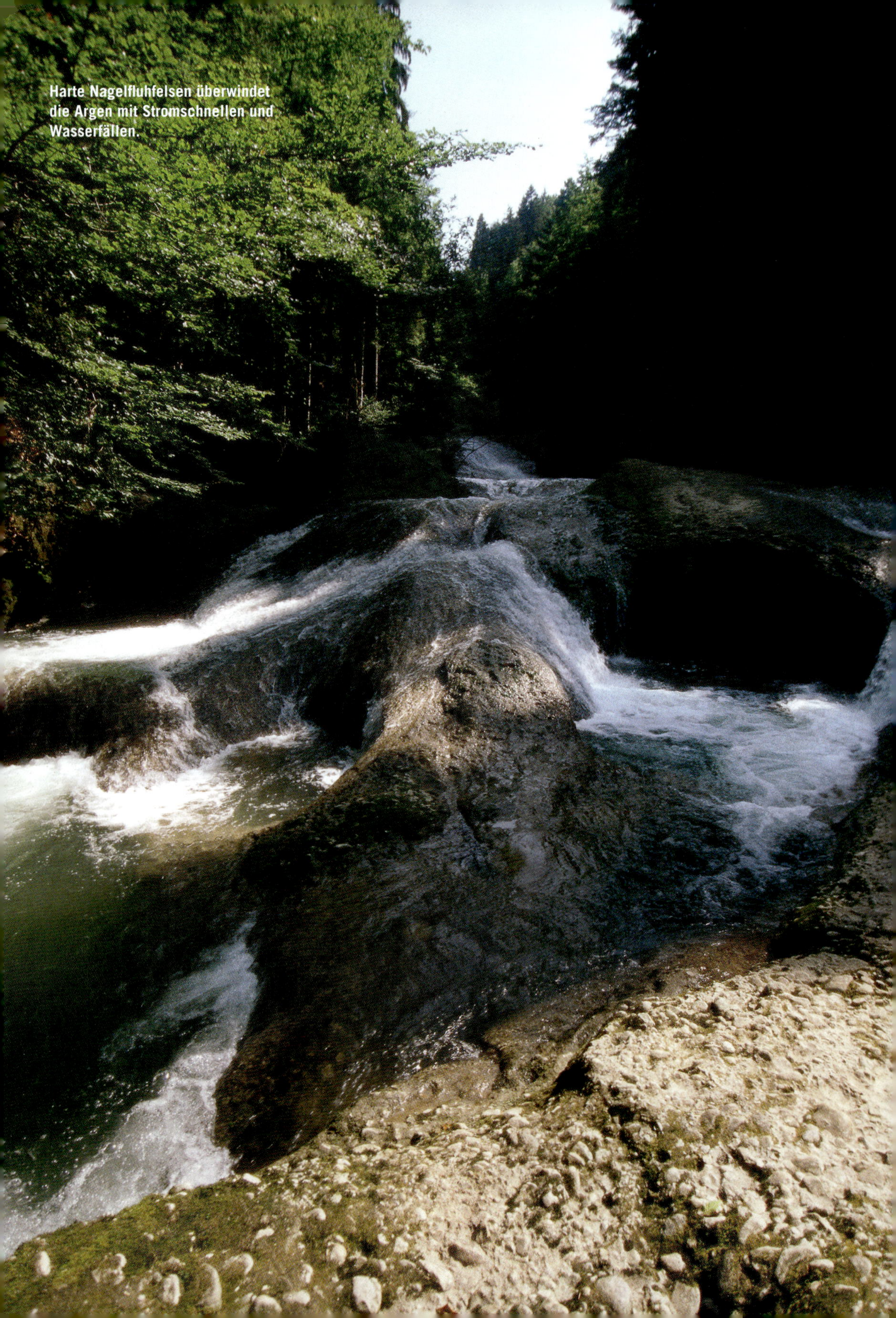

Harte Nagelfluhfelsen überwindet die Argen mit Stromschnellen und Wasserfällen.

Felsbänke das Flusswasser durcheinander oder stauen kleine Wasserbecken. Nach 15 Minuten erreichen wir die ersten richtigen Stromschnellen am Großen Wasserfall. Das smaragdgrüne Wasser eines großen Naturbeckens lockt zu einer erfrischenden Abkühlung. Oberhalb sprudelt die Argen in herrlichen Kaskaden und Wasserfällen über die Felsen. Groß und Klein vergnügen sich sowohl im herrlich grünen Pool als auch auf den glatt gescheuerten Felsen.

Der Weg wird nun schmaler und schwindelt sich kurz zur ersten, »Am Zwinger« genannten Engstelle hoch. Oberhalb einer engen Schlucht, in der sich das Wasser staut, führt uns der Steig durch mächtige, von den Seitenhängen herabgestürzte Felsblöcke. Bald läuft der Weg wieder am Flussufer entlang und bringt uns zur zweiten Engstelle.

Über uns zwängt sich die Argen durch eine enge Schlucht, aus der der Obere Wasserfall in Kaskaden in ein weiteres großes Naturbecken rauscht. Ein Steg führt uns über den flachen Seitenarm des Beckens. Über schräggestellte Felsplatten leitet der Weg zum nahen **1 Eissteg** hinauf. Vom Steg bietet sich ein wundervoller Blick in die enge Klamm, in der sich das Wasser tief aufstaut, ehe es tosend zu Tal stürzt.

Der schönste Abschnitt des Tales liegt jetzt unter uns. Wer will, kann noch ein Stück talauf wandern. Dazu hält man sich an der Wegkreuzung nach der Tobelbrücke rechts und steigt über einen Rücken am kleinen Kraftwerk vorbei in Richtung Schüttentobel. Eine hohe, senkrecht aus der aufgestauten Argen emporwachsende Felswand bietet hier nochmals einen herrlichen Anblick. Anschließend wandern wir auf dem Weg, den wir gekommen sind, durch die herrliche Urlandschaft des Eistobels zurück zum **E Eingang an der Eistobelbrücke**.

Die Entstehung des Eistobels

Während der Alpenfaltung wurden im nördlichen Vorland im sogenannten Molassetrog unterschiedliche Gesteine abgelagert und schließlich gefaltet und schräg gestellt. Als am Ende der Eiszeit die Vorlandgletscher abschmolzen, staute sich vor einer Hügelkette im Becken von Ebratshofen ein Schmelzwassersee. Sein Wasser suchte sich einen Ablauf nach Norden und schürfte mit unbändiger Kraft den Eistobel aus. Die Argen führt bis heute diese Arbeit fort und gräbt die Schlucht immer tiefer. Dabei werden weiche Sandsteinschichten tief ausgehöhlt, während die harten Nagelfluhschichten als Barriere erhalten bleiben. Über diese massiven Querriegel stürzt der Fluss in malerischen Kaskaden und Wasserfällen zu Tal.

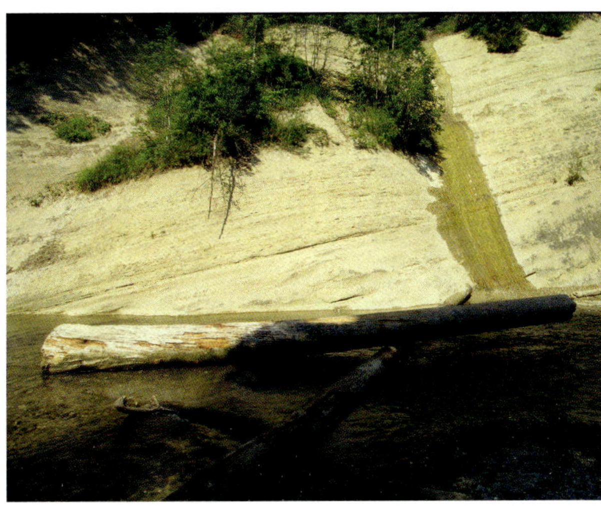

Unten: Die naturbelassenen Ufer bieten seltenen Pflanzen- und Tierarten eine Heimat.

40

Durch den Falltobel zum Stoffelberg

Wasserfall und sanfte Höhen

mittel | 3:30 Std. | 380 m | 8,5 km

Besonderer Genuss: Ruhe und Natur

Tourencharakter
Eine einfache, aussichtsreiche Wanderung über dem Niedersonthofener See. Zu Beginn führt ein schmaler Weg durch den malerischen Falltobel zu rauschenden Wasserfällen. Zurück nach Niedersonthofen geht es über bunte Wiesen und aussichtsreiche Höhen.

Ausgangs-/Endpunkt
Das Ortszentrum von Niedersonthofen am Westufer des gleichnamigen Sees.
GPS: 47.6319, 10.2371

Anfahrt
Auto: Mit dem Auto südlich von Waltenhofen von der B19 der Beschilderung nach Niedersonthofen folgend abbiegen und bis ins Ortszentrum von Niedersonthofen fahren.
Bus/Bahn: Busverbindung von Waltenhofen und Kempten (Bahnstation) nach Niedersonthofen.

Gehzeiten
Nach Rieggis 1:40 Std., zum Stoffelberg 0:50 Std., abwärts nach Niedersonthofen 1 Std.

Einkehr
In Niedersonthofen.

Karte
Topografische Karte 1:50 000 des Bayerischen Landesvermessungsamtes, Blatt Kempten

Information
Tourismusbüro Niedersonthofen, Tel. 08379/77 92, www.niedersonthofen-see.de

Eine abwechslungsreichere Tour als jene durch den Falltobel und über den Stoffelberg lässt sich nur schwer finden. Vorbei an Wasserfällen und über bunte Wiesen wandert man auf den aussichtsreichen Stoffelberg, an dessen Fuß die blaue Wasserfläche des Niedersonthofener Sees liegt.

Durch den Falltobel Wir beginnen die Wanderung in Ⓐ **Niedersonthofen** auf dem Parkplatz vor dem ehemaligen Rathaus. Wir folgen der Hauptstraße, vorbei an der Kirche, bis sie nach links abknickt. Geradeaus nimmt uns das Sträßchen Am Angerfeld auf, das uns durch das Dorf zu einer Kreuzung führt. Wir halten uns rechts und folgen der Mühlenbergstraße, die uns an den letzten Häusern von Niedersonthofen vorbei geradewegs zu einer Weggabelung bringt. Links wandern wir nun auf breitem Forstweg in ein bewaldetes Tal. An der nächsten Weggabelung halten wir uns rechts und folgen dem ansteigenden Wirtschaftssträßchen bis zu einer Kehre.

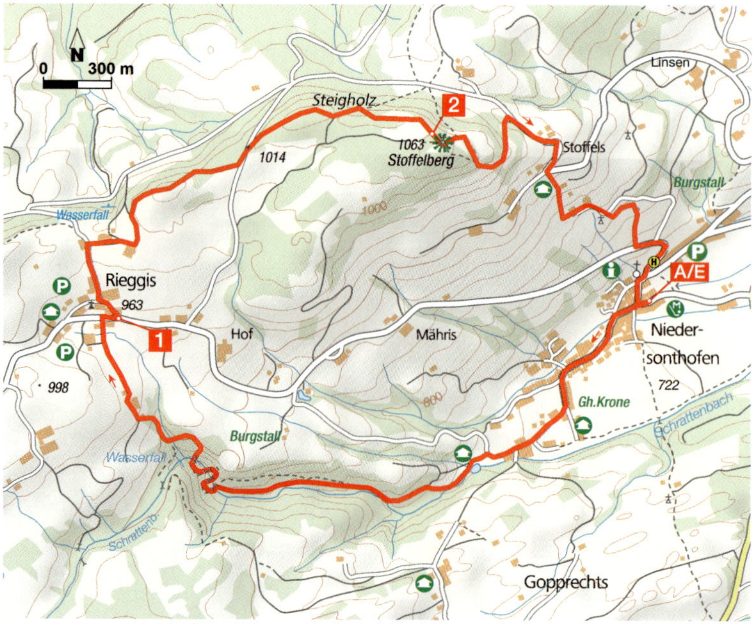

Wir wechseln geradeaus auf einen Weg, der nach einem kurzen Anstieg in einen schmalen Steig übergeht. Nach ca. 100 Metern folgen wir dem mit rotem Pfeil gekennzeichneten Pfad links abwärts in den Falltobel. Der herrliche Steig läuft am Bach entlang, der über braune Felsen in glasklare Wasserbecken plätschert. Einen engen Schluchtabschnitt müssen wir in der rechten Talflanke umgehen, ehe uns der Weg wieder zum Bach hinabführt. Dreimal überqueren wir auf schmalen Stegen den Bach, der in Kaskaden über die Nagelfluhfelsen rauscht, ehe wir vor dem vierten Steg eine Wegkreuzung erreichen. Wir gehen noch wenige Schritte geradeaus in das »Fels-Amphitheater« im Talschluss, in das der Bach als mächtig rauschender Wasserfall stürzt. Über die moosgepolsterten Felsen rieseln silberne Wasserfäden, und in die Gischt zeichnet die Sonne einen Regenbogen.

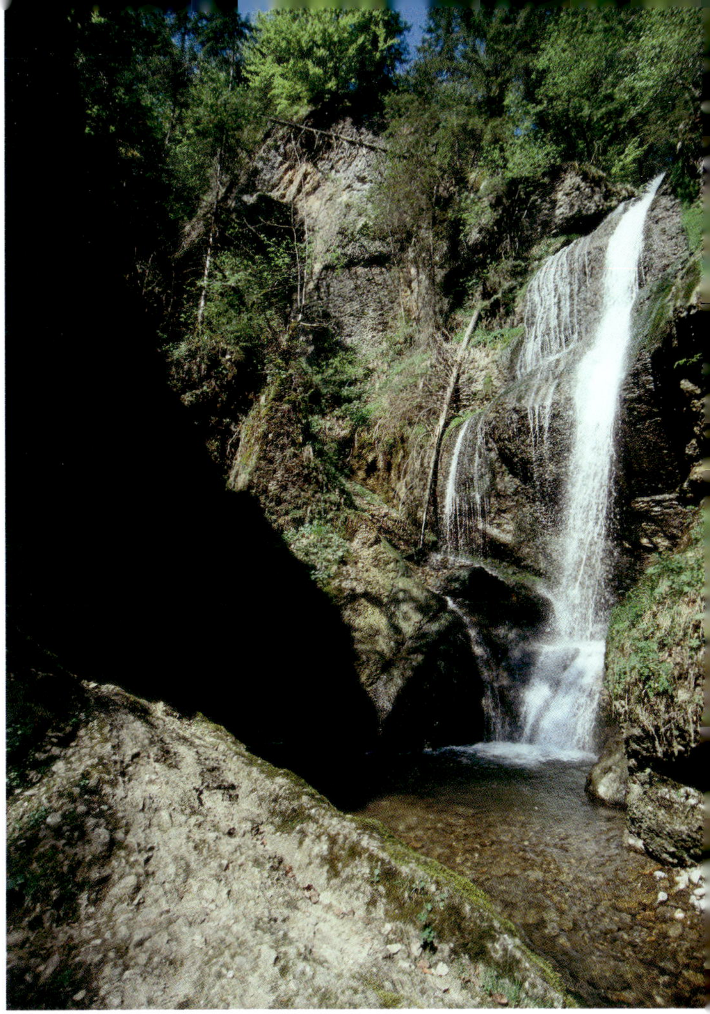

Der Weg durch den Falltobel endet an einem wildromantischen Wasserfall.

Über Rieggis zum Stoffelberg Nach der Rast am Wasserfall gehen wir zum obersten Steg zurück und überqueren den Bach. Ein schmaler Steig führt uns in Serpentinen durch die steile Flanke zum Talrand hinauf und knickt dort nach links. Durch den Wald leitet der Weg zu einer Kreuzung hinter einem Brückchen. Wir halten uns rechts und steigen zu den Wiesen von Rieggis hinauf. Eine Wegspur führt uns am Rand der Wiesen bergauf und quert dann links zu einem Teersträßchen. Auf ihm wandern wir rechts hinauf ins nahe 1 Rieggis.
Wir folgen der Hauptstraße nach rechts und biegen nach wenigen Schritten links auf das nach Hauchberg ausgeschilderte Sträßchen. An der Weggabelung vor der Kapelle von Rieggis wandern wir geradewegs aufwärts. Das Sträßchen leitet uns zu einer Wegkreuzung auf einem Bergkamm, von der wir rechts zu den Bauernhöfen gehen. Am zweiten Hof beginnt ein Feldweg, der an blühenden Obstbäumen vorbei nach links ansteigt. Die Markierungen leiten uns durch einige Zäune zu einem schmalen Weg. Er führt uns rechts am Waldrand entlang über

eine aussichtsreiche Hügelkuppe. Wir stoßen auf eine schmale Teerstraße, gehen wenige Schritte nach links und finden rechts der Straße die zum Stoffelberg ausgeschilderte Fortsetzung unseres Weges. Sie leitet uns über eine bewaldete Kuppe zu einer Gabelung. Wir gehen geradeaus über den Bergkamm zu einer Wegkreuzung in den Wiesen am Fuß des Stoffelberges. Über einige Serpentinen steigen wir rechts zum nahen Gipfelkreuz auf dem 2 **Stoffelberg (1063 m)** hinauf. Trotz seiner bescheidenen Höhe bietet der Stoffelberg eine umfassende Aussicht.

Durch eine blühende Landschaft geht es von Rieggis zum Stoffelberg.

Abwärts nach Niedersonthofen Über die Gipfelwiesen führt uns der rot markierte Pfad nach Südosten Richtung Nieder-

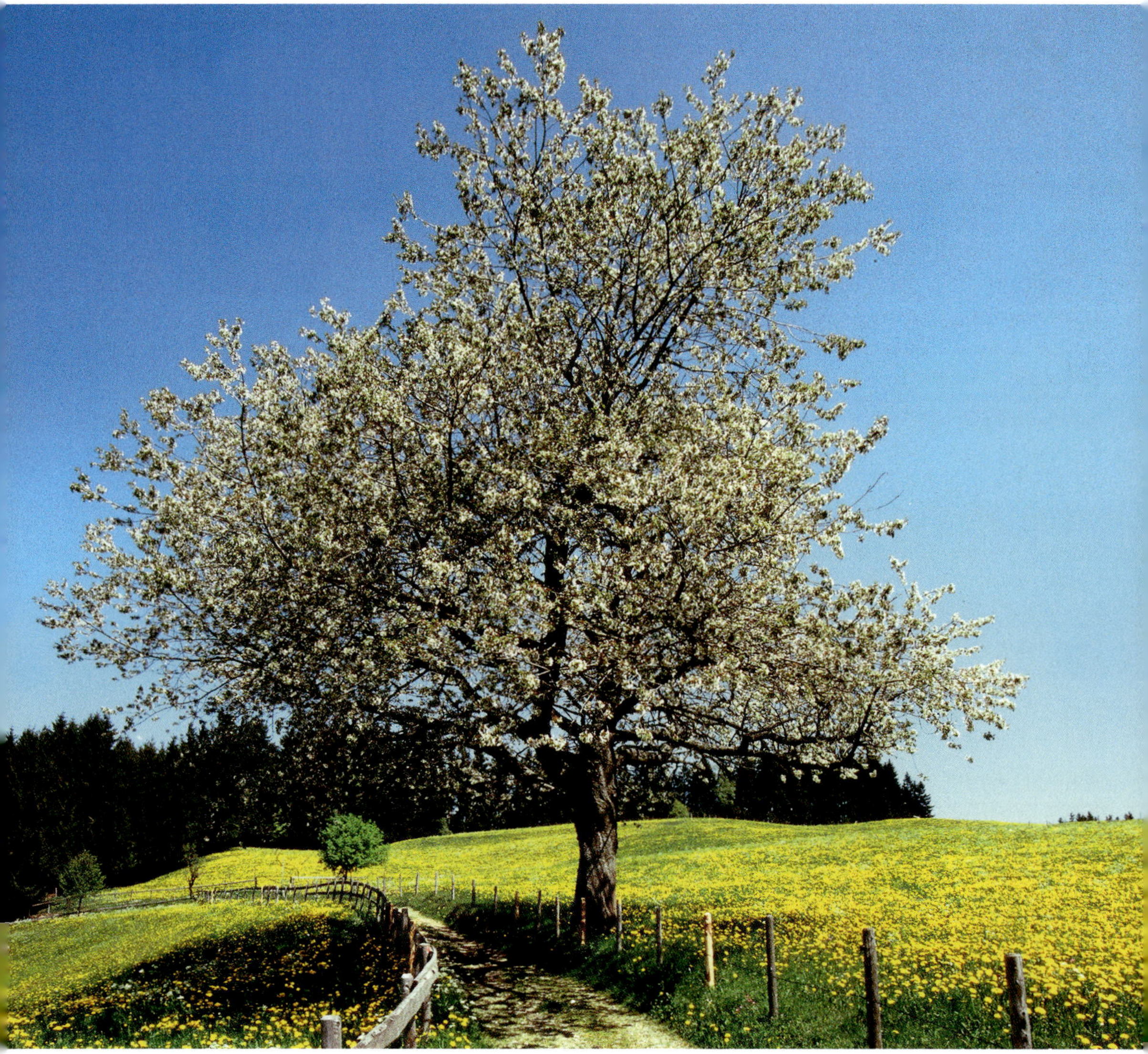

sonthofen abwärts. Nach einem Waldstück erreichen wir eine Wiese, an deren Rand wir nach rechts gehen. Durch steileres Gelände steigen wir links eines Zaunes im Zickzack abwärts. Wir treffen auf einen Wirtschaftsweg, dem wir bergab folgen. Kurz nach einem Gatter biegen wir rechts auf eine schmale Teerstraße, die uns zu den verstreuten Höfen von Stoffels führt. Unterhalb des Kleiterhofes bietet sich von einer Straßenkehre ein herrlicher Blick auf die blaue, von braunen Schilfgürteln und grünen Wiesen eingerahmte Wasserfläche des Niedersonthofener Sees.

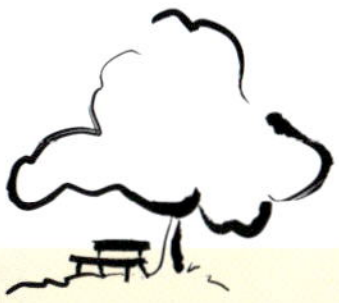

Wir erreichen eine Kreuzung, gehen nach links und biegen nach 40 Metern rechts auf einen Fußweg ab. Nach kurzer Strecke halten wir uns vor einem Bauernhof rechts und steigen auf einem schmalen Weg durch einen Graben abwärts. Wir stoßen wieder auf eine Fahrstraße, der wir links durch die Wiesen bis zu einem Kreuz unter Kastanienbäumen folgen. Rechts setzt ein Weg an, der uns im Bogen durch die Wiesen zu einer Teerstraße hinabführt.

Auf ihr wandern wir links zum nahen E **Ortszentrum von Niedersonthofen**. Dort finden wir zum Abschluss der Tour verschiedene Einkehrmöglichkeiten. An heißen Sommertagen lockt der Niedersonthofener See mit seinen herrlichen Bademöglichkeiten.

Rund um den Stoffelberg

Im Süden von Kempten durchfließt die Iller am Rand der Alpen eine bezaubernde Landschaft, die mit sanften Höhen und einem Puzzle aus dunklen Wäldern, bunten Wiesen und blaustrahlenden Seeflächen das Herz jedes Naturfreundes höherschlagen lässt. Dass diese liebliche Landschaft auch durchaus ihre dramatischen Momente zu bieten hat, beweist der tief eingeschnittene Falltobel bei Niedersonthofen, der mit eleganten Kaskaden und wilden Wasserfällen überrascht. Von dort wandert man über weite Wiesen, die im Frühjahr in einem bunten Blumenkleid erstrahlen, auf den Stoffelberg. An seinem Fuß liegt der glasklare Niedersonthofener See, der in den Sommermonaten am Ende der Tour ein erfrischendes Badevergnügen bietet. Und der kleine Berg erfreut mit einer wundervollen Aussicht. Weit im Osten ragen neben dem Grünten die Felshörner der Tannheimer Berge auf. Im Süden öffnet das tief eingeschnittene Illertal den Blick zu den Allgäuer Hochalpen rund um Nebelhorn, Großen Krottenkopf und Mädelegabel. Die Voralpenlandschaft zu unseren Füßen hat mit ihren sanften Hügeln, bunten Wiesen und beschaulichen Seen den perfekten Kontrast zur beeindruckenden Allgäuer Bergwelt.

Für jeden Tag die richtige Tour

					km									
1	●	Von Stötten auf den Auerberg	3:15	340	8,0	●	●	●			●			●
2	●	Rund um Roßhaupten	3:00	330	9,0		●				●		●	●
3	●	Von Buching auf den Buchenberg	2:45	390	6,0	●	●				●	●		●
4	●	Vom Tegelberg zum Schloss Neuschwanstein	4:45	250/1190	11,0	●	●	●			●	●		●
5	●	Rund um den Alpsee	3:15	300	9,0		●	●			●		●	●
6	●	Von Füssen nach Hohen-schwangau	3:00	300	8,5	●	●	●			●		●	●
7	●	Rund um den Hopfensee	2:15	100	7,5	●	●		●	●			●	●
8	●	Alatsee, Weißensee und Ruine Falkenstein	4:45	550	10,0	●	●	●			●		●	●
9	●	Eisenberg und Hohenfreyberg	3:00	270	8,0	●	●	●		●				●
10	●	Auf den Breitenberg	2:30	340	5,0	●	●			●		●		●
11	●	Höllklamm bei Kappel	2:30	420	3,5	●	●		●		●			●
12	●	Wasserfallweg über Nesselwang	2:00	220	4,0		●	●			●			●
13	●	Von Rückholz zum Trollweiher	2:00	80	8,0		●		●	●			●	●
14	●	Von Zöblen auf den Schönkahler	3:30	450	8,0		●			●				●
15	●	Vom Vilsalpsee zum Bärgacht-Wasserfall	1:45	100	6,5	●	●			●			●	●
16	●	Vom Neunerkopf zur Sulzspitze	3:30	450	8,5	●	●			●		●		●
17	●	Auf dem Gräner Höhenweg	4:15	240/920	9,0	●	●			●		●		●
18	●	Von der Krinnenalp zum Haldensee	3:00	150/550	7,0	●	●				●	●	●	●
19	●	Auf das Wertacher Hörnle	4:15	650	9,5	●	●			●				●
20	●	Zipfelsbachfälle bei Hinterstein	4:00	670	6,0	●	●				●			●

Nr.		Tour	Gehzeit	Höhenunterschied	Länge	Einkehr	kindergeeignet	Sehenswürdigkeit	wintergeeignet	viel Sonne	schattiger Weg	Seilbahn	baden	ÖPNV
21	●	Von Vorderburg zum Falkenstein	4:15	430	10,5		●	●		●				●
22	●	Starzlachklamm bei Sonthofen	2:00	220	4,0	●	●				●			●
23	●	Zum Hinanger Wasserfall	1:00	100	2,0		●				●			●
24	●	Bergseen am Weg zum Großen Daumen	4:45	550	9,0					●		●		●
25	●	Durch den Faltenbachtobel	1:15	0/450	2,5		●	●			●	●		●
26	●	Von Oberstdorf nach Gerstruben	4:45	370	13,0	●	●	●	●		●			●
27	●	Rund um den Freibergsee	1:45	220	4,5	●	●	●			●		●	●
28	●	Über den Fellhornrücken	4:30	100/1150	10,0	●				●		●		●
29	●	Durch die Breitachklamm	1:30	150	3,5		●		●		●			●
30	●	Am Gottesackerplateau	6:00	520/820	12,0			●		●		●		●
31	●	Von der Scheuenalpe zum Scheuenwasserfall	1:45	210	4,5	●	●			●				●
32	●	Auf den Sipplingerkopf	5:30	750	10,0					●				●
33	●	Weiherkopf und Rangiswanger Horn	4:00	290/870	8,5		●			●		●		●
34	●	Von der Gunzesrieder Säge zum Ostertaltobel	1:15	100	3,5	●	●				●			●
35	●	Am Großen Alpsee	3:00	140	11,0	●	●		●	●	●		●	●
36	●	Von Wiedemannsdorf zur Salmaser Höhe	4:30	600	9,5	●	●			●				●
37	●	Buchenegger Wasserfälle und Prodelkamm	5:30	780	13,0	●	●				●		●	●
38	●	Hochgrat und Rindalphorn	5:45	350/1190	13,0	●				●		●		●
39	●	Durch den Eistobel	1:30	100	5,0		●		●		●		●	●
40	●	Durch den Falltobel zum Stoffelberg	3:30	380	8,5		●			●	●			●

Piktogramme erleichtern den Überblick

- Gehzeit
- Höhenunterschied
- Länge
- Einkehr
- kindergeeignet
- Sehenswürdigkeit
- wintergeeignet
- viel Sonne
- schattiger Weg
- Seilbahn
- baden
- ÖPNV

PS: Genussvoll …

… waren wie immer die Touren

Denn wenn ich nun auch schon zahlreiche Bücher über das Allgäu gemacht habe, so gibt es doch jedes Mal wieder Neues zu entdecken. Da kann man in Alpenhütten gemütlich einkehren, die bisher nie bewirtschaftet waren. Neue Wege bieten überraschend andere Ausblicke und der Wechsel von Tages- und Jahreszeiten ergibt völlig veränderte Landschaftsbilder.

… war die Anreise mit dem Zug

Denn so manche Tour beginnt fast direkt an einer Bahnstation wie jene in Füssen, Pfronten, Nesselwang oder Oberstdorf. Und die meisten anderen sind von der Bahn aus wirklich problemlos mit dem Bus zu erreichen. Der wahre Genuss ist es, wenn man am Wochenende an den langen Staus vorbei mit dem Zug durchs Illertal nach Oberstdorf fährt und ohne jeden Stress den Blick in die Berge genießen kann.

… war das Übernachten im Allgäu

Denn es gibt von der einfachen Hütte bis zum Sternehotel eine unendliche Auswahl an Unterkünften im Allgäu. Mit jeder Übernachtung im Wandergebiet spart man sich eine stressige Anreise und schont sein Umweltgewissen. Und eine Tourismusregion wie das Allgäu lebt natürlich nicht nur von Tagesgästen, sondern vor allem auch von den Besuchern, die mehrere Tage bleiben.

… ist die Vorfreude auf das nächste Buchprojekt

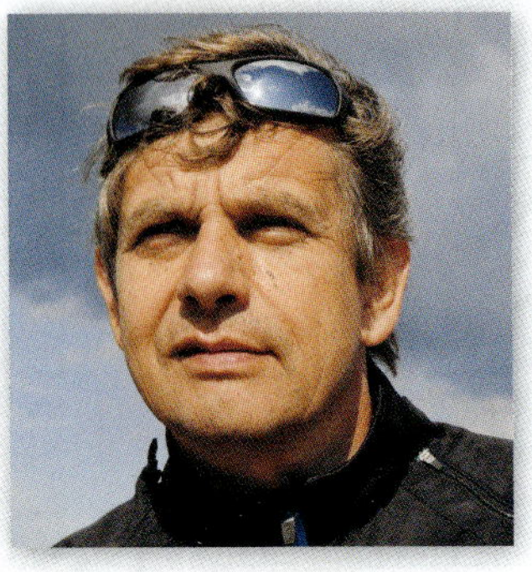

Bernhard Irlinger

Denn dann kann ich das Allgäu und Bayerisch Schwaben auf meinem geliebten Drahtesel durchstreifen und sicherlich viele neue Entdeckungen machen. Hoffentlich ist mir das Wetter so gewogen, dass ich die Allgäuer Berge aus der Nähe und aus der Ferne im Blick behalten kann.

Viel Spaß beim Genießen wünscht

B. Irlinger

Register

Ebenfalls erhältlich ...

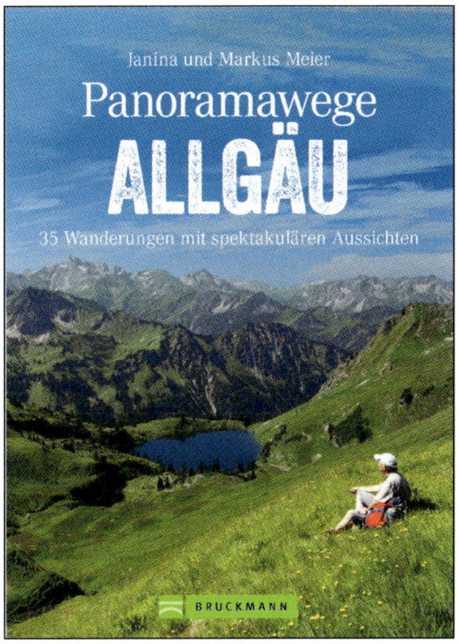

ISBN 978-3-7343-1502-2

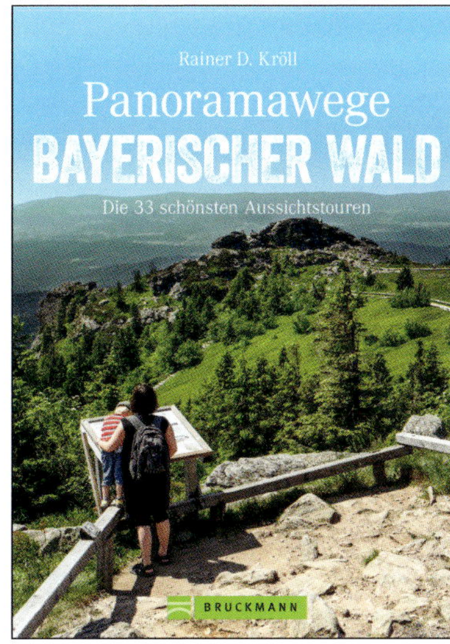

ISBN 978-3-7343-1069-0

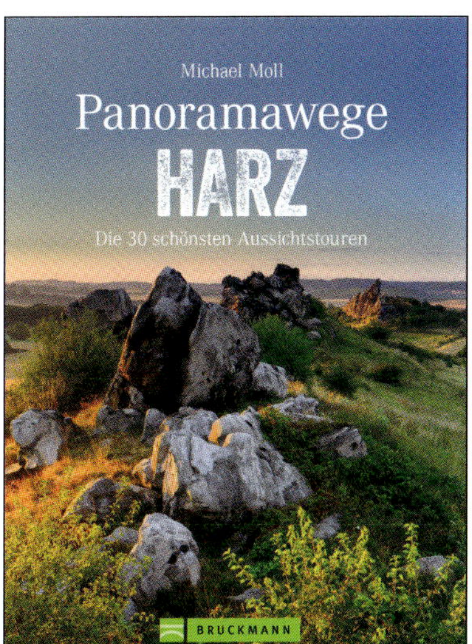

ISBN 978-3-7654-5201-7

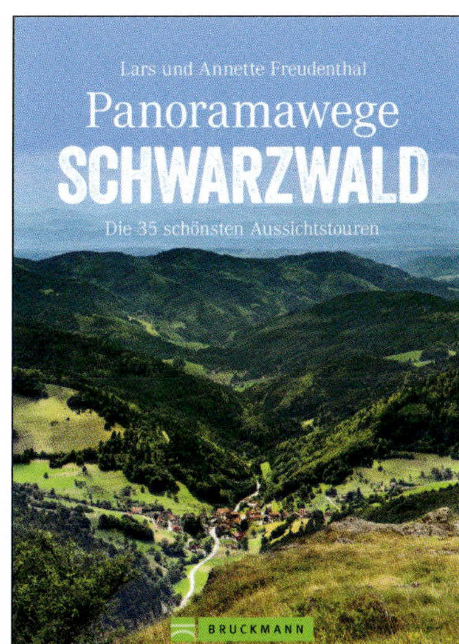

ISBN 978-3-7654-6551-2

BRUCKMANN

www.bruckmann.de

Impressum

Verantwortlich: Stefanie Krüger
Redaktion und Lektorat: Daniela Hansjakob
Layout: Eva-Maria Klaffenböck
Repro: Cromika
Kartografie: Bruckmann Verlag GmbH, Heidi Schmalfuß
Herstellung: Alexander Knoll
Printed in Slovenia by Florjancic

★★★★★

Sind Sie mit diesem Titel zufrieden? Dann würden wir uns über Ihre Weiterempfehlung freuen.
Erzählen Sie es im Freundeskreis, berichten Sie Ihrem Buchhändler oder bewerten Sie bei Onlinekauf. Und wenn Sie Kritik, Korrekturen, Aktualisierungen haben, freuen wir uns über Ihre Nachricht an Bruckmann Verlag, Postfach 40 02 09, D-80702 München oder per E-Mail an lektorat@verlagshaus.de.

Unser komplettes Programm finden Sie unter www.bruckmann.de

Alle Angaben dieses Werkes wurden vom Autor sorgfältig recherchiert und auf den neuesten Stand gebracht sowie vom Verlag geprüft. Für die Richtigkeit der Angaben kann jedoch keine Haftung übernommen werden, weshalb die Nutzung auf eigene Gefahr erfolgt. Insbesondere bei GPS-Daten können Abweichungen nicht ausgeschlossen werden. Sollte dieses Werk Links auf Webseiten Dritter enthalten, so machen wir uns die Inhalte nicht zu eigen und übernehmen für die Inhalte keine Haftung.

Autorenempfehlung
Sie sind auf der Suche nach weiterführender Literatur? Dann empfehlen wir Ihnen den Titel »Panoramawege Allgäu« von Janina und Markus Meier. Oder Sie werfen einen Blick in die Zeitschrift »Bergsteiger«. Hier werden Sie bestimmt fündig.
Ihr Bernhard Irlinger

Bildnachweis: Alle Bilder im Innenteil stammen vom Autor.
Umschlagvorderseite: Wanderer am Seealpsee (Reinhard Schmid/HUBER IMAGES)
Umschlagrückseite: Der Vilsalpsee wird von mächtigen Bergen eingerahmt, Tour 15. (Bernhard Irlinger)

Die Deutsche Nationalbibliothek verzeichnet diese Publikation in der Deutschen Nationalbibliografie; detaillierte bibliografische Daten sind im Internet über http://dnb.d-nb.de abrufbar.

ISBN 978-3-7343-1335-6